La evangelización

LA EVANGELIZACIÓN

CÓMO COMPARTIR EL EVANGELIO CON FIDELIDAD

JOHN MACARTHUR
y LOS PASTORES Y MISIONEROS DE
GRACE COMMUNITY CHURCH

GRUPO NELSON
Una división de Thomas Nelson Publishers
Desde 1798

NASHVILLE DALLAS MÉXICO DF. RÍO DE JANEIRO

Publicado en Nashville, Tennessee, Estados Unidos de América. Grupo Nelson, Inc. es una subsidiaria que pertenece completamente a Thomas Nelson, Inc. Grupo Nelson es una marca registrada de Thomas Nelson, Inc. www.gruponelson.com

Título en inglés: *Evangelism*

Publicado por Thomas Nelson, Inc.
Publicado en asociación con la agencia literaria de Wolgemuth & Associates, Inc.
Composición del libro por Upper Case Textual Services, Lawrence, Massachusetts.

Editora General: *Graciela Lelli*
Traducción: *Ammi Publishers International*
Adaptación del diseño al español: *Grupo Nivel Uno, Inc.*

ISBN: 978-1-60255-566-2

Impreso en Estados Unidos de América

18 19 20 LSCC 10 9

Contenido

Sección 3: La evangelización en la práctica

Sección 4: La evangelización en la iglesia

Introducción
El redescubrimiento de la evangelización bíblica

John MacArthur y Jesse Johnson

«Evangelizar es como un limosnero diciéndole a otro limosnero donde conseguir pan».

—D. T. Niles (líder y educador de la iglesia de Sri Lankan, 1908–70)

Casi todo el mundo sabe que la palabra *evangelio* quiere decir «buenas nuevas» y cada cristiano verdadero comprende que el evangelio de Jesucristo es la mejor noticia en todo tiempo y por la eternidad.

Por supuesto que cuando alguien tiene buenas noticias, la inclinación natural es querer decirlas a todo el mundo. Cuando las noticias son especialmente buenas, nuestro impulso podría ser proclamarlas desde los tejados. Si pensamos con atención acerca del mensaje del evangelio, considerando su significado, sus implicaciones, su simplicidad, su libertad y la bendición eterna de los que lo reciben, el urgente deseo de decirlo a los otros debería ser irresistible.

Este es precisamente el porqué los nuevos cristianos son a menudo los evangelizadores más apasionados. Sin ningún adiestramiento o incentivo para que lo hagan, pueden ser asombrosamente eficaces llevando a otros a Cristo. No están obsesionados con las técnicas ni bloqueados por el temor al rechazo. La gloria pura y grandiosa del evangelio llena sus corazones y su visión, y quieren hablar con todo el mundo acerca del evangelio.

Desafortunadamente y con mucha frecuencia, esta pasión disminuye con el paso del tiempo. El nuevo creyente pronto se da cuenta de que no todo el mundo piensa que el evangelio son esas buenas nuevas en las que él cree. Algunos reaccionan como reaccionarían al hedor de la muerte (2 Corintios 2.16). Las multitudes desprecian el mensaje o se sienten ofendidas por él porque ataca el orgullo humano. Muchos simplemente aman su pecado tanto que no quieren escuchar un mensaje de redención que les llame a arrepentirse. Los encuentros reiterados con rechazadores vehementes del evangelio pueden desalentar aun al más dotado evangelizador.

Encima de esto, los cuidados de este mundo y las distracciones de la vida diaria compiten para acaparar nuestro tiempo y nuestra atención. Se da el caso que cuando el discípulo se vuelve cada vez más familiar con el evangelio, ese sentido inicial profundo de admiración y asombro se desvanece un poco. Por supuesto que el evangelio sigue siendo buenas noticias, pero de pronto se transforman en viejas noticias, y esto hace que se pierda el sentido de urgencia.

Por consiguiente, es necesario que nos estemos recordando constantemente lo completamente vital que es la tarea de evangelizar y con cuanta urgencia este mundo caído necesita del evangelio. La evangelización no es meramente una actividad incidental en la vida de la iglesia; es el deber más urgente que como cristianos se nos ha dado para hacer. Casi cada ejercicio espiritual que hacemos juntos como miembros del cuerpo de Cristo todavía podremos hacerlo en el cielo: alabar a Dios, disfrutar del compañerismo unos con otros, saborear la riqueza de la Palabra y celebrar la verdad juntos. Pero es ahora cuando tenemos la única oportunidad para proclamar el evangelio al perdido y ganar personas para Cristo. Seriamente necesitamos redimir el tiempo (Efesios 5.16).

Un cristiano no necesita ser llamado de forma individual o tener dones especiales para ser un heraldo de las buenas nuevas; se nos manda a ser testigos de Cristo, comisionados a enseñarles a otros cómo ser discípulos. Esta es una obligación individual, no simplemente la responsabilidad colectiva de la iglesia. Ningún deber es más significativo y ninguno producirá más gratificante fruto por la eternidad.

Además, los campos están listos para la cosecha (Juan 4.35). La generación actual está tan madura para el mensaje del evangelio como ninguna otra en la historia. Sea cual fuere el aspecto de la cultura contemporánea que examine usted, descubrirá necesidades espirituales que claman, y personas cuyas almas están sedientas y hambrientas de la verdad. La respuesta a una hambruna espiritual tal en nuestra tierra no es la excitación artificial del sentimiento religioso, ni más activismo político, ni una campaña de mejoramiento de las relaciones públicas y con seguridad, no que los cristianos adapten su mensaje a la cosmovisión secular predominante.

La tesis central de este libro es que la respuesta verdadera es el evangelio puro, proclamado con claridad, poder, sin artificios, en toda su poderosa simplicidad. El evangelio es el instrumento de Dios para la salvación de los pecadores (Romanos 1.16). La clave para la evangelización bíblica no es estrategia o técnica; ni primordialmente asunto de estilo, metodología, o programa y pragmática. La primera y preeminente preocupación en todos nuestros esfuerzos evangelísticos debe ser el evangelio.

El apóstol Pablo fue enfático en repudiar la ingeniosidad, los artificios, la elocuencia, la complejidad filosófica y la manipulación psicológica como herramientas del ministerio del evangelio: «Así que, hermanos, cuando fui a vosotros para anunciaros el testimonio de Dios, no fui con excelencia de palabras o de sabiduría. Pues me propuse no saber entre vosotros cosa alguna sino a Jesucristo, y a éste crucificado» (1 Corintios 2.1–2).

Lo que es particularmente interesante acerca de la determinación de Pablo de tener el solo propósito de predicar el evangelio no diluido es su admisión inmediata de que luchaba con los mismos sentimientos de aprensión e intimidación que todos nosotros experimentamos ante nuestro deber de proclamar el evangelio. Al reflexionar sobre su temprano ministerio en Corinto, Pablo lo caracterizó de esta manera: «Y estuve entre vosotros con debilidad, y mucho temor y temblor» (1 Corintios 2.3).

Sin embargo, el ministerio de Pablo entre ellos fue «con demostración del Espíritu y de poder» (1 Corintios 2.4), no por cualquier técnica o capacidad personal innata en él sino simplemente desató el evangelio en Corinto y las almas se salvaron. Fueron solo un puñado al principio y se vieron en medio de feroz oposición (Hechos 18.1–8). Pero a partir de estos comienzos pequeños se fundó una iglesia y el evangelio se propagó aun más allá.

Eso es lo que queremos decir por «evangelización bíblica». Su éxito no se mide por resultados numéricos inmediatos. No tiene que ser reelaborado o completamente rediseñado si a primera vista parece que no funciona. Permanece enfocado en la cruz y el mensaje de redención, no diluido por los intereses pragmáticos o mundanos. No está nunca obsesionado con preguntas como cuántas personas podrían responder, qué podemos hacer para que nuestro mensaje sea más atrayente o cómo podríamos enmarcar el evangelio de forma diferente a fin de minimizar el vituperio de la cruz. En lugar de eso, está preocupado de la verdad, claridad, exactitud bíblica y (sobre todo) de Cristo. Su mensaje es acerca de Él y lo que ha hecho para redimir a los pecadores; no acerca de las necesidades sentimentales de las personas heridas o de lo que deberían hacer para merecer la bendición de Dios.

Mantener esas cosas como se debe es la clave para la evangelización bíblica. De principio a fin y desde varias perspectivas bíblicas, este libro nos recordará esos principios una y otra vez. En la primera parte trataremos con la teología de la evangelización a partir de la enseñanza de Cristo acerca del tema en Marcos 4. Una cosa que usted verá claramente cuando examinemos las presuposiciones teológicas y los fundamentos bíblicos de la evangelización es la insensatez de intentar ganar el mundo para Cristo con métodos mundanos. En la segunda parte consideraremos la evangelización desde una perspectiva pastoral, y en la tercera parte nos ocuparemos de los asuntos relacionados con la evangelización personal uno a uno. La cuarta parte integra todo lo dicho en una mirada cuidadosa de cómo un ministerio evangelístico determina la vida y las actividades de la iglesia local.

Esperamos que usted sea bendecido y edificado al estudiar los principios que le presentamos en este libro; que no encuentre en él conocimiento meramente teórico sino algo que encienda su pasión por la tarea evangelística ante la urgencia de comunicar las buenas nuevas de gozo que Cristo nos ha confiado.

Sección 1

La teología de la evangelización

1

La teología de dormir: La evangelización según Jesucristo

John MacArthur

Las instrucciones más largas y más detalladas de las Escrituras con respecto a la evangelización se encuentran en Marcos 4. Esta serie de parábolas es la Carta Magna de nuestro Señor en la evangelización, y el fundamento de su enseñanza es la parábola de las tierras. El punto de esta ilustración va en contra de mucho del pensamiento evangelístico de hoy como lo demuestra que ni el estilo del evangelizador ni su adaptación del mensaje tienen en último término un impacto en los resultados de sus esfuerzos. Lo que Jesús entendía por evangelización es una reprimenda sonora a los que suponen que la manera en que está vestido un pastor, el estilo o la música le ayudan a alcanzar a una cultura en particular o a una multitud, o que diluyendo el evangelio para hacerlo más aceptable se producirán más conversiones. La realidad es que el poder de Dios está en el mensaje, no en el mensajero.

Los discípulos estaban confundidos. Habían dejado sus casas, sus tierras, sus parientes y sus amigos (Marcos 10.28); habían dejado sus vidas pasadas para seguir a Jesús, y creían que era el Mesías largamente esperado y suponían que otros israelitas harían sacrificios similares y creerían también en Jesús. En vez de una conversión nacional, los discípulos encontraron tremenda animosidad. Los líderes judíos odiaban a Jesús y a sus enseñanzas, mientras muchos de las multitudes solo estaban interesados en señales y milagros. Pocos se arrepentían y la duda estaba comenzando a apoderarse de los doce.

El problema no era la habilidad de Jesús para atraer a una multitud. Cuando Él viajó por Galilea enseñando, las multitudes fueron enormes, contándose a menudo por decenas de miles. Los discípulos eran a menudo apretujados por las gentes. En ocasiones, Jesús tenía que meterse en un bote y alejarse levemente de la orilla del lago para enseñarles, escapando a duras penas del peso aplastante de los desesperados buscadores de milagros.

Pero pese a lo fascinante e impresionante de la escena, no daba como resultado verdaderos creyentes. Las personas no se arrepentían de manera genuina y no aceptaban a Jesús como Salvador. Aun las propias expectativas de los discípulos no se estaban cumpliendo. Las profecías de Isaías 9 y 45 hablaban de un día cuando el reino del Mesías sería global y sin fin. Para cuando ocurren los acontecimientos de Marcos 4, el ministerio del Señor había sido público por dos años y la noción de que Jesús establecería esa clase de reino parecía lejos de la realidad. Por eso, pocas personas eran sinceras en seguirle. El Antiguo Testamento describe al Mesías como trayendo a Israel tanto la salvación nacional como la supremacía internacional. Las multitudes estaban interesadas más bien en los milagros, las sanidades y la comida que en la salvación de sus pecados.

Así que no era para sorprenderse que los discípulos tuvieran preguntas. Si Jesús era de verdad el Mesías, ¿por qué muchos de sus seguidores eran tan superficiales? ¿Cómo era que el Mesías, por tanto tiempo esperado viniera a Israel solo para ser rechazado por los líderes religiosos de la nación? ¿Y por qué no exigía poder y autoridad para establecer el reino prometido como el cumplimiento de todo lo que se había propuesto en los pactos nuevo, davídico y abrahámico?

El asunto era este: Jesús predicaba un mensaje que requería un sacrificio radical de sus seguidores. Por otro lado, seguir a Cristo era muy atrayente. Ofrecía libertad del laberinto de opresivas reglas hechas por el hombre e impuestas por los fariseos (Mateo 11.29–30; cp. 17.25–27). Seguir a Cristo era atemorizante, porque requería encontrar la puerta estrecha, negándose a sí mismo, y obedecerle hasta el punto de estar dispuestos a morir por Él (Mateo 7.13–14; Marcos 8.34). Seguir a Jesús requería reconocer su divinidad y que fuera de Él no hay salvación ni ninguna otra manera para reconciliarse con Dios (Juan 14.6). También significaba el completo abandono del judaísmo que se enfocaba en la práctica religiosa en lugar de en un corazón penitente vuelto a Dios.

Muchos judíos esperaban que el Mesías les librara de la ocupación romana, pero Jesús se negó a hacerlo. En su lugar, predicó un mensaje de arrepentimiento, sumisión, sacrificio, devoción radical y exclusividad. Las masas fueron atraídas por los milagros que realizaba y por el poder que poseía; sin embargo, los discípulos percibieron que su enfoque, tan poderoso y veraz como era, no volvía a los curiosos en convertidos. Cuando le preguntaron: «Señor, ¿son pocos los que se salvan?» fue una pregunta honesta nacida de la realidad de lo que experimentaban (Lucas 13.23). Quién sabe si los discípulos llegaron a pensar que Jesús debería modificar su mensaje, aunque fuera ligeramente, para conseguir la respuesta de la gente.

No es el mensajero sino el mensaje

De muchas formas, el evangelicalismo actual está igualmente confundido. A menudo he notado que el mito dominante en el evangelicalismo es que el éxito del cristianismo depende de cuán popular sea.[1] El principio es que, si el evangelio va a seguir teniendo pertinencia, el cristianismo debe adaptarse y apelar a las últimas tendencias culturales.

Este modo de pensar por lo general limitado a la multitud de buscadores de emociones hace poco que ha aparecido más en círculos reformados. Hay movimientos que estarían de acuerdo con las verdades de la predestinación, la elección y la depravación total, pero que también, inexplicablemente, exigen que los pastores actúen como estrellas de rock en vez de como humildes pastores. Influenciadas por la retórica emocional de la mala teología, las personas toleran la idea de que la sagacidad cultural de un pastor determina cuán exitoso es su mensaje y cuán influyente será su iglesia. La actual metodología de crecimiento de la iglesia dice que si un evangelizador quiere «llegar a la cultura» (cualquier cosa que esto signifique), debe imitar la cultura. Pero tal enfoque es contrario al paradigma bíblico. El poder del Espíritu en el evangelio no se encuentra en el mensajero, sino en el mensaje. De modo que la motivación detrás de los buscadores compulsivos podría ser noble, pero está seriamente mal encaminada.

Cualquier esfuerzo para manipular el resultado de la evangelización cambiando el mensaje o estilizando al mensajero es un error. La idea de que más personas se arrepentirán si solo el predicador se hace más atrayente o más chistoso invariablemente dará lugar a que la iglesia sufra en carne propia un desfile ridículo de tipos que actúan como si su encanto personal pudiera llevar a las personas a Cristo.

Este error conduce a la noción dañina de que la conducta de un pastor y un discurso deberían ser determinados por la cultura en la cual él ministra. Si trata de alcanzar a una cultura de personas no relacionadas con ninguna iglesia, algunos abogarían que él debiera hablar como los que nunca han tenido relación con una iglesia, aun cuando el comportamiento de ellos no sea santo. Hay muchos problemas con esa clase de lógica, pero en primer lugar está la falsa suposición que un pastor puede confeccionar conversiones verdaderas luciendo o actuando de cierta forma. La verdad final es que solo Dios tiene el control de si los pecadores se salvarán o no como resultado de cualquier sermón.

En realidad, las verdades duras del evangelio no propician ganar popularidad e influencia dentro de la sociedad secular. Tristemente, muchos predicadores desean ardientemente la aceptación cultural que están en verdad dispuestos a alterar el mensaje de salvación de Dios y su estándar de santidad con tal de lograr esa aceptación. El resultado, por supuesto, es otro evangelio que no es el evangelio.

Tales componendas no hacen nada por incrementar el testimonio de la iglesia dentro de la cultura. De hecho, tienden al efecto opuesto. Al crear un evangelio sintético, facilitan que las iglesias se llenen de personas que no se han arrepentido de sus pecados. En lugar de hacer al mundo como la iglesia, tales esfuerzos tienen solo el éxito de hacer la iglesia más como el mundo. Esta precisamente fue la enseñanza de Jesús en Marcos 4 para evitar esto.

La parábola de las tierras

Los discípulos, realmente preocupados porque otros creyeran, estaban asombrados que las multitudes no se estaban arrepintiendo. Quizá en algún momento hayan dudado de la conveniencia del mensaje duro, exigente y acusador que predicaba Jesús.

Si tal fue el caso, el Señor respondió a esta creciente marea de dudas diciéndoles a los discípulos una serie de parábolas y proverbios acerca de la evangelización. Un año antes de que les diera la Gran Comisión, Jesús usó esta serie de parábolas como su fundamento para la instrucción con respecto al tema de la evangelización (Marcos 4.1–34). Marcos le dedica más espacio a esta que a ninguna otra enseñanza en su Evangelio y el punto principal es la parábola inicial, una historia acerca de un agricultor esparciendo semillas:

> Oíd: He aquí, el sembrador salió a sembrar; y al sembrar, aconteció que una parte cayó junto al camino, y vinieron las aves del cielo y la comieron. Otra parte cayó en pedregales, donde no tenía mucha tierra; y brotó pronto, porque no tenía profundidad de tierra. Pero salido el sol, se quemó; y porque no tenía raíz, se secó. Otra parte cayó entre espinos; y los espinos crecieron y la ahogaron, y no dio fruto. Pero otra parte cayó en buena tierra, y dio fruto, pues brotó y creció, y produjo a treinta, a sesenta, y a ciento por uno. (Marcos 4.3–8)

Esta ilustración es una explicación paradigmática de a qué debería parecerse la evangelización. Está diseñada para contestar una pregunta básica que, tarde o temprano, todos los evangelizadores se formularán: ¿Por qué algunas personas responden al evangelio mientras que otras no? La respuesta a esta pregunta aclara la esencia de la evangelización.

El sembrador perdido

La parábola de las tierras comienza con un agricultor. Lo que es sorprendente acerca de él es qué poco control en realidad tiene del crecimiento de los cultivos. No se usan adjetivos para describir su estilo o su habilidad, y en una subsiguiente parábola nuestro Señor describe a un sembrador que planta, regresa a casa y se va a dormir:

> Decía además: Así es el reino de Dios, como cuando un hombre echa semilla en la tierra; y duerme y se levanta, de noche y de día, y la semilla brota y crece sin que él sepa cómo. Porque de suyo lleva fruto la tierra, primero hierba, luego espiga, después grano lleno en la espiga; y cuando el fruto está maduro, en seguida se mete la hoz, porque la siega ha llegado. (Marcos 4.26–29)

Jesús dice que el agricultor desconoce cómo se transforma la semilla en una planta madura. Después de sembrar la semilla, el agricultor «duerme y se levanta, de noche y de día, y la semilla brota y crece sin que él sepa cómo».

Esta ignorancia no es única para este agricultor en particular, sino que es cierta de todo el que siembra. El crecimiento de la semilla es un misterio que aun el agricultor más adelantado no puede explicar. Y esta realidad es la clave para toda la parábola. Jesús explica que la semilla representa el evangelio y el agricultor representa al evangelizador (v. 26). El evangelizador esparce la semilla; es decir, explica el evangelio a las personas, y algunas de esas personas creen y reciben vida. Cómo ocurre, es un misterio divino para el evangelizador. Una cosa es clara, sin embargo: Aunque es el medio humano, finalmente no depende de él. El poder del evangelio está en el obrar del Espíritu, no en el estilo del sembrador (Romanos 1.16; 1 Tesalonicenses 1.5; 1 Pedro 1.23). Es el Espíritu de

Dios quien resucita las almas de muerte a vida, no los métodos o las técnicas del mensajero.

El apóstol Pablo comprendió este principio. Cuando llevó el evangelio a Corinto, inició la iglesia y la dejó al cuidado de Apolos. Más tarde, describiría la experiencia de este modo: «Yo planté, Apolos regó; pero el crecimiento lo ha dado Dios» (1 Corintios 3.6). Dios fue el que en verdad trajo a los pecadores a sí mismo, cambió sus corazones e hizo que ellos fueran santificados. Tanto Pablo como Apolos fueron fieles, pero con toda seguridad no eran la explicación para el crecimiento y la vida sobrenaturales. Esta verdad dio lugar a que Pablo dijera: «Así que ni el que planta es algo, ni el que riega, sino Dios, que da el crecimiento» (1 Corintios 3.7).

De manera intencional Jesús resalta la falta de influencia del agricultor sobre el crecimiento de la semilla. De hecho, Jesús hace énfasis en que el agricultor, después de plantar la semilla, simplemente se fue a casa y se durmió. Esto es directamente análogo a la evangelización. Para que una persona sea salva, es el Espíritu de Dios el que tiene que atraerle y regenerar su alma (Juan 6.44; Tito 3.5). Esto es contrario de la noción de que los resultados de la evangelización pueden ser influidos por el vestuario del pastor o la clase de música que se pone antes del mensaje. Un agricultor podría llevar sus semillas en una arpillera o una bolsa de cachemira y ni lo uno ni lo otro tendría efecto alguno en el crecimiento de la semilla. El pastor que piensa que pantalones vaqueros de marca harán su mensaje más aceptable es semejante a un agricultor que invierte en una bolsa de semilla de marca esperando que con ello el terreno será más receptivo para sus semillas.

No se equivoque pensando que estoy diciendo que los predicadores deberíamos usar solo trajes azul oscuro. El punto de Jesús no es si el evangelizador debería llevar puesta una corbata y cantar himnos. La parábola entera declara que hasta donde la evangelización llega, simplemente no tiene importancia lo que el evangelizador lleva puesto o cómo se arregla el cabello. Tales apariencias externas no son las que hacen crecer la semilla. Cuando las personas arguyen que si un pastor se comporta como un segmento particular de una cultura logra alcanzar mejor a esa cultura, fracasan en comprender el punto de vista de Jesús.

Todo lo que el agricultor puede hacer es sembrar y todo lo que el evangelizador puede hacer es proclamar. Como predicador, si pensara que la salvación de alguien está en dependencia de mi adherencia a algún aspecto sutil de la cultura, no podría dormir. Pero por el contrario, sé que «conoce el Señor a los que son suyos» (2 Timoteo 2.19). No es una coincidencia que en el Nuevo Testamento nunca se llama a los evangelizadores como teniendo la responsabilidad por la salvación de otra persona. Más bien, habiendo proclamado el mensaje fielmente, se nos llama a descansar en la soberanía de Dios.

Por supuesto, el hecho de que el agricultor se haya ido a dormir no es una excusa para la pereza. Está equivocado quien piensa que el estilo del evangelizador decide quiénes y cuántos se salvarán. Pero hay también el igualmente serio error de tomar como excusa la soberanía de Dios para no evangelizar. A menudo designado como híper calvinismo, este punto de vista asume de forma incorrecta que como los evangelizadores no son capaces de regenerar a alguien, entonces la evangelización misma no es necesaria.[2]

Pero esa perspectiva también pierde el punto de vista de la enseñanza de Jesús. El agricultor durmió, pero solo después de que diligentemente sembró su semilla. Un agricultor que piensa: «No puedo hacer que la semilla crezca, ¿por qué me voy a molestar en plantarla?», no será un agricultor por mucho tiempo.

La verdad es que la descripción del agricultor hecha por Jesús provee el modelo para la evangelización. El evangelizador debe plantar la semilla del evangelio, sin la cual nadie puede ser salvo (Romanos 10.14–17). Entonces debe confiar en Dios para los resultados, ya que solo el Espíritu puede dar vida (Juan 3.5–8).

La semilla desaprovechada

No solo es irrelevante el estilo del agricultor para el éxito de sus cultivos sino que Jesús tampoco sugiere que el sembrador debería alterar su semilla para facilitar su crecimiento. La parábola de las tierras muestra seis resultados del proceso de sembrar, pero en ningún lugar se dice que los resultados dependan de la habilidad del sembrador.

La ausencia de análisis acerca de la semilla también concuerda con la evangelización. Jesús asume que los cristianos evangelizarán usando la semilla verdadera: el evangelio. Alterar el mensaje no es una opción. A los creyentes se les advierte contra manipular indebidamente el mensaje como un todo (Gálatas 1.6–9; 2 Juan 9–11). La única variable en esta parábola es la tierra. Si un evangelizador frustrado mira cuán difícil es su tarea o cuán cerrada su cultura parece ser para el evangelio, el problema no está en el mensajero fiel o en el evangelio verdadero; más bien recae sobre la naturaleza del terreno en el que se echa la semilla verdadera.

Jesús describe diferentes tipos de tierra en los que se depositan las semillas; algunos no producen fruto de salvación, pero otros sí. Los seis describen un cuadro de las respuestas inevitables a la evangelización, ya que las tierras representan condiciones diversas del corazón humano.

La siembra en el camino

La primera clase de tierra definitivamente no es receptiva. En Mateo 13.4 se describe una parte de la semilla cayendo «junto al camino». Los campos en Israel no estaban cercados o amurallados. En lugar de cercas, había rutas que entrecruzaban los campos, haciendo bordes. Estas sendas se dejaban a propósito sin cultivar. Ya que el clima en Israel es árido y caliente, las rutas eran caminos apisonados tan duros como el pavimento para los pies de los que los atravesaban. Si la semilla caía sobre esas sendas, las aves que seguían al sembrador descenderían rápidamente y la arrebatarían.

Jesús relaciona este arrebatamiento de la semilla con la actividad de Satanás. La tierra compactada del camino representa el corazón duro en el que la semilla del evangelio no penetra, quedando en la superficie para ser comida para las aves. Es un cuadro de los que, estando sujetos a la esclavitud por Satanás, no tienen ningún interés en la verdad. Habiendo rechazado el evangelio, sus corazones solo se vuelven cada vez más encallecidos. Mientras más pise el camino el agricultor, sea que esté echando la semilla o no, más dura se vuelve la tierra.

Alguien podría pensar que este tipo de tierra describe los corazones de los peores, más atroces e irreligiosos pecadores imaginables. Pero en realidad, Jesús se refiere a los líderes religiosos de Israel que estaban intensa y devotamente comprometidos con la moralidad externa, la ceremonia religiosa, y las formas tradicionales de culto. Pero habiendo rechazado al Mesías, también se perdieron completamente. Fueron prueba de que ser «religioso» no es indicación de un corazón suave. Más bien, mientras más profundo el corazón se arraiga en la religión hecha por el hombre, más impenetrable se vuelve. La única esperanza es desbaratar por la fuerza la tierra dura, como el aplastar fortificaciones de piedra a que se refiere Pablo en 2 Corintios 10.3–5:

> Pues aunque andamos en la carne, no militamos según la carne; porque las armas de nuestra milicia no son carnales, sino poderosas en Dios para la destrucción de fortalezas, derribando argumentos y toda altivez que se levanta contra el conocimiento de Dios, y llevando cautivo todo pensamiento a la obediencia a Cristo.

La siembra en pedregales

El segundo tipo de tierra se compara con «pedregales, donde no tenía mucha tierra» (Marcos 4.5; véase también 4.16). Antes de que los agricultores sembraran sus campos, quitaban todas las piedras que podían lo cual demandaba un gran esfuerzo. Algunos rabinos acostumbraban decir que cuando Dios decidió poner piedras en la tierra echó la mayor parte de ellas en Israel. Así que debajo del alcance del arado había a menudo un manto rocoso de piedra caliza.[3] A esto es a lo que se refiere Jesús aquí.

Cuando la semilla caía sobre esta clase de tierra, se asentaba en el enriquecedor y suave terreno labrado por el arado. Al encontrar agua, la semilla se desarrollaría, comenzaría a echar raíces y a abrirse camino hacia la superficie. Pero debido a que pronto habrían de encontrarse con el lecho rocoso, las jóvenes raíces no podrían dar firmeza a la planta. La planta procesaría rápidamente los nutrientes que encontrara en la tierra con lo cual se desarrollaría sin problema; sin embargo, al empezar a recibir la luz del sol, requeriría más humedad. Pero como las raíces no podían penetrar en el lecho rocoso para conseguir sus nutrientes, la frágil planta terminaría secándose bajo los rayos del sol.

Jesús comparó esta tierra con alguien que oye el evangelio e inmediatamente responde con alegría (Mateo 13.20). Su respuesta rápida podría conducir al evangelizador a engañarse pensando que la conversión fue genuina. Inicialmente, este «convertido» muestra un cambio dramático, al absorber y aplicar toda la verdad que le rodea. Pero semejante a la semilla que se chamusca con rapidez, la vida aparente es superficial y temporal. Porque no hay profundidad en la respuesta emotiva o egocéntrica del pecador, ningún fruto puede venir de ella.

La naturaleza verdadera de esta conversión falsa se trasluce pronto en el calor del sufrimiento, del sacrificio propio y de la persecución. Tales adversidades son demasiado para que el corazón poco profundo las resista.

La siembra entre espinos

La tercera clase es una tierra llena de espinos (Marcos 4.7, 18). Esta tierra es engañosa. Ha sido arado y da la apariencia de estar fértil, pero debajo de la superficie acecha una red de raíces silvestres capaces de producir una plaga de cizaña. Cuando la buena semilla se ve forzada a competir por vivir contra cardos y espinos, los cultivos del agricultor terminarán ahogándose. Las malas hierbas roban la humedad de la semilla y le impiden recibir la luz del sol. Como consecuencia, la buena semilla muere.

La palabra que Jesús usa para *espinos* es el término griego κανθα (akantha), que es una clase particular de mala hierba espinosa común en el Oriente Medio y que se encuentra con frecuencia en terrenos cultivados. Es la misma palabra usada en Mateo 27.29 para referirse a la corona de espinas colocada en la cabeza de nuestro Señor. Estas plantas indeseadas eran comunes y peligrosas para los cultivos.

Jesús compara esta tierra cubierta de maleza con las personas que oyen el evangelio pero «los afanes de este siglo, y el engaño de las riquezas, y las codicias de otras cosas, entran y ahogan la palabra, y se hace infructuosa» (Marcos 4.19). Si la tierra rocosa significaba emoción superficial y si los del borde del camino representaban el engaño religioso impulsado por la autoestima y el interés propio, la tierra espinosa describe a una persona vacilante. Cuando el corazón de alguien está cautivo por las cosas del mundo, su arrepentimiento sobre el pecado no es genuino. Su corazón está dividido entre los placeres terrenales y temporales y las realidades celestiales y eternas. Pero estas cosas se excluyen mutuamente.

Los espinos tienen correlación con «los afanes de este siglo», y esta frase aun podría ser mejor traducida como «las distracciones de la época» (Marcos 4.19). El corazón con espinos está ocupado por cualquiera de las cosas mundanas que preocupan a la cultura. Es el corazón que ama al mundo y todas las cosas que hay en el mundo, y por eso el amor de Dios no está en él (véase 1 Juan 2.15; Santiago 4.4).

Los que intentan evangelizar acomodándose a la cultura no pueden evitar cultivar en esta clase de tierra. La semilla puede caer bastante bien, pero cuando crece, el amor al mundo expondrá lo que la profesión de fe es en realidad: Otra acción temporal y superficial de un corazón que todavía permanece cautivo al mundo.

Las semillas del evangelio caen sobre los oyentes de al lado del camino, sobre los oyentes de entre pedregales y sobre los oyentes de entre los espinos. En cada uno de estos casos, el evangelio no fructifica. Al dar esta analogía poderosa y evidente, el Señor nunca sugiere que se debería culpar al agricultor por la respuesta negativa. El problema no es un evangelizador que no fue hábil o lo bastante popular. Más bien, el problema está en la tierra. Los pecadores rechazan el evangelio porque aborrecen la verdad y aman su pecado. Es por eso que el evangelio, fielmente proclamado, puede ser arrebatado por Satanás, matado por autoestima o sofocado por el mundo.

La siembra en buena tierra

Puede haber corazones que rechacen la salvación, pero Jesús también describe corazones que reciben el evangelio. El ánimo llega cuando Jesús dice: «Pero otra parte cayó en buena tierra, y dio fruto, pues brotó y creció, y produjo a treinta, a sesenta, y a ciento por uno» (Marcos 4.8). La buena tierra es profunda, suave, enriquecida y limpia. Ni Satanás, ni la carne, ni el mundo pueden sofocar el evangelio cuando es plantado en esta clase de corazones

Casi todas las parábolas de Jesús contienen un elemento chocante e inesperado, y la parábola de las tierras no es la excepción. Hasta este momento esta analogía con las actividades del campo les habría sido familiar a los discípulos o a cualquier israelita. Ellos dependían completamente de su agricultura, y su tierra estaba cubierta de campos de grano. Comprendían el peligro de las aves, las piedras y la maleza. Todo eso era muy común. Pero Jesús abandona lo familiar para describir un resultado que nadie habría alguna vez esperado: una cosecha al treinta, al sesenta y aun al ciento por uno. Un promedio de cosecha podría alcanzar un séxtuplo, y un cultivo que produjera diez veces más sería considerado una cosecha de una sola vez en la vida. Así es que cuando Jesús dijo que hasta una de las semillas del agricultor podría producir hasta cien veces, eso tiene que haber producido conmoción en los discípulos.

Si no es parte de una sociedad agraria, usted podría no entender el disparate de Jesús al describir una semilla que puede producir al 10.000 por ciento. Todas las ilustraciones dejan de ser útiles en un cierto punto y este es precisamente el punto donde la analogía agraria ya no es aplicable a la evangelización. Al describir una cosecha tan grande, Jesús está indicando que el evangelio puede producir vida espiritual en múltiplos que son imposibles excepto por el propio poder de Dios.

La preparación del corazón para el evangelio es la tarea del Espíritu Santo. Solo Él convence (Juan 16.8–15), regenera (Juan 3.3–8) y justifica (Gálatas 5.22–23). La obra en el corazón es del dominio de Dios:

> Esparciré sobre vosotros agua limpia, y seréis limpiados de todas vuestras inmundicias; y de todos vuestros ídolos os limpiaré. Os daré corazón nuevo, y pondré espíritu nuevo dentro de vosotros; y quitaré de vuestra carne el corazón de piedra, y os daré un corazón de carne. Y pondré dentro de vosotros mi Espíritu, y haré que andéis en mis estatutos, y guardéis mis preceptos, y los pongáis por obra. (Ezequiel 36.25–27; cp. Jeremías 31.31–33)

Tal como Salomón preguntó retóricamente: «¿Quién podrá decir: Yo he limpiado mi corazón, limpio estoy de mi pecado?» (Proverbios 20.9). La respuesta, por supuesto, es nadie.

Mientras hay explicaciones de por qué las personas rechazan el evangelio, tanto satánicas como humanas, el arrepentimiento verdadero es sobrenatural. En ningún lugar se observa esta verdad con más claridad que en la conversión del ladrón en la cruz (Lucas 23.39–43; cp. Mateo 27.38–44). Su conversión no pudo haber sido más improbable, al ocurrir en un momento cuando Jesús daba la apariencia de ser un fracaso colosal. El Señor parecía débil, derrotado, victimizado y sin poder para salvarse a sí mismo, muchos menos a otro. Jesús estaba deshonrado, sus enemigos triunfantes y sus seguidores ausentes. La marea de la opinión pública estaba contra Él, y el comentario sarcástico, por parte del primer ladrón, era la respuesta apropiada y comprensible.

Dios, sin embargo, obró su habilidad sobrenatural de salvación en el segundo ladrón y en contra de la razón natural, este se arrepintió y creyó. ¿Por qué este rebelde moribundo aceptó a un hombre sangrante y crucificado como su Señor? La única respuesta es que fue un milagro de gracia y el resultado de la intervención divina. Antes de los terremotos sobrenaturales, la oscuridad y las tumbas abiertas, este hombre creyó porque la semilla del evangelio cayó en tierra fértil, preparada por la mano de Dios. Su conversión da testimonio del hecho de que no es el estilo o la fuerza del hombre los que salvan, sino el poder de Dios.

Ya que Dios produce ese cambio de corazón, el resultado será evidente en cada vida transformada, sin embargo diferente en alcance, y mucho más allá de lo que los discípulos alguna vez podrían haber soñado. El evangelio pronto estallaría en una cosecha espiritual, comenzando en Pentecostés y continuando exponencialmente hasta el último día del reino terrenal de Cristo. El poder para esta multiplicación es sobrenatural, pero la manera es el fiel testimonio de creyentes verdaderos.

Lo asombroso del evangelio es que es obra de Dios. Sembramos la semilla al compartir el evangelio, entonces nos vamos a dormir, y el Espíritu obra mediante el evangelio para dar vida. No controlamos quién se salva, porque el Espíritu va donde Él quiera (Juan 3.8). No sabemos cómo ocurre, no más que lo que un agricultor sabe cómo una semilla en la tierra se convierte en alimento. Nuestro trabajo no es impartir vida, solo plantar la semilla. Una vez que hemos hecho esto, podemos descansar en el poder soberano de Dios.

Cómo aplicarnos para la evangelización

La verdad en esta parábola debería tener un efecto profundo en cómo vemos la evangelización. Y motivarnos a evangelizar estratégica, humilde, obediente y confiadamente.

Estratégicamente

Jesús enseña que ciertas clases de tierras permiten que la semilla crezca con gozo en lugar de ser ahogada o que se seque. Este hecho debería ser suficiente para demostrar la insensatez de hacer del evangelio algo que apela solo a las emociones. Nada es un guía menos confiable con respecto a la fe verdadera que las emociones, ya que ni el gozo ni el pesar son necesariamente indicativos de arrepentimiento verdadero (véase 2 Corintios 7.10–11). Cuando el evangelizador apunta a los sentimientos del pecador o basa la seguridad de la salvación en una experiencia emocional, está dirigiendo el evangelio a corazones superficiales. Tal enfoque inicialmente puede dar la apariencia de ser impresionante, ya que la tierra poco profunda se ve bien de corto plazo. Pero no da como resultado conversiones duraderas.

Tampoco el evangelizador debería manipular la voluntad apelando a los deseos naturales del pecador. Es normal que pecadores esperen con ilusión mejores cosas para ellos mismos, como salud, riqueza, éxito y realización personal. Pero el evangelio nunca ofrece lo que el corazón no comprometido e impuro ya quiere. Solo los falsos maestros usan el orgullo y los deseos de la carne para coaccionar una respuesta positiva de las personas. Por contraste, el evangelio verdadero ofrece lo que es incongruente para el deseo humano natural. Como Jesús lo dijo a sus seguidores:

> No penséis que he venido para traer paz a la tierra; no he venido para traer paz, sino espada. Porque he venido para poner en disensión al hombre contra su padre, a la hija contra su madre, y a la nuera contra su suegra; y los enemigos del hombre serán los de su casa. El que ama a padre o madre más que a mí, no es digno de mí; el que ama a hijo o hija más que a mí, no es digno de mí; y el que no toma su cruz y sigue en pos de mí, no es digno de mí. El que halla su vida, la perderá; y el que pierde su vida por causa de mí, la hallará. (Mateo 10.34–39)

El verdadero arrepentimiento y la fe en Cristo niegan los anhelos depravados comunes de la voluntad humana.

> De cierto, de cierto os digo, que si el grano de trigo no cae en la tierra y muere, queda solo; pero si muere, lleva mucho fruto. El que ama su vida, la perderá; y el que aborrece su vida en este mundo, para vida eterna la guardará. Si alguno me sirve, sígame; y donde yo estuviere, allí también estará mi servidor. Si alguno me sirviere, mi Padre le honrará. (Juan 12.24–26)

Si ni la emoción cruda ni el deseo racional son un indicador confiable de fe verdadera, entonces ¿qué lo es? Como Jonathan Edwards correctamente observó, un indicador responsable es un «corazón humilde y quebrantado que ama a Dios».[4] Él escribió:

> Los deseos de los santos, no importa cuán fervorosos sean, son deseos humildes; su esperanza es una esperanza humilde; su gozo, aunque indecible y lleno de gloria, es un gozo del corazón quebrantado y humilde que deja al cristiano más pobre de espíritu, más semejante a un niño pequeño, más dispuesto a una humildad universal de comportamiento.[5]

Según Edwards, la evangelización no debería dirigirse a influir en las emociones o a manipular la voluntad porque esas cosas no son solo fáciles de alcanzar, sino que no son señales seguras de conversión. Más bien, «una vida santa es la señal principal de la gracia».[6] Una vida santa fluye de un corazón santo, el cual produce afectos santos dirigidos por el Santo. Esto es solo posible cuando la mente del pecador es persuadida a ver su pecado tal como es y al evangelio como su única solución.

Humildemente

La verdad es que el poder del evangelio está en las manos de Dios, no en las nuestras. Por lo tanto, deberíamos evangelizar con humildad. Por «humildad» no queremos decir incertidumbre, tolerancia ecuménica o alguna otra distorsión posmoderna del término. Más bien, entendemos por humildad el sentido bíblico de temblar ante Dios y su Palabra (Isaías 66.2), evitando cualquier noción orgullosa que nos pudiera hacer tan osados como para cambiar su mensaje o tan engreídos como para tomar el mérito por la obra de Él.

El poder del evangelio está en su verdad invariable, y una semilla mutante producirá un producto mutante. Además, el evangelizador no debería intentar hacer atractivo a Jesús para los pecadores. Jesús es atractivo en sí mismo. Pero las personas están cegadas a sus atributos a causa de su pecado. No es suficiente alentar a las personas a activar sus voluntades egoístas o a incitar sus emociones inconstantes. En lugar de eso deben ser llamados a llorar por su pecado al punto del arrepentimiento genuino. De modo que explicar la profundidad del pecado y el castigo que merece es una parte esencial de la evangelización bíblica. Un pecador debe escuchar que su pecado le acusa y le condena porque ofende a Dios, y solo el Espíritu de Dios puede llevar esa verdad desde los oídos del pecador a su corazón.

Es exactamente esta clase de evangelización que es la primera en sufrir en el afán de atraer más personas a Cristo. En un intento por hacer el mensaje más popular y los resultados más notables, los evangelizadores muy a menudo apelan a las emociones y a la voluntad en vez de a la mente.

Pero cuando el evangelio real es predicado a la mente, un mensaje que incluye los difíciles llamados al discipulado, la naturaleza radical de la conversión y la obra gloriosa de Cristo, entonces la semilla correcta es sembrada en el corazón, y los corazones divinamente preparados serán receptivos a la semilla.

Obedientemente

Cuando terminó de explicar la parábola de las tierras, Jesús les preguntó a los discípulos: «¿Acaso se trae la luz para ponerla debajo del almud, o debajo de la cama? ¿No es para ponerla en el candelero?» (Marcos 4.21). Él les decía a sus discípulos que después de su muerte y su resurrección, poseerían una gran luz. Esa luz es la «luz del evangelio de la gloria de Cristo, el cual es la imagen de Dios» (2 Corintios 4.4). Es para ser predicado fielmente por los esclavos de Cristo (v. 5), pero los resultados son por el poder soberano de Dios como lo fue en la creación original: «Porque Dios, que mandó que de las tinieblas resplandeciese la luz, es el que resplandeció en nuestros corazones, para iluminación del conocimiento de la gloria de Dios en la faz de Jesucristo» (2 Corintios 4.6).

Nuestro Señor continuó su enseñanza con este axioma: «Porque no hay nada oculto que no haya de ser manifestado; ni escondido, que no haya de salir a luz» (Marcos 4.22). Aquí había una perogrullada al comunicar el hecho de que cada secreto tiene su tiempo adecuado para decirse. Todo el asunto de guardar un secreto es que ahora no es el tiempo para que se sepa. En el caso de los discípulos, aún no habían sido comisionados y enviados al mundo. Pero cuando ese tiempo llegó, ellos fueron y hablaron con audacia. Esto se refiere al mandato frecuente de nuestro Señor a no hablar de Él o de sus milagros hasta después de su muerte y resurrección (Mateo 8.4; 9.30; 12.16; 17.9; Marcos 1.44; 3.12; 5.43; 7.36; 8.30; 9.9; Lucas 4.41; 8.56; 9.21). Una razón evidente para tal restricción era dejar en claro que el mensaje que Él quería que sus seguidores esparcieran no era el que Él era un sanador o un liberador político, sino un Salvador que murió y resucitó de entre los muertos.

La utilidad de un agricultor está relacionada con la cantidad de semilla que siembra. Mientras más siembra, más cantidad de semilla que él esparce y más probabilidad que una parte de la semilla alcance una buena tierra. Para comunicar este deber, Jesús siguió a los proverbios en

Marcos 4.21–22 con una clara promesa: «con la medida con que medís, os será medido, y aun se os añadirá a vosotros los que oís» (v. 24). Ese es el lenguaje de recompensas eternas y provee gran motivación para proclamar el evangelio tanto activamente como con exactitud. Aunque no podemos controlar los resultados, somos llamados a esparcir el mensaje. Y aun si somos rechazados por los que nos escuchan, nuestros fieles esfuerzos harán que un día seamos recompensados por el Señor.

Hay cristianos falsos y evangelizadores falsos. El Señor juzgará a ambos. Pero los creyentes verdaderos son obedientes en evangelizar cada vez que tienen oportunidad, recordando que nuestra obediencia lleva a la bendición divina tanto aquí como en la vida venidera.

Confiadamente

El saber que nuestra evangelización es energizada por el poder de Dios nos da confianza en los resultados divinos.

Esto es precisamente por qué Marcos concluyó esta amplia sección acerca de la evangelización con una parábola final describiendo el reino de Dios: «Es como el grano de mostaza, que cuando se siembra en tierra, es la más pequeña de todas las semillas que hay en la tierra; pero después de sembrado, crece, y se hace la mayor de todas las hortalizas, y echa grandes ramas, de tal manera que las aves del cielo pueden morar bajo su sombra» (Marcos 4.31–32).

Recuerde que los discípulos estaban preocupados que las promesas del Antiguo Testamento de un reino no se pudieran cumplir con Jesús. Él había estado predicando por dos años y todavía parecían ser muy pocos los que creían. Los doce estaban al borde de perder la esperanza. Pero Jesús les dijo que si la semilla se esparcía, el evangelio crecería y el reino vendría. Lo que Jesús quiso decir es que el reino comenzaría pequeño pero se haría muy grande y finalmente, las aves de las naciones descansarían a su sombra (Ezequiel 31.6). El evangelio se volvería global y lo haría mediante estos acosados discípulos.

Esto es exactamente lo que ocurrió. Después de la resurrección eran solo 120 seguidores de Jesús y después del día de Pentecostés el número se elevó a 3,000 (Hechos 1.13; 2.41). Este número rápidamente alcanzó a 5,000 (Hechos 4.4). En pocos meses eran más de 20,000. El poder del evangelio estaba poniendo el mundo al revés. Dos mil años más tarde, incontables personas se han salvado, y están ahora tanto en la iglesia militante en la tierra como en la iglesia triunfante en el cielo. Un día, Cristo regresará y establecerá su reino milenial en esta tierra. Hasta entonces, el evangelio continuará invitando a los pecadores al arrepentimiento.

El mensaje de salvación se mantiene en movimiento mediante los que son sembradores, produciendo vida espiritual y fruto genuino en buen terreno. Esto solamente es posible porque lo hace el poder de Dios, lo que significa que la popularidad o la manera persuasiva del mensajero humano no tiene nada que ver con esto.

La evangelización es un llamado privilegiado. Hacemos lo que podemos por propagar el evangelio dondequiera que sea. Una vez hecho el trabajo, regresamos a casa y nos vamos a dormir. Si hemos trabajado duro podremos dormir bien, sabiendo, como el agricultor, que el crecimiento no depende de nosotros.

2

La meta global de Dios: El poder de la Gran Comisión

Jesse Johnson

La Gran Comisión es ciertamente la orden más importante dada a los cristianos. Alguna variación de ella aparece en cada uno de los cuatro Evangelios y las últimas palabras terrenales de Jesús en el libro de Hechos son otra forma de este encargo. A pesar de estas repeticiones, a menudo se pasa por algo la naturaleza radical de la orden para la evangelización global. Ya en Génesis 3 Dios indicó que enviaría a un salvador al mundo, pero Dios no dejó que los creyentes fueran por todo el mundo con ese mensaje sino hasta después de la crucifixión y resurrección. La comprensión del «por qué» de la Gran Comisión ayuda a desatar su poder.

Uno de los más sobrios y escalofriantes encargos dado a los pastores con respecto a la evangelización se encuentra en las palabras finales de Pablo a Timoteo. En 2 Timoteo, Pablo ha advertido a su discípulo y compañero en el pastorado a que esté listo para los días malos. Se lo dijo así: «Porque vendrá tiempo cuando no sufrirán la sana doctrina» (2 Timoteo 4.3). Pablo quería que Timoteo se fortaleciera para cuando experimentara el rechazo (v. 4), e incluso tuviera que enfrentar los mismos sufrimientos que tuvo que enfrentar él (v. 5).

Pablo le dijo a Timoteo que la solución se encontraba en aceptar la suficiencia de las Escrituras. Solo así, puede el hombre de Dios ser «perfecto, enteramente preparado para toda buena obra» (2 Timoteo 3.17). A consecuencia de esto, Pablo tuvo un encargo severo para su recomendado: «Te encarezco delante de Dios y del Señor Jesucristo, que juzgará a los vivos y a los muertos en su manifestación y en su reino, que prediques la palabra» (2 Timoteo 4.1–2a). Advierta cuán seria es esta orden. Pablo le dice: (1) ante Dios, (2) ante el Señor Jesucristo y (3) a consecuencia del juicio de los vivos y los muertos. Es difícil imaginarse cómo podría haber hecho Pablo este encargo parecer más serio de lo que es.

Pero Pablo no había terminado. Timoteo debía no solo predicar, sino que Pablo también le escribió que debía ser «sobrio en todo, soporta las aflicciones, haz obra de evangelista, cumple tu ministerio» (v. 5). Timoteo podría predicar todo lo que quisiera, pero si descuidaba hacer la obra de evangelizador no estaría cumpliendo lo que Dios quería que él hiciera.

Esta verdad, que la obra de la evangelización debería ser central para cualquier ministerio, no se limita al ministerio de un pastor. Todos los cristianos son llamados a ser fieles al mandato de nuestro Señor de llevar el evangelio a cada persona. Pero es asombroso cuan a menudo la orden de evangelizar queda relegada a un segundo plano en la vida cristiana. Algunos hasta han caído en un patrón de descuidar la orden de evangelizar durante prolongados períodos de tiempo, y aun he escuchado a personas decir que la evangelización es algo simplemente a lo que Dios no las ha llamado.

La realidad es que la evangelización es fundamental para la misión de Cristo y de hecho es el punto central de la obra de Dios en la creación. Si una persona no logra comprender la importancia de la evangelización, pierde por completo el enfoque del ministerio de Jesús, pues «el Hijo del Hombre vino a buscar y a salvar lo que se había perdido» (Lucas 19.10). La evangelización no es una cosa que los cristianos son llamados a hacer; es la tarea primaria. Todas las otras tareas son intermedias.

Por ejemplo, los cristianos buscan la santificación en todas las áreas de la vida a fin de que nuestro testimonio sea creíble por el mundo exterior. Cuando proclamamos las riquezas de Cristo, necesitamos poder mostrar al mundo incrédulo que personalmente apreciamos a Cristo por sobre este mundo. Nos negamos a robar, porque el complacer a Dios vale más que cualquier cosa que podríamos tomar. Nos negamos a mentir, porque confiamos en la soberanía de Dios más que en cualquier ficción que podríamos inventar. Oramos, porque sabemos que nada de valor es posible en esta vida sin la bendición de Dios. Toda nuestra santificación tiene como consecuencia hacer creíble nuestro reclamo de que Cristo tiene valor supremo.

Además, el ministerio pastoral no es un fin en sí mismo. En una iglesia sana, los pastores predican sermones expositivos; las personas escuchan y los ponen en práctica, mientras la iglesia madura. Pero todo esto no es de importancia final. La meta es que una iglesia sana comprenda el evangelio más claramente y pueda proclamarlo más poderosamente. Las iglesias desarrollan oportunidades para el compañerismo y el cuidado de las necesidades los unos de los otros a fin de que el mundo conozca el amor de Dios por la forma en que los cristianos se aman entre sí (Juan 13.34–35). Todo esto en busca de la meta de propagar la gloria de Dios a más y más personas mediante la evangelización (2 Corintios 4.15).

Cuando la evangelización es descuidada indica que hay una falta de comprensión acerca del propósito de Dios en el mundo y en el plan de salvación. Desde la creación del hombre, la creencia global siempre ha sido el plan de Dios. Pero no fue sino hasta que Jesús se levantó de la tumba que a los seguidores de Dios se les dijo que fueran por el mundo y difundieran las nuevas acerca de Él. De hecho, una de las formas más eficaces para aumentar su pasión para la evangelización es comprender cómo la evangeliación encaja dentro de la obra de Dios en el mundo. Siempre ha sido su meta, pero hasta que la iglesia comenzó, Dios no le había dado a su pueblo órdenes de marchar (junto con su Espíritu) para llevar el evangelio a cada tribu, lengua y nación.

George Peters explica que el llamado a evangelizar está engastado en el mismo centro de las Escrituras:

> La Gran Comisión no es una orden aislada arbitrariamente impuesta al cristianismo. Es un resumen lógico y una efusión natural del carácter de Dios como Él se revela en las Escrituras, del propósito y avance misionero de Dios tal como se deja ver en el Antiguo Testamento e históricamente encarnado en el llamado de Israel, de la vida, la teología y la obra salvadora del Cristo tal como se revela en los Evangelios, de la naturaleza y obra del Espíritu Santo tal como lo predijo nuestro Señor y manifestado en Pentecostés y en adelante, y de la naturaleza y diseño de la iglesia de Jesucristo tal como se ha hecho conocer en los Hechos de los apóstoles y las epístolas [1]

En otras palabras, si nuestras iglesias deben descubrir de nuevo la evangelización bíblica, debemos enfrentar las prioridades de Dios tal como se exponen en las Escrituras. Como Peters tan apropiadamente lo expresa, la Gran Comisión no es simplemente otra orden de las Escrituras para obedecer, es el mandato que le da vida a todos los otros mandatos dados a la iglesia.

La evangelización en el Antiguo Testamento

Desde las primeras páginas de las Escrituras, todo se enfoca hacia el drama de la redención. Dios creó a las personas sin pecado, pero ellas pecaron. El pecado trajo enemistad entre Dios y su creación, pero Génesis 3 muestra que Dios iba a reconciliar a las personas consigo mismo. Aunque Adán y Eva se escondieron de Dios, ya Dios había decretado la manera para sacar a la humanidad de su escondite a una relación correcta con Dios mismo. Esto es el protoevangelio (el evangelio dado con antelación) y revela el corazón evangelístico de Dios.

La promesa misma está envuelta en misterio. Dios dijo que habría una simiente, un descendiente de Adán, quien aplastaría la cabeza de Satanás (Génesis 3.15; Apocalipsis 12.9). Aunque esta simiente sería magullada por Satanás, no obstante la esperanza se mantendría. Alguien, en algún momento, en algún lugar en el futuro, derrotaría a Satanás y restauraría la paz entre Dios y su creación.[2]

Quién exactamente sería esta persona se mantendría como un misterio. Eva al parecer pensó que era Abel o tal vez Set (Génesis 4.25). El padre de Noé pudo haber pensado que podría ser su hijo (Génesis 5.29). Este misterio se agravó por los acontecimientos de Génesis 11. Antes de Babel, era concebible para Dios enviar a este hijo de Adán al mundo para derrotar a Satanás, y todo el mundo lo conocería. Pero después de los sucesos de la Torre de Babel, Dios separó a las naciones y confundió sus lenguas. Al esparcir a las naciones por todo el mundo y al confundir sus lenguas, Dios dio a conocer dos cosas: Las naciones no podrían comunicarse con facilidad y todas ellas seguirían su propio camino (Hechos 14.16).

Después de Génesis 11, la pregunta dejó de ser «¿quién será este redentor prometido?» y se convirtió en «¿cómo se enterarán los otros?» Los teólogos se refieren a esta última pregunta como el problema de la universalidad de Dios.[3] Si Yavé es el Dios de todas las naciones pero elige revelarse a sí mismo solo a una nación, ¿cómo llevaría esa nación las noticias de quién era el redentor a todas las demás naciones?[4] Esta cuestión de la forma de difundir la nuevas de Yavé es la base del mandato divino para las misiones.[5] Las personas se preguntaban cómo el Mesías futuro se comunicaría con las personas que no hablaban su idioma, seguían sus leyes o esperaban su venida.

Para complicar el asunto aún más, Dios escogió y luego le prometió a un hombre, Abram, que él sería el principio de otra nación.[6] Cuando el polvo de la Torre de Babel se desvaneció, ya Dios había vuelto su enfoque redentor hacia esta nación nueva que, a diferencia de las otras, no provenía de Babel, sino del pacto de Dios con Abram. Esta futura nación tendría un propósito único en el mundo, como su pueblo, le mostraría a las otras naciones el camino de regreso a Dios (Isaías 42.6; 51.4).[7] A través de ellos serían «benditas en ti todas las familias de la tierra» (Génesis 12.3).

De modo que la evangelización fue el fundamento de la nación de Israel. El objetivo final y el deseo del corazón de Dios en estas promesas, a Adán, Eva, Abram, era que el mundo entero fuera depositario de su bendición. Este tema global es tan penetrante a todo lo largo de Génesis que la bendición universal se reitera cinco veces en todo el libro (Génesis 12.3; 18.18; 22.18; 26.4; 28.14).

La identificación de Israel como la nación que produciría al Mesías señaló una fase nueva en la misión de Dios para el mundo.

Una luz para el mundo

Israel fue la nación escogida de Dios. Aunque había muchas razones para que Dios escogiera una nación; es decir, para producir al Mesías (Romanos 9.5), para ser administradores de la ley (Romanos 9.4) y para revelar un Nuevo Pacto (Hebreos 8.6), una razón sobresale en el contexto de la evangelización: Dios escogió a una nación para que se convirtiera en un faro de luz para el mundo. Dios le habló a Israel mediante Isaías: «Yo Jehová te he llamado en justicia, y te sostendré por la mano; te guardaré y te pondré por pacto al pueblo, por luz de las naciones» (Isaías 42.6). El diseño de Dios siempre ha sido que las naciones del mundo deberían escuchar acerca de su gloria y depositar su confianza en Él. Su plan para la nación de Israel era que llevaran a cabo este designio al llevar el nombre de Dios y mostrar su gloria como un testimonio para el mundo.[8]

El llamado de Abram no identificó quién precisamente sería el redentor prometido. En lugar de eso, esta promesa pasó a los patriarcas en Egipto. Durante su tiempo en Egipto los israelitas se convirtieron en una nación separada, y Dios les condujo a la tierra prometida de una manera dramática que sirvió de testimonio del poder y la superioridad de Yavé. Pero antes de que entraran en la tierra, ellos recibieron su ley y esta les explicó cómo debían llevar las nuevas de la gloria de Dios al mundo.

En este sentido, los israelitas llegaron a ser una luz para el mundo. Dios les dio sabiduría desde la Torá y debieron manifestarla.[9] Moisés explicó esto para los israelitas antes de que cruzaran el Jordán:

> Mirad, yo os he enseñado estatutos y decretos, como Jehová mi Dios me mandó, para que hagáis así en medio de la tierra en la cual entráis

> para tomar posesión de ella. Guardadlos, pues, y ponedlos por obra; porque esta es vuestra sabiduría y vuestra inteligencia ante los ojos de los pueblos, los cuales oirán todos estos estatutos, y dirán: Ciertamente pueblo sabio y entendido, nación grande es esta. Porque ¿qué nación grande hay que tenga dioses tan cercanos a ellos como lo está Jehová nuestro Dios en todo cuanto le pedimos? (Deuteronomio 4.5–7)

La ley era tan gloriosa que si los israelitas la obedecían, las naciones del mundo sabrían de esto y estarían asombradas. De este modo, las naciones que siguieron su propio camino desde Babel aprenderían de Dios y su infinita sabiduría por medio del testimonio de cómo los israelitas siguieron la Torá.

Christopher Wright explica esto: «Porque la misión última de Dios es traer la bendición a las naciones, como le prometió a Abraham», Dios eligió hacer que «por la existencia en el mundo de una comunidad que sería adiestrada para vivir según la manera del Señor en rectitud y justicia (éticas)».[10] Los judíos vivirían en forma diferente a las otras naciones y la meta de esta distinción era evangelística.[11]

Esta función evangelística de Israel explica por qué inmediatamente antes de darles la ley, Yavé le dijo a Israel que iba a hacerles «un reino de sacerdotes» (Éxodo 19.6). Esta exclusividad no quiere decir que todas las otras naciones de la tierra fueran rechazadas, sino más bien que Israel sería la manera mediante la cual ellas recibirían el camino de regreso a Dios.[12] Así que «este concepto de sacerdocio nacional tiene una dimensión misionera esencialmente, pues pone a Israel en un papel dual en relación a Dios y a las naciones, y les da la función sacerdotal de ser el agente de la bendición».[13] En otras palabras, las naciones serían bendecidas al revelárseles Dios por medio de la nación de Israel.

Obviamente mucho de la ley mosaica tuvo la función de diferenciar a los israelitas de las naciones circundantes, lo que resaltó la singularidad de sus mandatos. Las leyes dietéticas, las leyes del sábado judío, las leyes de la tierra, la circuncisión y aun las leyes prohibiendo la idolatría, todas intencionalmente diferenciaron a Israel de sus vecinos con el propósito de evangelización.[14]

Para Israel, la evangelización significaba guardar la Torá. De modo que todo el libro de Deuteronomio puede verse como «un llamado urgente para la lealtad del pacto... encontrado en la obediencia ética práctica... con miras a la influencia que esto traerá en las naciones».[15]

Interesantemente, a los israelitas nunca se les ordenó ir al mundo y predicar el evangelio.[16] No estaban supuestos a ser misioneros en el sentido del Nuevo Testamento.[17] Más bien, debieron permanecer en Israel y dar testimonio al mundo por guardar la Torá. La obediencia del pacto era su forma de evangelizar.

Puede decirse que los israelitas tuvieron su propia Gran Comisión (Deuteronomio 4), solo esta era un llamado a permanecer y obedecer en vez de ir y proclamar. Los teólogos se refieren a esto como «las misiones centrípetas».[18] Este término comunica la idea que en vez de esparcirse por todo el mundo, como los misioneros modernos harían, debían quedarse y atraer el mundo a ellos. En lugar del desparramamiento global, los israelitas mostrarían reunión global, al ser una luz para las naciones. Las naciones circundantes escucharían acerca de la grandeza de las leyes israelitas y serían atraídas por Israel. Cuando vinieran a investigar la fuente de la sabiduría que los israelitas poseían, verían que esta sabiduría en última instancia provenía de Yavé. En resumen, Israel, como un reino de sacerdotes y una luz para las naciones, formó «la esencia del Antiguo Testamento».[19]

Por esto, tal como observó Wright, «la obediencia a la ley no era para el beneficio solo de Israel. Es una característica señalada del Antiguo Testamento que Israel vivió ante los ojos de todo el mundo... y esta visibilidad de Israel fue parte de su papel e identidad teológica como el sacerdocio de YHWH entre las naciones».[20]

Sin embargo, con la posible excepción de la reina de Saba (1 Reyes 10), no hay un ejemplo en el Antiguo Testamento de gentiles siendo atraídos por Israel a causa de su obediencia del pacto. En lugar de eso, el Antiguo Testamento termina con Israel desplazado, el templo destruido y el misterio todavía sin resolverse: ¿quién sería ese redentor y cómo atraería el mundo a sí mismo?

El Mesías prometido

Solo mediante el advenimiento del Mesías podría Israel posiblemente cumplir con su misión a las naciones. En Isaías 49.6 Dios describe la misión del Mesías en la tierra como siendo «luz de las naciones, para que seas mi salvación hasta lo postrero de la tierra». En otras palabras, Dios prometió que el Mesías vendría y sería esa luz para las naciones que se sostendría en la oscuridad de pecado. Juan específicamente llamó a Jesús la profetizada «luz del mundo» (Juan 8.12; 9.5; véase también a Juan 1.9; 3.19; 12.46).

Jesús, por supuesto, vino como el cumplimiento de esa profecía mesiánica. Interesantemente, Él no cumplió *toda* la profecía. Hay algunas promesas que se relacionan con la actual identidad nacional y política de Israel que aun están por cumplirse (e.g., Salmo 72.8–14; Isaías 9.6–7; Jeremías 23.5; Zacarías 14.4–21). No obstante, Jesús dio fe de que era aquel de quien hablaron las Escrituras (Mateo 11.3–5; Lucas 4.2; Juan 4.26).

De manera asombrosa, Jesús no les dijo a sus seguidores que llevaran estas noticias a todo el mundo. En lugar de eso, les dijo lo contrario. Por ejemplo, después de sanar a un leproso, Jesús le dijo al hombre: «Mira, no lo digas a nadie» (Mateo 8.4). Aun después de los discípulos finalmente darse cuenta de que ciertamente Él era el Hijo de Dios y la simiente que aplastaría a Satanás y restauraría a Israel, Jesús «mandó a sus discípulos que a nadie dijesen que él era Jesús el Cristo» (Mateo 16.20).

En algunos casos, este silencio era ordenado en la más imposible de las circunstancias. Considere el milagro en Decápolis. Allí un gran número de personas le trajo a Jesús un hombre que era conocido por todos como un sordomudo. Jesús llevó aparte al hombre y sanó tanto su audición como su capacidad para hablar, entonces le ordenó a la multitud «que no lo dijesen a nadie» (Marcos 7.36). Por supuesto, Marcos señala: «pero cuanto más les mandaba, tanto más y más lo divulgaban» (v. 36b).

Otro ejemplo que encontramos en el libro de Lucas es particularmente asombroso. Lucas narra la historia de un líder de la sinagoga bien conocido, ciertamente un judío influyente cuyos asuntos familiares eran públicos. Él cayó a los pies de Jesús y le rogó que sanara a su hija de doce años. Jesús empezó a caminar hacia la casa del hombre y un gran número de personas se reunió para seguirlo. Mientras iban, un mensaje llegó que la hija había muerto, y para cuando Jesús y el auténtico desfile habían arribado a la casa del líder, había ya plañideras profesionales lamentando.

Jesús echó a todo el mundo de la casa excepto a los padres. Entonces tomó a Pedro, a Jacobo y a Juan, los llevó adentro y resucitó a la niña. Luego «les mandó que a nadie dijesen lo que había sucedido» (Lucas 8.56) y se volvió caminando hacia la multitud. Se fue con sus discípulos, dejando a los padres que resolvieran qué decirles a los que habían venido para el funeral.[21]

Cuando a los testigos asombrados de los milagros imposibles se les instruía que no dijeran nada, la orden parecía contra intuitiva. Después de todo, si Jesús era el Mesías, ¿por qué no le decía a sus discípulos que llevaran el mensaje de sus señales y maravillas por todas partes? Sin embargo, Jesús explicó por qué no quería que las personas esparcieran las noticias de sus milagros: Los milagros no eran el mensaje. Aun después de algo tan tremendo como la transfiguración, Jesús les ordenó a los discípulos que guardaran silencio porque primero: «Es necesario que el Hijo del Hombre padezca muchas cosas, y sea desechado por los ancianos, por los principales sacerdotes y por los escribas, y que sea muerto, y resucite al tercer día» (Lucas 9.22). En otro sitio, Él les dijo que no le contaran a otros sobre los milagros que hizo «sino cuando el Hijo del Hombre hubiese resucitado de los muertos» (Marcos 9.9).

La Gran Comisión

El evangelio no es el hecho que Jesús es el Mesías o Él habría enviado a sus discípulos mucho antes de cuando lo hizo. Más bien, el evangelio es la noticia que Jesús es el Mesías que fue crucificado en el lugar de los pecadores y entonces se levantó de los muertos al tercer día. De modo que después de la crucifixión y la resurrección, las restricciones a los discípulos fueron quitadas. Recibieron instrucciones de esperar al Espíritu Santo para ser capacitados, y entonces iniciar un movimiento global que se esparciría a todas las naciones. Es imposible exagerar la radicalidad de este concepto en la historia de la redención.

Ilustrando la importancia de esta orden para la evangelización, los cuatro Evangelios finalizan con alguna variación de la Gran Comisión (Mateo 28.18–20; Marcos 16.15; Lucas 24.46–47; Juan 20.21).[22] De hecho, las últimas palabras terrenales de Jesús fueron otro encargo a los discípulos a ser «testigos en Jerusalén, en toda Judea, en Samaria, y hasta lo último de la tierra» (Hechos 1.8).

Nunca antes Dios le había mandado a alguno de sus seguidores que viviera una vida consumida por llevar las nuevas de redención hasta los confines del mundo. Los discípulos esperaban que Jesús restaurara el reino a Israel (Hechos 1.6) y, en su lugar, recibieron instrucciones de esperar. Sin embargo, mientras tanto, debían llevarle el reino de Dios a cada criatura.

En vez de levantar una nación mediante la obediencia del pacto para atraer las naciones del mundo a Dios por medio de sabiamente seguir la ley de Dios, el Nuevo Testamento llama a los cristianos a «Id por todo el mundo y predicad el evangelio a toda criatura» (Marcos 16.15). En contraste con la orden de Dios a la nación de Israel de permanecer y obedecer, Cristo ordenó a la iglesia a salir y proclamar el cuerpo nuevo, hecho de personas de cada nación.

En vez de usar la obediencia de una nación como una manera de atraer el mundo a Dios, la iglesia es llamada a atraer a las personas a Dios mediante el evangelio. Es por eso que Pablo dice que no fue enviado a bautizar, «sino a predicar el evangelio» (1 Corintios 1.17). Pablo no llevó un mensaje de obediencia a un grupo de leyes como una manera de transformación global, como hizo Moisés en Deuteronomio 4. Más bien, él estuvo predicando a Cristo y a este crucificado (1 Corintios 1.23; 2.2).

Israel debió usar la obediencia a la Torá para crear una cultura tal que atrajera a los pueblos para que fueran salvos por la fe en Yavé y su gloria.

La iglesia, por su parte, debiera usar la vida sacrificial como fundamento para una invasión global de los pueblos proclamando el evangelio bello que atrae a las personas para ser salvas por la fe en el Dios glorioso.[23] El fin es el mismo, pero el método misionero es distinto.[24]

Este fue el plan de Dios desde el mismo comienzo (1 Pedro 1.20). Desde la promesa inicial en el huerto a Adán y Eva que tendrían una simiente que aplastaría a Satanás, a través de la dispersión de las naciones en Babel, por el llamado de Abraham y mediante la odisea de Israel, Dios estaba dirigiendo la historia redentora al punto de enviar a su Hijo al mundo como la luz del mundo. Ahora su pueblo debe llevar esa luz y atraer a ella a cada incrédulo en el planeta.

Las implicaciones de la Gran Comisión en la evangelización

La apatía acerca de la evangelización es inexplicable por esta razón: La Gran Comisión no es simplemente una de tantas órdenes, sino que señala un cambio en la historia redentora. Decir que la muerte y la resurrección de Jesús es el punto principal de toda la historia es correcto, pero es solo la mitad de la verdad. El corolario es que el propósito de la vida desde ese momento en adelante debe ser glorificar a Dios a través de decirles a tantas personas como sea posible la verdad acerca de su Hijo.

Esta es exactamente la pasión que se describe en el Nuevo Testamento. Tan pronto como la iglesia comenzó, la narrativa de Hechos rastrea su crecimiento y expansión. Los creyentes por todas partes crecían en su fe y se volvieron ansiosos por propagar el evangelio. Después que Pablo se convirtió, él y Bernabé se encontraron predicando en Antioquía por casi la ciudad entera, incluyendo tanto a gentiles como a judíos. Lucas escribe que Pablo y Bernabé se levantaron con audacia y le dijeron a la multitud: «Porque así nos ha mandado el Señor, diciendo: Te he puesto para luz de los gentiles, a fin de que seas para salvación hasta lo último de la tierra» (Hechos 13.47). Pablo se vio a sí mismo como el depositario de la Gran Comisión y también comprendió su lugar en la historia redentora. El resultado de su trabajo evangelístico audaz es notable:

«Los gentiles, oyendo esto, se regocijaban y glorificaban la palabra del Señor, y creyeron todos los que estaban ordenados para vida eterna» (Hechos 13.48).

En otro lugar, Pablo describe a un cristiano como alguien que es constreñido por el amor de Cristo para instar a otros a venir a la fe en Cristo (2 Corintios 5.14, 20). Pide prestado el lenguaje de Babel y se compara a sí mismo como un embajador, enviado por Dios, con el objeto de reconciliar a las naciones marginadas (2 Corintios 5.18–20). Vivió su vida soportando sufrimientos y aflicciones, todo con el propósito de llevar el nombre de Jesucristo a los lugares donde nadie había ido (Romanos 15.20).

El empuje evangelístico evidente en Pablo no era exclusivo de él sino que es, de hecho, una señal de cualquier cristiano que correctamente comprende su lugar en la obra redentora de Dios. Es por eso que Pedro explicó que el propósito de la santificación es que un creyente esté listo a evangelizar en cualquier momento. Él escribe: «sino santificad a Dios el Señor en vuestros corazones, y estad siempre preparados para presentar defensa con mansedumbre y reverencia ante todo el que os demande razón de la esperanza que hay en vosotros» (1 Pedro 3.15).

Al ver que toda la historia redentora se construyó hacia la Gran Comisión resulta en una comprensión del imperativo de proclamar el evangelio y una legítima pasión por la evangelización. Solo cuando los creyentes obedezcan las órdenes de evangelizar serán verdaderamente imitadores del corazón de Dios para el mundo.

3

El caso común de incredulidad: Una perspectiva bíblica de los incrédulos

Jonathan Rourke

A menudo, el adiestramiento evangelístico enfatiza la necesidad que el cristiano encuentre puntos de acuerdo con los incrédulos para testificarles con eficacia. Pero debido a que todos los incrédulos tienen algunas características en común, esta búsqueda de un punto de partida compartido es a menudo descaminada. Todos los incrédulos tienen un engaño común, un destino común y un salvador común. En resumen, tienen un caso común de incredulidad. Comprender las implicaciones de esto hará al evangelizador más compasivo y llevará la gloria del evangelio al centro de la conversación.

¿Qué le viene a la mente cuando oye la palabra *pagano*? ¿Y *bárbaro* o *salvaje*? Para muchos estas palabras podrían evocar las imágenes de salvajes desnudos involucrados en un libertinaje consuetudinario. Son palabras usadas negativamente y dan a entender una falta completa de moralidad.

Pero estas palabras no siempre tuvieron connotaciones religiosas o morales. Alguna vez, ser un bárbaro quiso decir alguien que vivía en el páramo o fuera de los límites del centro urbano. La palabra *pagano* fue en verdad una palabra del latín usada por los romanos para describir a un soldado incompetente. No cobró un significado religioso sino hasta el segundo siglo d.C. cuando Tertuliano la adoptó para referirse a alguien que no era un fiel soldado de Cristo.[1] Ahora, estas palabras se usan a menudo por cristianos para describir a personas a quienes la Biblia simplemente se refiere como *incrédulos* (Lucas 12.46; 1 Corintios 6.6).

La manera en que hablamos de los perdidos influye en nuestras actitudes hacia ellos. Si percibimos a los incrédulos como un enemigo salvaje, tenemos menos probabilidad de sentir compasión por ellos. Si los miramos como almas perdidas que necesitan ser rescatadas, tenemos mejor probabilidad de ayudarlos.

El propósito de este capítulo es identificar características comunes de los incrédulos. Correctamente entendidas, estas cosas en común deberían llevar a los cristianos a ser más fieles en la evangelización. Se aplican al ateo, el idólatra y hasta al agnóstico. En resumen, los que están sin Cristo tienen un caso común de incredulidad marcado por un engaño común, un destino común y un salvador común.

Un engaño común

Sun Tzu, en *The Art of War*, dijo: «Toda guerra es engaño»,[2] y Satanás es experto en lo que se refiere a la desinformación. Él es el padre de mentiras (Juan 8.44) y todo el mundo está bajo su poder (Efesios 2.2). Pero cuando las personas desconocen su existencia y su propósito malvado, su peligro se oculta. Para algunos él es mucho más poderoso de lo que es en realidad. Para otros, es mucho menos malo de lo que en realidad es. Aún otros niegan por completo su existencia. En todos estos casos, el resultado es el mismo. Satanás ha tenido éxito en reclutar a un ejército de seguidores engañados, distraídos de la verdad y facultados para enlistar a otros.

El Evangelio de Juan registra un intercambio intenso entre Jesús y una multitud revoltosa. En la confrontación, Jesús trazó la genealogía de cada incrédulo hasta el diablo mismo. Cuando el gentío estuvo listo a negar a Jesús como el Cristo, Él correctamente diagnosticó que tal rechazo se basaba en este linaje. El intento homicida de los incrédulos en el populacho se correspondió con la naturaleza homicida de su padre espiritual. Estas personas fueron engañadas por Satanás y le dieron las espaldas al Cristo (Juan 8.39–47).

Tristemente, hay muchos que oirán la verdad del evangelio y todavía rehusarán creer porque han sido exitosamente convencidos por la desinformación del ateísmo, la falsa religión o la arrogancia moral. La Biblia deja en claro que todas estas representan una supresión intencionada de la verdad (Romanos 1.18). El rechazo del evangelio es la manifestación exterior de la corrupción interior de una comprensión inducida por Satanás. No importa con cuanta claridad se presente el evangelio o lo apasionado que sea el predicador, el que lo oye no es capaz de conocer la verdad. Por esto Pablo dijo: «Porque lo que de Dios se conoce les es manifiesto, pues Dios se lo manifestó» (Romanos 1.19). En otras palabras, todas las personas saben la verdad acerca de Dios y los incrédulos simplemente eligen rechazarla.

Hacen esto porque han sido engañados por el mundo, por ellos mismos y por Satanás (1 Juan 2.16). Así que voluntariamente «detienen con injusticia la verdad» (Romanos 1.18). Pablo aclara que no es una falta de prueba o de razón la que mantiene a alguien alejado del evangelio. Más bien, «las cosas invisibles de él, su eterno poder y deidad, se hacen claramente visibles desde la creación del mundo, siendo entendidas por medio de las cosas hechas, de modo que no tienen excusa» (Romanos 1.20).

Uno de los grandes misterios de la existencia humana no es la existencia de Dios, sino la existencia de los que le rechazan. ¿Cómo es posible que las personas puedan tener una visión evidente de la naturaleza y los atributos de Dios y aún negarse a adorarlo? Es porque han sido engañadas por Satanás. En otro sitio, Pablo escribe que «si nuestro evangelio está aún encubierto, entre los que se pierden está encubierto; en los cuales el dios de este siglo cegó el entendimiento de los incrédulos, para que no les resplandezca la luz del evangelio de la gloria de Cristo» (2 Corintios 4.3–4).

Pablo explica que como resultado de su supresión de la verdad acerca de Dios, los incrédulos están atrapados en un ciclo interminable de confianza en su propia sabiduría. Un incrédulo «no percibe las cosas que son del Espíritu de Dios, porque para él son locura» (1 Corintios 2.14). En lugar de creer en lo que conocen que es verdad, el pecado y Satanás han dado al incrédulo confianza en su carne para rechazar a Dios y reemplazarlo con otra cosa. No es la ignorancia de Dios, sino el odio de Dios que se deriva de una visión del mundo necia y carnal la que se establece contra Él.

Algunas personas son conducidas engañosamente a pensar que su religión es verdadera. El punto de Pablo en Romanos 1 es que cuando las personas rechazan a Dios, no solo le reemplazan con una mentira, sino con una visión del mundo que es lógicamente inaceptable. Las personas llegan inclusive a adorar ídolos, creyendo lo que es ciertamente necio sobre Dios y en contra de la verdad acerca de Él.

Otros rechazan a Dios y le reemplazan con sus propios estándares, a los cuales no tienen la capacidad de someterse. La lealtad a este sistema no es intelectual, sino producto del engaño.

Este engaño es sobrenatural y demoníaco. En este tiempo, Satanás es el príncipe del poder del aire (Efesios 2.2) y él está actuando en los hijos de desobediencia. Esto quiere decir que ha recibido limitado pero directo acceso al mundo y a los que lo habitan, y que usa este acceso para inflingir sufrimiento y dolor a la humanidad.

El Nuevo Testamento muestra cómo Satanás agobia a las personas con enfermedades y dolencias (Marcos 9.17–29), pone a prueba a los creyentes (Lucas 22,31), se posesiona de los incrédulos (Lucas 22.3) y aun trabaja para llevar a las personas hacia una vida de vano chismorreo e inutilidad (1 Timoteo 5.13–15). Su trabajo no se limita a los incrédulos. Satanás puede asentarse firmemente en las vidas de cristianos al provocar una falta de perdón (2 Corintios 2.10–11) y puede romper la relación entre cónyuges cuando ellos no llevan a cabo sus responsabilidades íntimas el uno hacia el otro (1 Corintios 7.5). El poder de su influencia en la iglesia primitiva puede verse cuando llenó el corazón de Ananías para mentirle al Espíritu Santo (Hechos 5.3). Satanás le puso obstáculos a Pablo en cierta forma para que llegara a Tesalónica y aun facultará al anticristo durante la tribulación a realizar milagros diseñados a convencer a la humanidad perdida que él es el Mesías (1 Tesalonicenses 2.18). Él viene como un ángel de luz (2 Corintios 11.14) decidido a guardar en secreto su verdadera identidad, sus motivos encubiertos y sus víctimas cegadas.

A pesar de toda esta actividad, lo más fuerte del poder de Satanás se ve en el engaño a las personas que rechazan a Dios.

La tarea del evangelizador no es atar a Satanás, sino romper el ciclo de engaño por presentar la verdad. Lo fructífero del esfuerzo es dejado a la voluntad de Dios. La Biblia dice que la mayoría continuará rechazando la verdad hasta el juicio final y que Dios los dejará a sus propias expensas.

El evangelio es la advertencia bondadosa de Dios a la raza humana engañada con respecto a la destrucción global que está pronto a ocurrir. Para muchos, el mensaje cae en saco roto y la verdad se les quita como el diablo quita la semilla en la parábola de las tierras (Marcos 4.15). Otros tienen un acuerdo intelectual con los hechos, pero son enfrentados con persecución, regresan a sus antiguas vidas y se marchitan como la planta en el terreno poco profundo, abrasadas por la persecución (Marcos 4.16–17). Y también están los que creen lo que leen y saben que el juicio está cercano, pero cuando consideran lo que han dejado atrás, casa, posesiones, familia y amigos, para escapar del juicio, el costo les parece demasiado elevado y el atractivo de su mundo prevalece. Son como la planta que se ahogó por los cuidados del mundo (Marcos 4.18–19). Solo unos cuantos pueden prestarle atención a la advertencia, superar la persecución, resistir las tentaciones siendo fieles a sus creencias y huir de sus antiguas vidas. Son la minoría que cree y da frutos para probar esto (Marcos 4.20).

Satanás ha cegado los ojos de los incrédulos. Ha robado la semilla del evangelio antes de que echara raíces, persiguió a los que mostraron una cierta aceptación y tentó a los otros con las cosas triviales de este mundo a abandonar su fe artificial.

En Génesis 19 se narra la historia de la destrucción de Sodoma. Los ángeles arribaron a la ciudad para rescatar a Lot y su familia, y le dieron la oportunidad a Lot de advertirles a sus amados de la destrucción que venía (Génesis 19.12–13). Pero cuando fue a su familia y les suplicó que se fueran, ellos asumieron que Lot les estaba gastando una broma (v. 14). Y a pesar de los acontecimientos sobrenaturales, de la presencia de ángeles y de la súplica de Lot, eligieron permanecer en Sodoma y como consecuencia fueron destruidos.

Este es el retrato del inconverso. Los que rechazan el evangelio, ignoran la advertencia, hacen morada permanente en la ciudad de destrucción y soportan el juicio por esa decisión.

Un destino común

Hebreos 9.27 es bien explícito: «está establecido para los hombres que mueran una sola vez, y después de esto el juicio». Esto es tan verdadero como terminante. Hemos visto que todos los incrédulos son engañados por Satanás y necesitan de la verdad. Estos son los que «tropiezan en la palabra, siendo desobedientes; a lo cual fueron también destinados» (1 Pedro 2.8). El resultado final de este tropiezo y rechazo de Dios es el infierno. Los incrédulos van hacia allá. Todos ellos tienen este destino común.

Nadie en el Nuevo Testamento habla más acerca de infierno que Jesús. La palabra γεἕννα (Gehenna) aparece doce veces en el Nuevo Testamento, y once de ellas fueron dichas por Jesús. A pesar de esto, las personas todavía objetan la existencia del infierno.

Pero la Biblia no se equivoca. En 1 Tesalonicenses 5.3 dice que los incrédulos enfrentarán «destrucción repentina». Esto no quiere decir que el infierno será breve, sino más bien que se verán en el infierno repentinamente. El malo en la parábola del rico y Lázaro se ve siendo atormentado por las llamas y buscando desesperadamente alivio (Lucas 16.23–24). Aun en la condición eterna el fuego da lugar a humo eterno

(Apocalipsis 14.9–11) que se levanta, dando a entender que el combustible se quema por siempre.

La Biblia simplemente no habla de que la existencia cesa después de la muerte. De hecho, la Biblia habla específicamente del desarrollo natural del tormento que será infligido llamándolo «eterna perdición [destrucción]» (2 Tesalonicenses 1.9). Además, el término *destrucción* es solo uno de al menos cinco cuadros usados para describir el infierno. Estos incluyen oscuridad, fuego, «lloro y crujir de dientes» y todo además de la muerte y la destrucción (Mateo 8.12; 25.30; véase también Mateo 13.42, 50).

En Apocalipsis 19.20 la bestia y el falso profeta, ambos agentes humanos controlados por el diablo durante la tribulación, son lanzados «vivos dentro de un lago de fuego que arde con azufre». Lejos de ser aniquilados en este acto, Apocalipsis 20.7–10 explica que sufrirán por 1000 años y aun así su tiempo no habrá finalizado. En lugar de ser liberados del tormento, el diablo se les unirá y juntos «serán atormentados día y noche por los siglos de los siglos» (Apocalipsis 20.10).

Tan espantoso como el infierno es de imaginar, Dios es justo en enviar a los incrédulos allí. Los humanos son culpables de delitos contra Dios. El infierno es horrible, no solo porque el castigo se ajuste al delito, sino debido a que el castigo se ajusta también a la grandeza de quien se sintió ofendido por los delitos. No es solo lo que el pecador hizo, sino contra quien lo hizo. Ya que hemos pecado contra un Dios infinitamente santo no somos castigados injustamente para sufrir por la eternidad. Si un jugador de hockey ataca a otro jugador de hockey recibe un castigo de cinco minutos. Si ataca al árbitro, recibe una suspensión por varios juegos. Dios es infinitamente superior a un árbitro.

El cumplimiento final del destino para los no salvos ocurrirá a la muerte. La muerte es la senda que lleva al juicio, y ese juicio final se describe en Apocalipsis 20.11–15. Esta escena del juicio final se inicia con una descripción impresionante de la sentencia de los malvados. El veredicto estará aprobado para ellos en esta muerte, y serán reunidos del terrible confinamiento del mar. La Muerte y el Hades recibirán su sentencia final.

Cuando los que mueren en su incredulidad son hechos a pasar ante la presencia de Dios, se enfrentarán con la falta completa y desorientadora de un universo material. El único punto de referencia será el trono amenazador de juicio. Esto constituirá el fin del presente orden mundial y todo lo que se quedará de la tierra y el universo una vez al parecer infinito serán las almas condenadas de los incrédulos muertos. Estarán golpeados por la desesperanza absoluta de su situación y sobrecogidos por la certeza de su destino.

Encontrarán a Jesucristo sentado sobre un trono, ejerciendo su poder autoritativo. El trono será blanco, para indicar la pureza y la rectitud de los juicios que provienen de él. El destino del incrédulo en este punto será cierto. No habrá nada acerca del proceso de juicio o el resultado que de cualquier modo disminuya la justicia del veredicto.

Dios es un Dios compasivo. Muestra compasión hacia los que se la piden con fe. Es pronto para perdonar, y tiene el cielo reservado para sus hijos a fin de poder exhibir su compasión hacia ellos por la eternidad. Pero su compasión no mitiga el infierno. El amor y la ira coexisten en Dios, y esto es parte de su gloria. Es imposible tomar uno de los atributos de Dios e indicar que disminuye otro. La santidad y la justicia son obligatorias y esenciales, existentes en grados infinitos en un ser con atributos que no funcionan independientemente. Un juez humano que por compasión deja en libertad a un delincuente ciertamente merecería ser removido de su cargo. Dios, en su gloria, exhibirá tanto su compasión como su ira. Los que mueren separados de su evangelio experimentarán justamente este castigo, y la gloria de Dios será exhibida. Este es su destino común.

Pero este destino no está enteramente reservado para el futuro. Los incrédulos están expuestos a esta ira aun en esta vida. Viven todos los días en medio del fuego cruzado de su juicio, reservados para el infierno cada instante a no ser por la misericordia de un Dios paciente, pero ofendido y enojado. Por esto, los cristianos deberían mostrar compasión hacia los incrédulos. Estos tienen un horrible destino y todavía viven negando esa verdad, eligiendo rechazar cualquier esperanza de escape.

El evangelizador no solo debe avisar a las personas de su destino, sino que debe ofrecerles una vía de escape. Usted no hace esto para minimizar los efectos de su pecado, y seguramente no por decirles que si creen en el evangelio su castigo les será quitado. Más bien, les explica que Jesús ha soportado ese castigo en el lugar de los que creen.

En el año 1791 en Estados Unidos se puso un impuesto a los licores con el propósito de ayudar a pagar la deuda nacional. Los destiladores protestaron tomando las calles en el occidente de Pennsylvania. Rápidamente formaron una rebelión armada conocida como la Rebelión del Whiskey. El Presidente George Washington mandó a llamar a casi 13.000 soldados de varios estados para reprimir la oposición. Decidido a reafirmar la autoridad de un gobierno en ciernes, los líderes de la rebelión fueron acusados de traición.

En los meses siguientes muchos de ellos recibieron libertad o fueron perdonados, pero otros tuvieron que enfrentar el juicio. Dos de ellos fueron sentenciados a morir en la horca. Sin embargo, por primera vez en la historia de Estados Unidos, George Washington los perdonó. En un acto de bondad inmerecida, les quitó aquella justa sentencia.[3]

Esto no es lo que ocurre en el evangelio. Lo que Dios el Padre hace para los pecadores que se arrepienten es distinto. Él no ofrece clemencia, perdona una sentencia o simplemente perdona al ofensor. Él no solo cumple la sentencia de muerte en su conjunto, sino que la echa sobre alguien. El Señor Jesucristo sufrió el juicio completo para nuestro pecado y por consiguiente la sentencia no fue quitada sino trasladada. Más asombroso y extravagante es que Jesús entonces declara que quienes creen el evangelio no son solo perdonados, sino que son hechos justos.

Para ampliar un poco la ilustración, sería como si George Washington no solo hubiera perdonado a aquellos rebeldes sino que él mismo hubiera sido ejecutado por los delitos de ellos después de otorgarles la Medalla de Honor del Congreso de Estados Unidos y ordenar que se construyera un monumento en la capital para honrarlos.

La compasión y el perdón que Dios muestra a los que se arrepienten no se debe malinterpretar como un perdón. Clemencia es indulgencia, y el evangelio no es indulgente. Dios no mostró clemencia hacia los que perdonaría, sino que derramó la ira que merecían, con toda la fuerza, en el único sustituto que la podría soportar. Esta ira habría de ser derramada en el juicio del pecado, ya en la persona de Jesucristo en la cruz o ya en el individuo en el infierno eterno.

Un libertador común

En la Galería Nacional de Arte hay un cuadro por Ludolf Backhuysen que tiene como título «Barcos en suma necesidad fuera de una costa rocosa». Es una pintura que muestra a tres barcos holandeses luchando contra una terrible tormenta y acercándose a la destrucción en la playa rocosa. Las bodegas de las naves son lo suficientemente grandes como para llevar una carga considerable: cosas adquiridas en sus viajes desde tierras distantes. Los tres barcos son maltratados por la furia del mar en tanto que un cuarto ya ha sucumbido.

Este es un género de arte llamado *vanitas* porque representa la futilidad de las acciones humanas. Es casi lo mismo que ocurre con el incrédulo que atraviesa este mundo con su cargamento de pecado y esperanzas huecas, solo para hacerse pedazos contra la roca del juicio de Dios. Su única esperanza, como estos barcos, es un libertador.

Todos los incrédulos están bajo un engaño común y todos tienen un destino común. Pero sobre todo, también todos tienen a un libertador común. Hay solo un nombre debajo del cielo por el cual los hombres y las mujeres pecadores pueden salvarse. Esto quiere decir que toda persona que se salva se salva por la misma persona. Esto es lo que Pablo quiso decir cuando describió a Jesús como «el Salvador de todos los hombres» (1 Timoteo 4.10).

Uno de los conceptos más desafiantes en el análisis de la persona no cristiana es esta noción de incrédulos electos. Por esto quiero decir que hay los que han sido escogidos desde antes de la fundación del mundo para salvación, sus nombres están escritos en el libro de la vida y está asegurado su lugar en el cielo, pero sus vidas en este momento no dan indicios de eso. Evoque su vida antes de que Dios le salvara y encontrará a tal persona.

Este es un sólido incentivo evangelístico. Nada estimula la evangelización más eficazmente que la realidad de que el mensaje de esperanza será recibido por algunas personas. En Hechos 18.9–10 Pablo recibe una promesa: «Entonces el Señor dijo a Pablo en visión de noche: No temas, sino habla, y no calles; porque yo estoy contigo, y ninguno pondrá sobre ti la mano para hacerte mal, porque yo tengo mucho pueblo en esta ciudad». Esta es una declaración asombrosa. El Señor tenía almas en la ciudad de Corinto a las que tenía la intención de salvar, y Él quería usar a Pablo para ese propósito. Pablo respondió a esta promesa quedándose allí por un año y seis meses, tiempo que él invirtió en enseñar la Palabra de Dios (Hechos 18.11).

Sin duda que las personas que se salvaron en el último mes del ministerio de Pablo habían gastado los diecisiete meses anteriores en rebelión manifiesta contra Dios. Sin embargo, cuando fue el momento del Señor, Él las salvó. El rescate perfecto de Cristo se hizo efectivo en sus vidas.

Es importante entender que el libertador común ha pagado un precio por los pecados de los elegidos que es suficiente para justificar la ira de Dios en contra de ellos. Hay un libertador común para todos los que crean. Cuando leemos en 1 Timoteo 2.6 que Jesús «se dio a sí mismo en rescate por todos», debe entenderse mediante el dicho directo de Jesús en Mateo 20.28 donde Él dice que su misión en el mundo no es ser servido sino servir «y dar su vida en rescate por muchos». En este caso, los muchos deben aclarar el «por todos» de 1 Timoteo 2.6. Él no murió para pagar la culpa por los pecados de los que nunca creerían, porque entonces el castigo que sufrirán para siempre en el infierno sería injusto.

Sin embargo, 1 Timoteo 2.6 ofrece esperanza para el evangelizador. Porque no sabemos quienes son los elegidos, podemos proclamar con audacia que si cualquiera se vuelve de su pecado y cree el evangelio, Jesús es el rescate para ella. De hecho, después del llamado de Jesús a un rescate por todos, Pablo explica que este rescate es «de lo cual se dio testimonio a su debido tiempo» (1 Timoteo 2.6). En otras palabras, Jesús es un rescate para las personas a las que el evangelio se les puede predicar. En el momento de Dios, a cualquiera persona se le puede decir que Jesús es el rescate para ella, si solo se aparta de su pecado y cree al evangelio.

El hecho de que hay solo un nombre debajo de cielo por el cual se puede ser salvo debería alentar a los cristianos en la evangelización. Esto quiere decir que cada incrédulo, no importa en qué pecado o rebelión se encuentre o qué religión siga, tiene la misma solución. Los que califican como religiosos no se salvarán a menos que pongan su fe en el Salvador resucitado. Del mismo modo, la persona abiertamente inmoral, sin tener en cuenta el peso del pecado que le aplasta, tiene la misma esperanza. Si invoca el nombre de Jesucristo se salvará (Hechos 2.21; Romanos 10.13). La resurrección de Cristo ofrece esperanza al mundo de librarse de la muerte eterna (Juan 11.25). El evangelio ofrece salvación a todas las personas (Romanos 10,13) y el Padre las hace venir (1 Timoteo 2.3–4).

La realidad es que aun los creyentes tienen algo muy profundo en común con incrédulos. Toda persona una vez nacida nace a imagen de Dios. Las personas fueron diseñadas por Dios para exhibir la gloria de Dios mediante sus vidas en una forma que los ángeles, los animales y los árboles no lo pueden hacer. Si no se le hubiera permitido a Satanás inducir al mal a la raza humana, esta habría continuado en la obediencia perfecta a Dios, disfrutando de compañerismo con Él y exaltando su gloria. Pero a causa del pecado, esa relación se rompió. Esta es también otra razón por la que el cristiano debería tener compasión por los incrédulos. Viven sus vidas sin saber que fueron hechas con el propósito de exaltar la gloria de Dios mediante sus vidas. Esta es otra forma de decir que por su engaño, aún no saben por qué están vivos.

Es normal que un padre tenga comunicación con sus hijos. En el mundo espiritual, es el incrédulo quien ha roto esa relación. Todo el mundo, incluso el cristiano, experimenta la primera muerte. Pero los no salvos también experimentan una segunda muerte. Pero porque Jesús murió en el lugar de los pecadores, ellos tienen esperanza. Y mediante el evangelio, pueden tener su relación restaurada con Dios. «Porque también Cristo padeció una sola vez por los pecados, el justo por los injustos, para llevarnos a Dios, siendo a la verdad muerto en la carne, pero vivificado en espíritu» (1 Pedro 3.18).

En la parte superior izquierda de la pintura anteriormente citada hay un matiz dorado en los márgenes de los nubarrones. Esto simboliza el fin de la tormenta y el despertar de la esperanza. Lo que no se dice en la pintura es si la tormenta finaliza antes de que los barcos se hagan pedazos. De manera similar, el creyente tiene el privilegio de compartir con el incrédulo el despertar de la esperanza que hay en el Hijo de Dios. Uno de los más grandes privilegios que tiene un cristiano es la oportunidad para compartir la verdad radical de un Salvador divino con un mundo condenado. Lo amoroso para hacer es exactamente presentar las horribles consecuencias de rechazar al Salvador y entonces suplicarle al incrédulo que se vuelva mientras hay todavía tiempo.

4

La palabra de verdad en un mundo de error: Fundamentos de la apologética práctica

Nathan Busenitz

La apologética no es una forma de filosofía reservada para profesionales o académicos. La apologética correctamente entendida es una herramienta de los evangelizadores para ayudar a las personas a ver con claridad la verdad acerca del evangelio. La apologética no se preocupa primordialmente por ganar discusiones, sino por ganar almas. Por consiguiente, la base de la apologética es la Biblia. Es un intento de defender las Escrituras usando las Escrituras. Estos nueve fundamentos ayudarán al evangelizador a comprender las cosmovisiones falsas, así como también a utilizar las Escrituras que llevan a las personas a Cristo.

La apologética ha sido definida en varias maneras como «la respuesta del cristiano a los ataques del mundo dirigidos contra los reclamos de verdad de las Sagradas Escrituras»;[1] «la rama de la teología cristiana que trata de proveer garantía racional a los reclamos de verdad del cristianismo»;[2]

«la vindicación de la filosofía cristiana de la vida en contra de las formas diversas de la filosofía no cristiana de la vida»;[3] «la defensa razonada de la religión cristiana»;[4] y «el arte de persuasión, la disciplina que considera formas para exaltar y defender al Dios viviente de los que no tienen fe».[5]

Derivada de la raíz griega *apolog-* (ἀπολογ-), la palabra quiere decir literalmente «defensa legal» o «la respuesta a un cargo formal». Para los cristianos primitivos, la apologética incluía un elemento claramente legal, como los líderes de la iglesia hicieron varias apelaciones a los emperadores romanos hostiles y a otras autoridades de gobierno. Pero estos apologistas antiguos estaban asimismo preocupados por «una demostración filosófica, teológica e histórica de la veracidad del cristianismo».[6] De este modo se parecen a los apologistas de hoy, como los que se comprometieron incondicionalmente a «dar una defensa de la fe cristiana».[7]

Los eruditos evangélicos contemporáneos generalmente están de acuerdo en la definición básica de apologética, pero difieren ampliamente en cuanto a su aplicación. Así, mientras afirmamos universalmente que el cristiano está llamado a defender la fe, los eruditos disienten en cual es la mejor forma para hacerlo. Como consecuencia, han surgido un número de escuelas apologéticas, desde la clásica a la evidencial y de esta a la presuposicional.[8] Aunque diferentes en sus enfoques, estos sistemas comparten la misma meta: Demostrar y defender la veracidad del mensaje cristiano en medio de un mundo antagónico.

No obstante, los creyentes deben mirar a la Palabra de Dios como la autoridad final para evaluar los méritos comparativos de cualquier enfoque apologético. Algo semejante es la implicación necesaria del principio protestante de *sola scriptura*, a saber, que solo las Escrituras son la autoridad final para la fe y práctica. Los evangélicos participan de esta misma convicción con los reformadores y los padres de la iglesia, pero finalmente nosotros mantenemos esto porque es el reclamo de las mismas Escrituras.[9] Como la revelación propia de Dios, las Escrituras reflejan su carácter perfecto (Juan 17.17) y llevan su autoridad plena (Isaías 66.2). Es «poder de Dios» (1 Corintios 1.18), la «palabra de

Cristo» (Colosenses 3.16) y la «espada del Espíritu» (Efesios 6.17). Obedecer la Palabra es obedecer a su autor. Por consiguiente, tratamos de ser bíblicos en todo lo que hacemos (Salmo 119.105).

Para el evangelizador, el esfuerzo para comprender la apologética merece la pena porque es una herramienta valiosa cuando les testifica a otros acerca de Cristo. Cuando la apologética se aplica bíblicamente, la evangelización se fortalece. Y si debemos ser de verdad bíblicos en la aplicación de la apologética, se deduce que debemos basar nuestro enfoque en la Palabra de Dios. Como Scott Oliphint afirma:

> La Biblia debería ser central en cualquier discusión de apologética. Es la Biblia que necesitamos, y debemos abrir, si vamos a pensar acerca de la apologética y comenzar a disponernos a hacerlo. Pelear la batalla del Señor sin la espada del Señor es algo necio. Fracasar en usar la única arma que puede penetrar hasta el corazón es librar una batalla perdida.[10]

En otro sitio, Oliphint y Lane Tipton añaden este punto importante:

> La apologética cristiana es en esencia una disciplina bíblica. Para algunos esto puede sonar tan obvio hasta llegar a ser redundante. Para otros, sin embargo, es una proposición calurosamente debatible. Un apologista reformado es solo reformado por el grado que sus afirmaciones, sus principios, su metodología y todo lo demás son formados y re-formados por las Escrituras.[11]

Cuando miramos a la Palabra de Dios en busca de nuestro método apologético, miramos hacia Dios mismo.

Nueve fundamentos para la apologética práctica

Con esto en mente, la meta de este capítulo es desarrollar nueve principios básicos y bíblicos con respecto a la apologética que potenciarán la evangelización. Estos fundamentos no tratan de ser exhaustivos sino que proveen un armazón inicial basado en las Escrituras para considerar nuestro enfoque evangelístico. Aunque una crítica a fondo de los diversos sistemas apologéticos está fuera de los límites de este estudio, se espera que estos principios sean de ayuda a los que piensan detenidamente en tales asuntos.

La autorización: El significado de la verdad es promulgado por Dios

En un mundo de tolerancia posmoderna y ambigüedad, ¿qué derecho tienen los cristianos a rechazar los reclamos de otras cosmovisiones al afirmar la absoluta verdad del mensaje del evangelio? La autorización para hacer eso viene de Dios mismo. Somos de los que afirman «la supremacía de Cristo en verdad en un mundo posmoderno, moribundo, podrido, decadente y herido. Déjenos por consiguiente aceptarlo y proclamarlo apasionadamente, con confianza y sin descansar, porque después de todo, para esto estamos aquí».[12] El señorío de Cristo nos compele y nos comisiona a que enfrentemos las ideologías falsas de la cultura.

A todos los creyentes, y en especial a los que están en posiciones de supervisión espiritual, se les ordena defender la fe, contender por la doctrina correcta y compartir las buenas nuevas con otros, no importa cuán impopular el mensaje pudiera ser. Somos llamados a echar abajo todo lo que se levanta a sí mismo en contra de la verdad (2 Corintios 10.5), a estar listos a dar una respuesta de la esperanza que está en nosotros (1 Pedro 3.14–16) y a contender por la fe una vez dada a todos los santos (Judas 3–4). Cuando las filosofías mundanas amenazan la iglesia, el apologista expone lo que ellas realmente son: expresiones de necedad (Romanos 1.22; 1 Corintios 1.20). Cuando la persecución surge, como seguramente lo hará a veces (Marcos 13.9; 2 Timoteo 3.12), el apologista está listo con una defensa inquebrantable (Lucas 21.12–15). Cuando los falsos profetas introducen herejías destructivas en la iglesia, el apologista denuncia el error (Tito 1.9–11) y protege la verdad del evangelio (Hechos 20.28; 1 Timoteo 6.20; 2 Timoteo 1.14).

¿Con qué derecho hace estas cosas? Él está autorizado para hacer esto por expreso mandato de Dios. Aunque los demás lo pueden acusar de orgulloso y crítico, ya que él declara saber la verdad absoluta y condena los puntos de vista alternativos como falsos, el apologista fiel entiende que la arrogancia verdadera sería negar el mandato de Dios. De hecho, la sumisión a la Palabra de Dios es la esencia de la humildad genuina (Isaías 66.2).

En la era del Nuevo Testamento, los apologistas defendieron el cristianismo en contra de opuestas cosmovisiones como la filosofía griega (Hechos 17.16–31; Colosenses 2.8), el gnosticismo que buscaba el conocimiento oculto (1 Timoteo 6.20; 1 Juan 4.2–3), el legalismo (Gálatas 2.15–21; Colosenses 2.20–23) y las enseñanzas de diversos herejes (2 Pedro 2; Judas 1:4). Hicieron eso en una edad de persecución intensa (2 Timoteo 1.8; cp. Apocalipsis 2.2–3), cuando las tentaciones para abandonar la fe eran intensificadas por la amenaza de la violencia (Hebreos 10.32–39).

Hoy los cristianos de modo semejante defienden la fe contra cosmovisiones opuestas tales como el ateísmo naturalista, el humanismo secular, otras religiones mundiales y los grupos de sectas cristianas. Aunque no enfrentamos la misma amenaza de persecución (al menos en las sociedades occidentales), vivimos en un mundo que es no obstante todavía hostil al evangelio. El espíritu de tolerancia posmoderna nos puede tentar a guardar silencio o al menos suavizar el mensaje.[13] Pero no podemos ser ni silenciosos ni suaves. Hemos sido autorizados a proclamar lo que es antitético a la sabiduría de nuestra época. Como David Wells observa: «La verdad bíblica contradice la [postmoderna] espiritualidad cultural... La verdad bíblica la desplaza, se niega a permitir sus suposiciones en acción, la declara su bancarrota».[14] El evangelio nunca ha sido popular. Pero tenemos nuestras órdenes de marchar de una autoridad más alta que la opinión popular. Como los apóstoles les dijeron a los líderes religiosos de su época: «Es necesario obedecer a Dios antes que a los hombres» (Hechos 5.29).

El objetivo: La meta es glorificar a Dios al alcanzar al perdido

El objetivo final de la apologética es dar gloria a Dios (1 Corintios 10.31; 2 Corintios 5.9) al salvaguardar la verdad y contender por la fe. Pero la apologética no es simplemente defensiva. Como Robert Reymond explica:

> En el sentido más completo, [la apologética] es la defensa y vindicación de la fe cristiana contra todos los ataques de los escépticos e incrédulos que incluirá la presentación positiva de la sensatez de reclamos de verdad del cristianismo y su más que amplia suficiencia para satisfacer las necesidades espirituales de género humano. La apologética en este último sentido entonces no es solo defensiva sino también una disciplina ofensiva, para ser empleada no solo en la defensa del evangelio sino también en su propagación.[15]

En «presentar argumentos positivos para los reclamos cristianos de verdad»,[16] la apologética debería ser decididamente evangelística. Según las palabras de Francis Schaeffer: «La parte positiva de la apologética es la comunicación del evangelio a la generación presente en términos que puedan comprender».[17] El objetivo no es simplemente renunciar al error, sino llevar a los pecadores al arrepentimiento (2 Timoteo 2.25). Aunque la verdad siempre puede triunfar sobre el error en un debate, la meta del apologista no es solo ganar discusiones, sino más importante aún es ganar almas. De modo que «el apologista siempre debe estar listo a presentar el evangelio. No debe quedarse entrampado en discusiones, pruebas, defensas y críticas que le hagan descuidar el dar al incrédulo lo que más necesita».[18]

Aunque la apologética y la evangelización son conceptos distintos, los dos no pueden divorciarse el uno del otro. A los cristianos se les ordena a ocuparse de ambos: proclamar el evangelio y defender la fe. El Señor les dio instrucciones a sus seguidores de «haced discípulos a todas las naciones» (Mateo 28.19a), pero también les advirtió que estuvieran en guardia contra falsos maestros (Mateo 7.15). Pablo le recordó a Timoteo que hiciera «obra de evangelista» (2 Timoteo 4.5), y a Tito le dice que los líderes de la iglesia deben ser «retenedor[es] de la palabra fiel tal como ha sido enseñada, para que también pueda[n] exhortar con sana enseñanza y convencer a los que contradicen»

(Tito 1.9). Pedro alentó a las esposas de los incrédulos a ganar a sus esposos para Cristo mediante el comportamiento piadoso de ellas (1 Pedro 3.1). En algunos versículos más adelante, él asocia esa instrucción evangelística con esta orden: «sino santificad a Dios el Señor en vuestros corazones, y estad siempre preparados para presentar defensa con mansedumbre y reverencia ante todo el que os demande razón de la esperanza que hay en vosotros» (1 Pedro 3.15). El encargo de Judas a contender «ardientemente por la fe» (Judas 1.3) es balanceado de manera similar con esta exhortación esperanzadora: «A algunos que dudan, convencedlos. A otros salvad, arrebatándolos del fuego; y de otros tened misericordia con temor, aborreciendo aun la ropa contaminada por su carne» (Judas 1.22–23).

Tales pasajes acentúan la doble responsabilidad de cada cristiano con relación a alcanzar el mundo que nos rodea. Somos llamados a ser tanto apologistas como evangelizadores. Debemos ser protectores y proclamadores, defensores y diseminadores, abogados y embajadores. Estos papeles no son exactamente iguales, aunque no pueden ser separados. Enfrentar el error es proclamar la verdad. Y viceversa; predicar el evangelio es simultáneamente desbaratar «argumentos y toda altivez que se levanta contra el conocimiento de Dios», cuando llevamos «cautivo todo pensamiento a la obediencia a Cristo» (2 Corintios 10.5).

Si la gloria de Dios es nuestra meta última, no podemos estar contentos con meramente ganar un debate. Nuestro deseo es ganar al perdido (1 Corintios 9.20–23). Como John Piper correctamente observa: «Las misiones no son el objetivo final de la iglesia. La adoración si lo es. Las misiones existen porque no se le adora [a Dios]».[19] Nuestros esfuerzos tanto en apologética como en evangelismo están alimentados por un deseo de que Dios sea adorado y glorificado por los que actualmente le rechazan. «La adoración, por consiguiente, es el combustible y meta de las misiones. Es la meta de las misiones porque en las misiones simplemente tenemos la intención de llevar a las naciones al disfrute ardiente de la gloria de Dios».[20] Ya que la apologética es una parte intrínseca del empeño misionero, comparte esa misma meta.

La respuesta: Nuestra apologética debe señalar a Cristo

En la medida en que el objetivo de la apologética sea evangelístico, su mensaje debe centrarse en la persona y obra de Jesucristo. Él es la respuesta a cada mal social y a cada búsqueda del corazón. Pablo le explicó a los corintios: «pero nosotros predicamos a Cristo crucificado, para los judíos ciertamente tropezadero, y para los gentiles locura» (1 Corintios 1.23). De modo semejante les dijo a los colosenses: «a quien anunciamos, amonestando a todo hombre, y enseñando a todo hombre en toda sabiduría, a fin de presentar perfecto en Cristo Jesús a todo hombre» (Colosenses 1.28). Armado con el lema «Para mí el vivir es Cristo» (Filipenses 1.21), Pablo confrontó el mundo como su embajador, implorando a sus oídores: «os rogamos en nombre de Cristo: Reconciliaos con Dios» (2 Corintios 5.20). Él nunca tuvo una postura apologética que no señalara a Cristo. Ya fuera en el Areópago (Hechos 17) o en el juicio ante el gobernador romano (Hechos 26), la defensa de la fe de Pablo siempre se centró en el evangelio (1 Corintios 15.3–4).

Un apologista que falla en presentar todo el evangelio deja a los pecadores en el mismo sitio: todavía perdidos. Hasta que los pecadores confiesan a Jesús como Señor y creen que Dios le levantó de la tumba, permanecen muertos en sus pecados (Romanos 10.9). Su eternidad depende de lo que hagan con Jesucristo. Ante la pregunta: «¿Qué debo hacer para ser salvo?» Jesucristo es la única respuesta (Hechos 16.30–31). Para el problema del pecado, Cristo es la única solución. Como Juan el Bautista dijo de Jesús: «El que cree en el Hijo tiene vida eterna; pero el que rehúsa creer en el Hijo no verá la vida, sino que la ira de Dios está sobre él» (Juan 3.36).

No debemos volvernos contentos con un enfoque apologético que minimiza o descuida el evangelio. Después de todo, nuestro objetivo final no es solo convertir a los ateos al teísmo o a los evolucionistas al creacionismo sino, por el contrario, llamar a los incrédulos (sean ateos o teístas, evolucionistas o creacionistas) a aceptar a Jesucristo. Los argumentos del teísmo y el creacionismo son importantes, pero una apologética cristiana está incompleta si culmina allí y se queda corta en dar el evangelio.

A manera de ilustración, algunos evangélicos consideran una gran cosa la conversión del ateísmo al teísmo del renombrado ateo británico Antony Flew. Él documentó su cambio de mente en el libro *There Is a God*, donde admitió que los argumentos acerca del diseño le guiaron «a aceptar la existencia de una Mente infinitamente inteligente».[21] Al final del libro, Flew dice que él podría ser receptivo al cristianismo, pero deja de confesar cualquier compromiso personal con Cristo. Flew se ha declarado deísta.[22]

¿Cómo debemos evaluar tal conversión? Por un lado, no podemos sino alegrarnos de que un ateo renombrado públicamente renunciara a sus anteriores errores. Podemos estar agradecidos por los esfuerzos de los que, mediante su influencia, le ayudaron a ver la bancarrota filosófica del sistema ateo. Al mismo tiempo, sin embargo, no podemos estar satisfechos completamente con el resultado, ya que el profesor Flew no se convirtió en un cristiano.

Cuando el apóstol Pablo se enfrentó con la oposición, ya sea en el Areópago o delante de Félix y Festo, no se conformó con simplemente convencer a sus oyentes de la existencia de Dios. De hecho, ellos eran ya teístas. Aun así, con urgencia necesitaban reconciliarse con Dios, por lo que el mensaje de Pablo giró alrededor del evangelio de Jesucristo. En un día cuando el ateísmo naturalista está ganando aprobación popular, puede ser tentador pensar que defender la existencia de Dios debería ser nuestra meta primaria. Pero si omitimos el mensaje del evangelio centrado en Cristo, nuestra tarea apologética estará incompleta.[23] Hemos sido comisionados a hacer discípulos de nuestro Señor (Mateo 28.18–20), no solo a hacer teístas. Así que debemos predicar a Cristo y a este crucificado a todas las personas, aunque digan creer o no en Dios.

La autoridad: La Palabra es el estándar final de la verdad

Ya que la Biblia es la Palabra de Dios, ella tiene la misma autoridad de Dios y no hay estándar de verdad más elevada que Dios mismo. Nuestro enfoque y nuestros argumentos deberían estar establecidos en la autoridad de la Escrituras, aun si llegan a utilizarse las pruebas extrabíblicas como afirmación secundaria. Tales son el resultado de la convicción de que Jesús es Señor y que su Palabra es nuestro estándar final. John Frame afirma:

> El señorío de Jesús es nuestra final presuposición suprema; esto es, un compromiso básico del corazón, una confianza definitiva. Desde que le creemos más ciertamente de lo que no creemos cualquier cosa, Él (y por lo tanto, su Palabra) es el mero criterio, el estándar de la verdad. ¿Qué estándar podría ser más alto? ¿Qué estándar podría ser más autoritativo? ¿Qué estándar podría ser más claramente conocido por nosotros (véase Romanos 1.19–21)? ¿Qué autoridad finalmente valida a todas las otras autoridades?[24]

En otro sitio, Frame reitera este punto:

> Cuando Él [Dios] habla, debemos escuchar con el más profundo respeto. Lo que Él dice es más importante que cualesquiera otras palabras que podamos oír. Definitivamente, sus palabras juzgan todos los asuntos de los seres humanos (Juan 12.48). La verdad de sus palabras, entonces, debe ser nuestra convicción fundamental, nuestro compromiso básico. También podemos describir ese compromiso como nuestra *presuposición* final, pues ese compromiso está en todo nuestro pensamiento, tratando de llevar todas nuestras ideas en la conformidad con eso. Esa presuposición es por consiguiente nuestro criterio final de la verdad. Medimos y evaluamos todas otras fuentes de conocimiento por eso. Llevamos cada pensamiento cautivo a la obediencia de Cristo (2 Corintios 10.5).[25]

De modo que la Palabra de Dios es fundamental en la tarea apologética. Si Dios debe ser el principio y el centro de nuestra apologética, su revelación propia debe tener el lugar preeminente.

Esto no quiere decir que las pruebas de la revelación general y la experiencia humana no tengan lugar legítimo en la apologética. Jesús refirió a sus críticos a los milagros que había hecho (Juan 5.36; 10.38); Pablo apeló a la creación (Hechos 14.15–17; Romanos 1.20), a la conciencia

(Romanos 2.15) y hasta a la confusión cultural (Hechos 17.22–30); Pedro vio el poder apologético del comportamiento cristiano (1 Pedro 3.1, 14–16). Pero las apelaciones a la revelación general y a la experiencia humana no pueden ir mucho más allá en la tarea apologética. La revelación especial es necesaria para explicar e interpretar la revelación general y la experiencia (Salmo 19.1–10; 2 Pedro 1.19–21).[26]

Entonces, la prioridad debe dársele a la Palabra de Dios, la fuente autoritativa de la verdad absoluta. El salmista escribió: «Y tu ley la verdad... La suma de tu palabra es verdad, y eterno es todo juicio de tu justicia» (Salmo 119.142, 160). El Señor mismo oró: «Santifícalos en tu verdad; tu palabra es verdad» (Juan 17.17). Los apóstoles comprendieron que las Escrituras son «la palabra de verdad» (2 Timoteo 2.15; Santiago 1.18) y que el evangelio de salvación es «la palabra de verdad» (Efesios 1.13; véase también Colosenses 1.5). Como la palabra inspirada del Dios viviente, la Biblia es «inspirada por Dios, y útil para enseñar, para redargüir, para corregir, para instruir en justicia, a fin de que el hombre de Dios sea perfecto, enteramente preparado para toda buena obra» (2 Timoteo 3.16–17). El verdadero conocimiento de Dios revelado en sus páginas, mediante su divino poder, «[nos ha concedido a nosotros] todas las cosas que pertenecen a la vida y a la piedad» (2 Pedro 1.3).

La autoridad y suficiencia de las Escrituras la hacen una herramienta apologética esencial. Solo «la palabra de Dios es viva y eficaz, y más cortante que toda espada de dos filos; y penetra hasta partir el alma y el espíritu, las coyunturas y los tuétanos, y discierne los pensamientos y las intenciones del corazón» (Hebreos 4.12). En la medida en que nuestra meta sea verdaderamente cambiar los corazones de otros, debemos utilizar las Escrituras en nuestros esfuerzos.

La agencia: El mensaje es capacitado por el Espíritu Santo

La razón por la que las Escrituras son un componente tan esencial en la apologética cristiana es que es capacitada por el Espíritu de Dios. Es su Palabra (1 Pedro 1.11; 2 Pedro 1.21; cp. Zacarías 7.12; Hechos 1.16) y su espada (Efesios 6.17; cp. Hebreos 4.12). Solo el Espíritu Santo puede convencer al incrédulo de pecado (Juan 16.6–15), abrir los ojos ciegos a la verdad (1 Corintios 2.6–16), regenerar el corazón (Juan 3.5–8; Tito 3.3–7) y subsiguientemente producir los frutos de justicia (Gálatas 5.22–23). El Espíritu facultó el testimonio de los cristianos en la iglesia primitiva (Hechos 1.8), permitiéndoles hablar «con denuedo la palabra de Dios» (Hechos 4.31). Como Pablo dijo a los tesalonicenses: «Nuestro evangelio no llegó a vosotros en palabras solamente, sino también en poder, en el Espíritu Santo y en plena certidumbre» (1 Tesalonicenses 1.5).

A menos que el Espíritu bendiga el uso de su Palabra para convencer al corazón del pecador, ninguna cantidad de argumentos puede convencer a alguien de verdaderamente aceptar a Cristo.[27] De modo que estamos de acuerdo con las palabras de Francis Schaeffer cuando dice que «es importante recordar, ante todo, que no podemos separar la apologética verdadera de la obra del Espíritu Santo, ni de una relación viviente en oración al Señor de parte del cristiano. Debemos entender que en última instancia la batalla no es contra carne y sangre».[28]

El apologista cristiano debe constante y devotamente depender del Espíritu de Dios, confiando en que Él utilice su Palabra para hacer su obra. De seguro, nos esmeramos en presentar el mensaje de un modo claro y preciso; pero finalmente descansamos en la realidad de que solamente Dios puede transformar el corazón. Su Espíritu es el agente divino de cambio.

Al entender esta verdad el apologista se siente libre para permanecer enfocado en presentar el mensaje del evangelio (y confiar en Dios por los resultados) en vez de desviarse del tema por las discusiones inconsecuentes acerca de los asuntos secundarios. Se cuenta de un evangelizador que testificaba a un joven estudiante en la universidad. Al reunirse con el evangelizador, el estudiante inmediatamente expresó lo que pensaba sería una objeción infranqueable, exigiendo al evangelizador que probara cómo Jonás pudo haber sido tragado por un gran pez y sobrevivir. El evangelizador no se dejó intimidar y sabiamente respondió: «Podemos hablar de eso después pero primero déjeme hablarle de Cristo». Cuando el evangelizador compartió el evangelio, el Espíritu movió el corazón del joven. Sintió convicción, se arrepintió de su pecado y entregó su vida al Salvador. Más tarde el evangelizador le preguntó si todavía quería hablar de Jonás. El joven, con su corazón ahora transformado, contestó con palabras de fe simple: «No, no hay necesidad. Si eso es lo que la Biblia dice, yo lo creo». El Espíritu le había abierto sus ojos a la verdad, deshaciendo algunas objeciones que previamente había mantenido.

Podemos ganar discusiones porque la verdad siempre triunfa sobre el error. Pero aun si contestamos cada pregunta y cada objeción, no podemos forzar a creer. Solo el Espíritu Santo puede impartir fe salvadora al corazón esclavizado por el pecado. Una apologética bíblica refleja esa realidad.

La actitud: Debemos ser reconocidos por la humildad llena de seguridad

Saber que la Palabra de Dios es verdad nos da cierta confianza. Saber que solo el Espíritu Santo puede cambiar el corazón nos mantiene humildes.[29] Recordar que de no ser por su gracia (Efesios 2.4–9) todavía estaríamos muertos en nuestros pecados (Efesios 2.1–3) nos permite confrontar a los perdidos con amor y afecto. De modo que proclamamos la verdad sin componenda, pero no sin compasión. Aunque el mensaje mismo suene a ofensa (1 Corintios 1.23), el apologista debe tener cuidado de no convertirse en una piedra de tropiezo a causa de su propio engreimiento o agresividad. «Después de todo, aunque el evangelio puede ser ofensivo en ciertos aspectos (ya que, en primer lugar, asume que todos los seres humanos son pecadores), los que predican y defienden el evangelio no deben ser ofensivos».[30]

Al mostrar amor hacia las personas perdidas emulamos el ejemplo de Cristo quien «al ver las multitudes, tuvo compasión de ellas; porque estaban desamparadas y dispersas como ovejas que no tienen pastor» (Mateo 9.36; véase también Marcos 6.34). La respuesta inmediata de Jesús fue evangelística. «Entonces dijo a sus discípulos: A la verdad la mies es mucha, mas los obreros pocos. Rogad, pues, al Señor de la mies, que envíe obreros a su mies» (Mateo 9.37–38).

El apóstol Pablo le dio una instrucción similar a Timoteo con respecto a confrontar el error en la iglesia:

> Porque el siervo del Señor no debe ser contencioso, sino amable para con todos, apto para enseñar, sufrido; que con mansedumbre corrija a los que se oponen, por si quizá Dios les conceda que se arrepientan para conocer la verdad, y escapen del lazo del diablo, en que están cautivos a voluntad de él. (2 Timoteo 2.24–26)

De modo similar, el apóstol Pedro instruyó a sus lectores a estar siempre listos con su defensa, «con mansedumbre y reverencia» (1 Pedro 3.15). En ambos pasajes, el enfoque apologético es señalado por una disposición gentil, respetuosa y paciente, con vista al cambio del corazón en la vida del incrédulo.

Al mismo tiempo, debe notarse que hay una distinción bíblica entre los que son simplemente engañados (y deberían ser tratados con compasión) y los que están activamente engañando a otros (y deberían ser denunciados con convicción). Los escritores del Nuevo Testamento abiertamente condenaron a los falsos maestros, amonestando a los creyentes a mantenerse lejos de los proveedores del error. Jesús advirtió a sus discípulos con estas palabras: «Guardaos de los falsos profetas, que vienen a vosotros con vestidos de ovejas, pero por dentro son lobos rapaces» (Mateo 7.15). Pablo dijo a los gálatas: «Mas si aun nosotros, o un ángel del cielo, os anunciare otro evangelio diferente del que os hemos anunciado, sea anatema» (Gálatas 1.8). Pedro describió a los falsos maestros así: «Pero les ha acontecido lo del verdadero proverbio: El perro vuelve a su vómito, y la puerca lavada a revolcarse en el cieno» (2 Pedro 2.22). Judas de modo semejante los describió como los que «blasfeman de cuantas cosas no conocen; y en las que por naturaleza conocen, se corrompen como animales irracionales» (Judas 1.10). Juan les advirtió a sus lectores que evitaran cualquier asociación con falsos maestros. «Si alguno viene a vosotros, y no trae esta doctrina, no lo recibáis en casa, ni le digáis: ¡Bienvenido! Porque el que le dice: ¡Bienvenido! participa en sus malas obras» (2 Juan 1.10–11).

De este modo, el Nuevo Testamento pinta una distinción evidente entre la compasión y la componenda. Aunque tratamos de ganar a los pecadores presentándoles la verdad en amor, debemos evitar cualquier acomodo hacia los falsos maestros, aun en un esfuerzo para ser agradable. El Nuevo Testamento nunca iguala el amor verdadero con la noción posmoderna de tolerancia. El amor bíblico se goza de la verdad (1 Corintios 13.6), aborrece lo que sea malo (Romanos 12.9) y camina en los mandatos de Cristo (2 Juan 6). De modo que el apologista cristiano aspira a balancear una compasión bíblica hacia los que están perdidos con una indignación justa hacia los que están guiando a otros por el mal camino.

La suposición: Los incrédulos ya saben que Dios existe

La Biblia enseña que los incrédulos ya conocen ciertas realidades espirituales, aunque «detienen con injusticia la verdad» (Romanos 1.18). El apologista cristiano está en lo cierto al asumir que los incrédulos se dan cuenta de ciertas verdades aunque las niegan. Por ejemplo, los incrédulos saben de manera innata que hay un Dios, «porque lo que de Dios se conoce les es manifiesto, pues Dios se lo manifestó» (Romanos 1.19; cp. 1.21). Así que mientras los ateos afirman que no creen en Dios, la Biblia afirma que Dios no cree en ateos. Él se ha revelado a ellos de modo que al negarle, «no tienen excusa» (Romanos 1.20).

Dios les ha dado a los incrédulos un testigo externo de su gloria en la creación (Romanos 1.20). De modo que los «cielos cuentan la gloria de Dios» (Salmo 19.1), «el mundo y todas las cosas que en él hay» apuntan hacia el Creador (Hechos 17.24), las estaciones dan testimonio de su cuidado providencial (Hechos 14.15–17) y aun el cuerpo humano es un recordatorio maravilloso de su genio creativo (Salmo 139.13–14). El orden y diseño del mundo natural, incluyendo su mera existencia, conduce al incrédulo a la conclusión inescapable de que hay un Dios. Solo «dice el necio en su corazón: No hay Dios» (Salmo 14.1; cp. Romanos 1.22), aunque sus razones para hacer esto son morales, no lógicas (como aclara el resto de Salmo 14).

Dios también les ha dado a los incrédulos un testigo interno por su ley moral mediante la conciencia. El apóstol Pablo llama a esto «la obra de la ley escrita en sus corazones» (Romanos 2.15), porque saben «el juicio de Dios» (Romanos 1.32), si bien lo desobedecen. Junto con el mundo creado al derredor de ellos (revelando la verdad de que Dios es Creador, Sustentador, Proveedor y Diseñador), la conciencia dentro de las personas da testimonio de la verdad de una orden moral trascendente, del cual Dios es el Juez y Estándar supremos (Eclesiastés 12.14). Los seres humanos, adicionalmente, han recibido un sentido de lo eterno, porque Dios «ha puesto eternidad en el corazón de ellos» (Eclesiastés 3.11).

El evangelizador es en gran medida auxiliado en su misión por estos testimonios para Dios. El incrédulo es de manera innata consciente del hecho de que Dios existe, el Creador, el Sustentador y el Juez del universo. Los incrédulos ya son advertidos de la eternidad y sienten la culpabilidad de haber violado sus conciencias. El testimonio de la revelación general de Dios ha hecho evidentes estas verdades a ellos.

De seguro, la revelación especial de las Escrituras es necesaria para aclarar las cosas específicas de quién es el Creador y lo que Él espera. El mensaje del evangelio es esencial si el incrédulo no comprende completamente su condenación ante Dios y su necesidad de la obra salvadora de Cristo. Además, los efectos del pecado y la depravación dan lugar a que los incrédulos razonen equivocadamente y repriman la verdad (Romanos 1.18–22). No obstante, el evangelizador correctamente puede suponer que los incrédulos se dan ya cuenta de ciertas verdades fundamentales acerca de Dios, porque Dios se las ha hecho evidentes.[31]

En un nivel práctico, esto quiere decir que no necesitamos desviarnos del tema con discusiones intrincadas acerca de lo que los incrédulos ya saben (como si hay o no un Dios). Más bien, podemos edificar sobre lo que Dios ya ha hecho evidente a ellos, confiando en el Espíritu Santo que use su Palabra para hacer su obra.[32]

La expectativa: No seremos populares

A pesar del hecho de que la fe que defendemos es absolutamente cierta y que el evangelio que proclamamos es las buenas nuevas de reconciliación, la realidad es que nuestro mensaje a menudo será rechazado y despreciado. Vivimos en un mundo antagónico al cristianismo. Las películas populares y los programas de televisión se burlan de la historia bíblica y ridiculizan los valores evangélicos. Los libros más vendidos promueven el ateísmo con orgullo al abiertamente despreciar a los que creen en Dios. Aun la educación pública, en especial a nivel universitario, se ha hecho la franca enemiga de una cosmovisión bíblica. Aunque nuestra moneda todavía dice «En Dios confiamos», todo acerca de la cultura popular estadounidense indica que nuestra nación es cualquier cosa menos verdaderamente cristiana.

Tales hostilidades no deberían sorprendernos. El mismo Jesús advirtió a sus seguidores: «Si el mundo os aborrece, sabed que a mí me ha aborrecido antes que a vosotros... Si a mí me han perseguido, también a vosotros os perseguirán» (Juan 15.18, 20). El apóstol Pablo repitió esta advertencia a Timoteo: «Todos los que quieren vivir piadosamente en Cristo Jesús padecerán persecución» (2 Timoteo 3.12). Él dijo a los corintios que «la palabra de la cruz es locura a los que se pierden» (1 Corintios 1.18), advirtiéndoles que «el hombre natural no percibe las cosas que son del Espíritu de Dios, porque para él son locura, y no las puede entender» (1 Corintios 2.14). Por su parte, Pablo estaba dispuesto con gusto a ser considerado como un necio por amor a Cristo (1 Corintios 4.10). Después de predicar el evangelio en el Areópago, algunos de sus oyentes «se burlaban [de él]» (Hechos 17.32). En su defensa ante Festo, el apóstol recibió estas palabras: «Estás loco, Pablo; las muchas letras te vuelven loco» (Hechos 26.24).

Si el ministerio de Cristo y los apóstoles fue recibido con resistencia y rechazo, deberíamos esperar ser tratados de la misma manera. Jesús enseñó que no todas las tierras recibirían la semilla de la Palabra de Dios (Marcos 4.3–20). En su día, su ministerio fue rechazado por muchos (Juan 12.37–40), hasta el punto que sus enemigos buscaron su muerte (Juan 11.53). Como el apóstol Juan aclara: «A lo suyo vino, y los suyos no le recibieron» (Juan 1.11). Los apóstoles también sufrirían por el evangelio. La mayor parte de ellos serían martirizados, incluso el apóstol Pablo que al final de su vida se encontró abandonado en una mazmorra romana (2 Timoteo 4.9–14). Pese a las muchas dificultades que enfrentó (2 Corintios 11.23–28), Pablo permaneció fiel al evangelio que se le había mandado defender (2 Timoteo 4.7).

El mensaje del evangelio es la antítesis de las decadentes filosofías de los hombres, lo que quiere decir que los cristianos fieles rara vez han sido populares. Los apologistas evangélicos deben evitar la trampa de desear respetabilidad intelectual a expensas de la fidelidad bíblica. Creer en el Dios de la Biblia y en su Hijo Jesucristo tiene consecuencias sociales, cuando tomamos nuestra cruz cada día, nos negamos a nosotros y le seguimos a Él (Marcos 8.34). Pero hay gozo en la persecución (Hechos 5.40–41; cp. Lucas 6.22–24) y deberíamos aceptar el ridículo y el rechazo por amor a Cristo (Colosenses 1.24; cp. 2 Corintios 4.17). Esto no quiere decir que promocionamos el antiintelectualismo ni ocultar la cabeza en la arena. Como representantes de Cristo deberíamos buscar la excelencia en cualquier campo de estudio. Sin embargo, también debemos recordar que el evangelio al que nos aferramos es un mensaje intrínsecamente impopular, y no podemos comprometer la verdad simplemente para ganar un respeto falso.

La valoración: El éxito apologético es definido por Cristo

Una pregunta final a considerar es: ¿Cómo debemos evaluar el éxito relativo de nuestros esfuerzos apologéticos? Al formular esta pregunta, podríamos preguntarnos si la eficacia apologética se mide mejor en términos de los debates ganados, los argumentos expresados, los conversos hechos o los aplausos recibidos. Tales criterios pueden indicar algo de nuestra credibilidad filosófica o elegancia retórica pero nos dicen muy poco acerca de si hemos tenido éxito o no en el único sentido que verdaderamente importa.

Semejante a cualquier otra cosa en la vida cristiana, el éxito apologético es evaluado por un estándar más alto que cualquier cosa en esta tierra. Los números de adversarios confundidos o de incrédulos convertidos no son realmente medida de cuán bien lo hemos hecho. Si lo fuera, el profeta Jonás sería una abrumadora sensación (con toda la ciudad de Nínive respondiendo a su predicación), mientras que el profeta Jeremías sería un deprimente fracaso (con su ministerio sin dar casi ningún fruto visible). Pero desde la perspectiva de Dios, la obediencia fiel de Jeremías hizo a su ministerio un éxito verdadero, mientras que la resistencia rebelde de Jonás le dio un fracaso decepcionante.

Al nombre de Jeremías podríamos agregar muchos de los otros profetas del Antiguo Testamento, hombres que el escritor de Hebreos señaló cuando dijo:

> Otros fueron atormentados, no aceptando el rescate, a fin de obtener mejor resurrección. Otros experimentaron vituperios y azotes, y a más de esto prisiones y cárceles. Fueron apedreados, aserrados, puestos a prueba, muertos a filo de espada; anduvieron de acá para allá cubiertos de pieles de ovejas y de cabras, pobres, angustiados, maltratados; de los cuales el mundo no era digno; errando por los desiertos, por los montes, por las cuevas y por las cavernas de la tierra. (Hebreos 11.35–38; cp. Mateo 23.29–37)

Estos siervos valientes de Dios, hombres como Elías, Eliseo, Isaías y Ezequiel, perseveraron en medio del rechazo, la persecución y la aflicción porque estaban mucho más preocupados por ser fieles que por ser populares. En su día, fueron a menudo vistos como fracasados y parias excéntricos. Pero desde la perspectiva del cielo, fueron el epítome del éxito verdadero.

Tal como observamos en la sección previa, la expectativa del Nuevo Testamento es que el mensaje del evangelio, proclamado correctamente, a menudo será rechazado y despreciado. Entonces, es de esperar que la popularidad y la aclamación sean medidas falsas del éxito. Cuando el apóstol Pablo fue puesto en aquella mazmorra romana al final de su vida, sus circunstancias se veían en extremo lúgubres. Estaba abandonado y solo, acusado falsamente y esperando ser ejecutado; sin fama, sin fortuna e incluso sin su abrigo (2 Timoteo 4.13). Como los profetas del Antiguo Testamento, Pablo fue visto como un fracasado por la sociedad de su día. Después de decenios de ministerio difícil y lleno de adversidad, su vida estaba a punto de terminar en tragedia y oscuridad. Pero desde el punto de vista panorámico de Dios, Pablo era todo un éxito. Aunque había enfrentado tentaciones y pruebas reiteradas, había permanecido fiel. Su vida la había vivido para la honra de su Señor (2 Corintios 5.9; Filipenses 1.21). Con toda diligencia había completado su ministerio (2 Timoteo 4.7); y aun en sus horas finales, había proclamado el evangelio sin componendas (2 Timoteo 4.17). Pronto vería a Cristo y recibiría su recompensa (2 Timoteo 4.8).

Cuando estemos delante de Cristo para dar cuenta de nuestras vidas (Romanos 14.9–12; 2 Corintios 5.10), los aplausos y el reconocimiento de este mundo carecerán de sentido. En ese momento, el valor aparente de la madera, el heno y la hojarasca rápidamente se desvanecerán (1 Corintios 3.11–15). Las únicas palabras por las que nos preocuparemos serán: «Bien, buen siervo y fiel... entra en el gozo de tu señor» (Mateo 25.21, 23). Fidelidad, no fama temporal ni fertilidad visible es la medida del éxito para Dios y, al final, la valoración de Dios es lo único que tiene importancia.

Sabiendo esto, el apologista cristiano se preocupa primordialmente por permanecer fiel al Maestro (a quien ama y sirve), fiel al mensaje (el cual defiende y proclama) y fiel al ministerio (al cual ha sido llamado). Nuestro éxito no está determinado por cómo nos responde el mundo en esta vida, si con animosidad, ambivalencia o aplauso, sino por cómo nos evaluará Cristo en el futuro. De modo que decimos con el apóstol Pablo: «Procuramos también, o ausentes o presentes, serle agradables. Porque es necesario que todos nosotros comparezcamos ante el tribunal de Cristo» (2 Corintios 5.9b–10a).

5

Cristo, el Salvador: La evangelización como una persona, no como un plan

Rick Holland

Mucho de la evangelización moderna se ha institucionalizado. Sistemas, pasos y resúmenes de cómo compartir el evangelio han reemplazado la simplicidad de presentar a Jesús a las personas. Mientras que la evangelización bíblica debería tener ciertas seriedades teológicas, es esencial no dejar que el plan eclipse a la persona. El evangelizador siempre debe recordar que la esencia del mensaje es la persona de Jesucristo.

El vuelo estaba sobrevendido así es que se suponía que todos los asientos estarían ocupados. Al sentarme en mi asiento junto a la ventanilla del British Airways 747, me sorprendió que los dos asientos junto a mí permanecieran vacíos. De forma egoísta, saboreé la idea de esos dos asientos vacíos e hice planes para convertirlos en una cama de tamaño extra.

Esa esperanza se esfumó cuando una pareja anciana británica se dirigió hacia los dos asientos mientras cerraban las puertas del avión. Intercambiamos saludos y fijamos nuestra atención en la tan familiar instrucción de cómo abrocharse los cinturones de seguridad. Cuando la presentación en vídeo se terminó, me sentí instantáneamente aguijoneado por una carga de convicción de compartir el evangelio con ellos.

Con veinte años de experiencia pastoral predicando y estudiando las Escrituras cada semana, no debería haber tenido problema para iniciar una conversación sobre el evangelio. Pero la verdad es que me costó llevar la conversación hacia las realidades espirituales.

Al cabo de una hora o más de conversación, finalmente y con torpeza mascullé: «¿Son ustedes creyentes?»

«¿Creyentes en qué?», respondió la mujer.

Gasté los siguientes tres minutos presentando el plan de salvación. Cuando finalicé, silenciosamente me felicité por mi claridad, brevedad y coraje evangelísticos. Sin embargo, mi celebración fue por poco tiempo. Para mi decepción, no tuvieron interés en hablar acerca de ir al cielo o ser perdonados de sus pecados. De hecho, el hombre finalmente terminó la conversación con una respuesta abrupta: «Señor, no estamos interesados en hablar de religión con usted». Las siguientes once horas fueron muy embarazosas pues me sentía atrapado contra la ventana del avión.

Durante las semanas y los meses que siguieron pensé mucho en ese encuentro. De hecho, todavía pienso en ello. ¿Por qué podría alguien no estar interesado en el perdón de pecados, la presencia de esperanza en esta vida, la seguridad del cielo y miles de otros beneficios de la salvación? Mientras más pensaba,, más la respuesta del anciano indicaba la respuesta. No me preguntaba por qué alguien podría rechazar al Salvador de la salvación sino por qué alguien podría rechazar los beneficios de la salvación. Pienso que él estaba en lo cierto. Mi presentación del evangelio sonó más como quien vende una nueva religión que una presentación de Jesucristo, el Salvador resucitado y viviente.

¿Es la salvación un plan?

Desde niño he oído la frase «el plan de salvación». Libros, tratados evangelísticos y predicadores han organizado los hechos y la respuesta al evangelio en un plan. Sistematizar los elementos esenciales del evangelio en una progresión lógica es ciertamente de ayuda. Los creyentes que quieren ver a otros salvarse típicamente aprenden algún tipo de presentación como *Las cuatro leyes espirituales* o asisten a una clase como *Evangelismo Explosivo.*[1] Tales enfoques pueden proveer guía excelente para aprender a explicar el evangelio. Aseguran que los hechos esenciales y la teología necesaria están incluidos al explicar cómo un pecador puede ser justificado ante Dios. Sin embargo, al mismo tiempo pueden crear un malentendido no intencionado. Pienso que esto explica la respuesta de la pareja en el avión. Al revisar cómo expliqué el evangelio, puedo ver dónde faltó el énfasis en la veracidad bíblica del evangelio, las implicaciones teológicas del plan de Dios para salvar a los pecadores y los beneficios de la salvación. Pero hubo algo en el trasfondo que debería haber estado en el centro del escenario, algo marginal que debió de haber sido central, algo que mencioné pero que debió de haber sido primero. Ese algo era Alguien: Jesucristo.

Cada presentación del evangelio expone a Jesús. Quién es, qué hizo en la cruz, cómo buscarle como Salvador. Estas son señales auténticas de todos los verdaderos planes del evangelio. Pero cuando el evangelio es explicado y comprendido como un plan, la respuesta puede ser filosófica y estéril. Sin embargo, cuando el evangelio es explicado y comprendido como Alguien a conocer, la respuesta es de relaciones. Por favor no reaccione de forma desmedida a este cambio en el énfasis. Decirle a un pecador el plan de salvación no está mal, pero estoy convencido de que un examen cuidadoso de las Escrituras volverá a orientar nuestro llamamiento del evangelio de datos que se deben creer a un Salvador que debe ser contemplado. La salvación es acerca de la persona de Jesucristo, no meramente acerca de un plan.

Colaboradores de Dios

En su última reunión con sus discípulos, Jesús les dijo que cuando el Espíritu Santo viniera, Él glorificaría al Hijo de Dios llevando a las personas hacia el Mesías (Juan 16.14). El Espíritu Santo convence los corazones, abre los ojos espirituales, afirma la veracidad de las Escrituras y regenera las almas, para que se vuelvan a Cristo para salvación. El objetivo final es que las personas se postren delante de Jesucristo como su Señor y Salvador en esta vida para evitar la sumisión involuntaria en la eternidad.

Dios el Padre se ocupa en lo mismo que el Espíritu Santo, glorificando a su Hijo. Él expresó su complacencia con Jesús cuando fue bautizado (Mateo 3.13–17); declaró su afirmación a Pedro, Jacobo y Juan en el Monte de la Transfiguración (Mateo 17.1–13; Lucas 9.35). No pierda de vista el hecho de que los milagros que Jesús realizó, por lo que Él fue más conocido durante su ministerio, eran expresiones del deseo del Padre de glorificar a su Hijo. En una ocasión, cuando Jesús oyó que Lázaro estaba enfermo, dijo: «Esta enfermedad no es para muerte, sino para la gloria de Dios, para que el Hijo de Dios sea glorificado por ella» (Juan 11.4). Lo mismo ocurrió en la boda en Caná después de que Jesús convirtió el agua en vino y «manifestó su gloria» (Juan 2.11).

El Espíritu Santo glorifica al Hijo por hacer que las personas miren hacia Jesús; Dios el Padre glorifica al Hijo al afirmar que Él es el único Redentor que experimentó la muerte, la resurrección, la ascensión y la coronación. Y cuando proclamamos las glorias de Jesús, nos unimos a Dios el Padre y al Espíritu Santo en su preocupación. Ellos son inquebrantables en su devoción a glorificar a Jesús y nosotros tenemos el privilegio y la orden de hacer lo mismo.

Un texto de vital importancia

El fundamento de la evangelización se describe de forma concisa en 1 Pedro 2.9. Este versículo es la roca firme que soporta nuestros empeños evangelísticos.

Pedro escribió esta breve carta poco antes de que la primera ola de persecuciones agudas alcanzara a los cristianos en Roma. Algunos años más tarde, el emperador romano Nerón se volvería loco y se dedicaría a observar mientras la mitad de su ciudad capital ardía. Cuando los romanos respondieron airados al incendio de su ciudad amada, Nerón encontró al chivo expiatorio perfecto para su delito: los cristianos.[2] La iglesia en el Imperio Romano, sin embargo, no estaba lista para enfrentar la furia de Nerón. Ellos no se la merecían y no habían tenido la forma de anticiparla.

Con un corazón pastoral, Pedro deseó ayudar a estos cristianos a pensar apropiadamente acerca de las pruebas inminentes. Algunos de los sufrimientos que estaban a punto de resistir eran tan severos que muchos de ellos serían llevados al cielo. Pedro estaba decidido a alentar a los creyentes que pronto temerían por sus vidas. Así, mientras las llamas se iban acercando a los cristianos bajo el poder de Roma, Pedro serenamente les recordó de su gran salvación (1 Pedro 1.1–12).

Usted podría esperar que esta epístola estuviera llena de consuelo y ánimo acerca de las pruebas. Y aunque Pedro da tal ánimo (1 Pedro 2.21–25; 4.12–19), él recalca que ellos fueron salvos para que «anunciéis las virtudes de aquel que os llamó de las tinieblas a su luz admirable» (1 Pedro 2.9).

Haciendo frente a una persecución sin precedentes, Pedro les llamó a la tarea evangelizadora. Les recordó de su salvación, su salvador y su necesidad de representar a Jesús pasare lo que pasare en la vida (1 Pedro 1.17). Nosotros no solo estamos promocionando el evangelio de Jesucristo, sino a Jesucristo mismo. No nos limitamos a explicar la Palabra de Cristo sino la persona de Cristo. Estamos atrayendo a las personas a conversaciones acerca de lo que Dios ha hecho por nosotros mediante su Hijo. Llamamos a las personas a comprometerse a una relación nueva con el Dios viviente encarnado en Jesús. Existimos para glorificar a Cristo y cuando hacemos esto, estamos imitando al Espíritu Santo y a Dios el Padre.

Las excelencias que proclamamos

Pedro le recordó a la iglesia en el Imperio Romano que parte de ser un cristiano es vivir una vida que figuradamente agita estandartes por el mundo, y esos estandartes están inscritos con las virtudes de Jesús. Los cristianos no deben intimidarse ni amedrentarse (1 Pedro 3.14), sino que, al contrario, deben con bondad y reverencia proclamar la esperanza que tienen en Jesucristo. Ya que estos jóvenes creyentes estaban decididos a cumplir con la enseñanza de Pedro, él les dio los estandartes que debían exponer.

Jesús: La piedra angular humana (1 Pedro 2.6–7)

La analogía de la piedra angular es fascinante. Esta piedra funcionaba como el lugar de unión de las dos paredes que formaban la esquina o el ángulo, de ahí el término *piedra angular*. Era el punto de partida de un proyecto de edificación y la piedra más importante en cualquier casa. Si era colocada inadecuadamente, la estructura entera se vería afectada. Pedro usó esto como un cuadro de la proclamación del evangelio, mostrando que la manera en que los cristianos viven requiere que Jesucristo sea su piedra angular. Viviendo de este modo, una persona es eternamente estable y no se moverá de su lugar. En la evangelización, los creyentes proclaman las excelencias de esta piedra angular a quienes quieren escuchar.

Jesús: Una piedra viva (1 Pedro 2.4–5)

Para Pedro, la evangelización era simple: Predica a Jesucristo. Esto es exactamente lo que él hace al presentar a Jesús como la piedra viva. Por ejemplo, Pedro escribe acerca de «la palabra de Dios que vive y permanece para siempre» (1 Pedro 1.23) y entonces describe a Jesús como la «piedra viva» (1 Pedro 2.4). Hay un paralelo maravilloso entre la Palabra escrita de Dios y la Palabra encarnada de Jesús. Porque Jesús mismo es el autor y la sustancia de las Escrituras, Él es también el objeto de su revelación.

Poco después de su resurrección, Jesús tomó el camino de Jerusalén a Emaús (un pueblo pequeño aproximadamente a siete millas de Jerusalén), y en el camino se encontró con dos de sus discípulos. Mientras la conversación se desarrollaba alrededor de los acontecimientos del fin de semana, Jesús rápidamente la desvió hacia sí mismo, explicando su sufrimiento, su resurrección y su exultación a partir de «todas las Escrituras» (Lucas 24.27). Pedro aprendió esta lección y es claro que él vio a Jesús como el blanco de las Escrituras. Como tal, les recordó a sus hermanos en Cristo que Jesús es el objeto, la meta, el premio, la atracción, la fuente, el deseo y la dulzura de su fe que está arraigada en las Escrituras.

Llamar a Jesús una piedra viva traería memorias agridulces a Pedro. Solo treinta años antes, Jesús preguntó a sus discípulos: «¿Quién dicen los hombres que es el Hijo del Hombre?» (Mateo 16.13). Después de varias respuestas que parecían obvias, Pedro fue lo bastante atrevido como para expresar la opinión de los discípulos: «Tú eres el Cristo, el Hijo del Dios viviente» (16.16). Jesús, entonces, le llamó «piedra» (véase 16.18) lo que señaló su cambio de nombre de Simón a Pedro.

Al escribirles a cristianos que temían por sus vidas Pedro les dice que Jesús es la Roca, no él. Jesús, sin embargo, no es simplemente una piedra. Gracias a la resurrección, Él es la «piedra viva». Es el único que puede ofrecer esperanza de la muerte, habiéndola conquistado. Él es la piedra insustituible en el fundamento de la vida cristiana que nos sentimos llamados a vivir y proclamar.

Jesús: Una piedra desechada (1 Pedro 2.7)

Junto con ser la piedra viva, Jesús soportó la tragedia de ser la piedra desechada. Pedro dijo que Él es la «piedra que los edificadores desecharon» (1 Pedro 2.4). En el punto bajo de la historia humana, las personas desecharon que Jesucristo fuera el Mesías, negaron que fuera el Salvador y atacaron sus demandas de deidad.

El rechazo de Jesús fue profetizado en el Antiguo Testamento (Isaías 8.14), predeterminado por Dios (Salmo 118.22–23) y Pedro testificó de ello (Hechos 4.1–12). Este rechazo ocurrió a todo lo largo de su vida pero encontró su expresión última en la crucifixión. La cruz fue el clímax del rechazo que el hombre hizo de Jesús. Cuando Pedro escribió estas palabras, todavía persistía este rechazo.[3] Aun hoy, cuando proclamamos las excelencias de Cristo, hay quienes las consideran necedad. Para estas personas Cristo todavía es una piedra de tropiezo.

Isaías profetizó el rechazo de Jesús casi 700 años antes de que naciera (Isaías 8.14). Refiriéndose a Isaías, Pedro explica que siempre habrá una cierta cantidad de personas desobedientes (1 Pedro 2.7, 8; 3.20) que deciden no basar sus vidas en la piedra angular. Por esta causa, miran a

Jesús como «piedra de tropiezo, y roca que hace caer» (1 Pedro 2.8). Aun en esto, las bellezas de Jesús se ven; Él es la piedra angular que nadie sobrepasa. Nadie le puede superar.

El mensaje del evangelio es el hecho determinativo en la vida de cada persona. La evangelización confronta a las personas con las excelencias de Cristo y las invita a entender que ese centro de su destino eterno es el evangelio, y el centro del evangelio es Jesucristo. Cristo es el Gran ineludible. O lo encontramos ahora en su gracia, o lo encontraremos al final del viaje de la vida. Entonces Él no será una piedra, sino una pared impenetrable sin forma de ser rodeada. El pastor Leonhard Goppelt lo dijo así:

> Cristo está colocado a través de la ruta de la humanidad en su curso hacia el futuro. En el encuentro con Él cada persona cambia: Unas para salvación, otras para destrucción... Uno no puede simplemente pasar sobre Jesús o seguir la rutina diaria y pasar de largo para construir un futuro. Quienquiera que le encuentre es inevitablemente cambiado por el encuentro: Ya sea que se convierta en «piedra viva» o tropiece como una persona ciega sobre Cristo y llegue a la ruina.[4]

Para los que rechazan creer que Jesús es el camino, Él es un inconveniente, una obtrucción, una frustración, un menosprecio y hasta una causa de ira. Las personas desechan a Cristo desobedeciendo la Palabra que señala a Jesús como Señor y Salvador. Al hacerlo, caen sobre la piedra de tropiezo.

El rechazo que Cristo soportó es un patrón a seguir para los que son despreciados por su fe, rechazados por otros, pero quienes al final serán vindicados por su resurrección mediante el poder de Cristo. Solo los que no desechan a Jesús experimentarán la promesa de la resurrección de Cristo y calificarán para ser «piedras vivas».

Jesús: Una piedra escogida y preciosa (1 Pedro 2.6)

Después de mostrar cómo el mundo rechaza a Jesús, Pedro contrasta eso con la forma en que Dios ve a su propio Hijo. Aunque las personas desechan a Jesús, Él permanece como una piedra elegida y preciosa para Dios. Al llamar a Jesús una piedra elegida, Pedro indica que Dios seleccionó y señaló a Jesús específicamente para que trajera salvación a los pecadores. Al llamarlo piedra preciosa, Pedro muestra que Jesús era ciertamente estimado y precioso para su Padre, más amado por Dios que cualquier pecador salvado, ya que Dios sacrificó a su Hijo para la redención de los pecadores, algo que nunca podremos comprender.

Tengo tres hijos y amo a cada uno de ellos inconmensurablemente, pero para el Padre, Jesús es valiosísimo a un grado infinito. A pesar de la respuesta conflictiva del mundo hacia Jesús, Dios envió a su Hijo a morir en lugar de los que le desechan.

Pedro nos alienta a reconocer a Jesús como precioso, a apreciar a Cristo porque nuestra fe en Él no nos decepcionará. Cita al profeta Isaías para reforzar esta promesa. Isaías escribe: «Por tanto, Jehová el Señor dice así: He aquí que yo he puesto en Sion por fundamento una piedra, piedra probada, angular, preciosa, de cimiento estable; el que creyere, no se apresure» (Isaías 28.16). Pedro le aplicó esta promesa a los creyentes del primer siglo, garantizando así que nunca seremos decepcionados.[5] La implicación es que los cristianos deberían ser atrevidos y valientes en lo que se refiere a la proclamación de las excelencias de Cristo. No debemos estar avergonzados ahora o en el futuro. Al morir, nuestra fe será vindicada.

Es posible amar las cosas que rodean a Cristo, sin amar a Jesús. Una persona puede amar los sistemas doctrinales y teológicos, aun el ministerio, sin amar a Cristo. Pero para los que son de verdad de Él, para ellos Cristo es precioso. Por eso, el evangelizador proclama a Cristo y no las modificaciones de comportamiento. Por eso nuestra santificación depende de nuestro amor a Cristo, no de nuestra propia justicia.

Jesús nuestra resurrección

Jesús y los creyentes tienen algo en común: Pedro nos llama «piedras vivas» que están activamente siendo edificadas para la adoración de Cristo. Y a nuestra nueva naturaleza la describe con la misma palabra que usó para describir la naturaleza de Cristo; ambas están «vivas». La natualeza de Jesús porque se levantó de la tumba, y la nuestra, que estuvo una vez muerta en pecado, ahora también está viva mediante la vida de Cristo.

La vida que Pedro atribuye a los creyentes proviene de la resurrección de Jesús. Porque Él se levantó de la tumba, Jesucristo abrió el camino a la resurrección de los que creerían en Él. La muerte ha sido conquistada. Para nosotros, la muerte no es el fin, sino el corredor que nos lleva a la eternidad con nuestro Salvador. Esto es lo que hace tan atractivo a Jesucristo: Aunque lo mataron, Él vive todavía. Su resurrección es una fuente constante de esperanza para nuestro más grande temor: la muerte. Y si este miedo ha sido eliminado, debemos vivir vidas como Él la vivió: sin temor. Esto cambia todo: nuestros valores, decisiones, metas, relaciones, propósitos y la evangelización. Esperamos la redención de nuestros cuerpos, pero no maximizamos el placer de estos cuerpos. Jim Elliot estaba en lo correcto cuando dijo: «No es tonto el que da lo que no puede retener para ganar lo que no puede perder».[6] Recuerdo claramente cuando hace algunos años, alguien me preguntó: «¿Qué tienes que el dinero no pueda comprar y la muerte no pueda quitar?» La respuesta es Jesús y la resurrección que Él ofrece. Nuestra resurrección está garantizada, así que deberíamos evangelizar en la misma medida en que creemos eso.

Cristo murió y resucitó de entre los muertos. Esto se convierte en el fundamento de nuestro evangelismo. El evangelio entero descansa sobre si Jesús resucitó o no de entre los muertos. Pablo desarrolla esta teología en su carta a la problemática iglesia de Corinto, una ciudad llena de ideas filosóficas que encontraba la resurrección como algo fantástico. En 1 Corintios 15 dice que si las resurrecciones son imposibles, entonces Cristo todavía estaría muerto. Si esto es cierto, nuestra predicación es fútil, nuestra fe es inútil, nuestro arrepentimiento no tiene valor, nuestro Dios es un mentiroso, los creyentes muertos han perecido para siempre, nuestro futuro es lastimoso y la muerte espiritual es segura. Pero «ahora Cristo ha resucitado de los muertos; primicias de los que durmieron es hecho» (1 Corintios 15.20). Él resucitó y esto es lo que predicamos. Proclamamos que la muerte no es el fin. Somos testigos personales, seguros y santos de que Cristo ha resucitado, ha conquistado la muerte y nos ha salvado del pecado. El más grande temor que ha entrampado a todos los hombres ha sido destruido y ahora cada creyente puede decir: «¿Dónde está, oh muerte, tu aguijón? ¿Dónde, oh sepulcro, tu victoria?» (1 Corintios 15.55).

El veneno de la muerte es neutralizado por la resurrección de Cristo. Esta es la esencia de la excelencia de Cristo.

Un sacerdocio de adoradores

Alguien que hubiera vivido en Israel durante el tiempo de Jesús habría sabido del templo herodiano en Jerusalén, que servía como lugar central para las oraciones y los sacrificios judíos, y para la comunión con Dios.

Todo el mundo sabía de su belleza y su esplendor, y todo el mundo comprendía su significado, así que Pedro usó esta vívida figura para hacer una metáfora de Cristo, la iglesia y el papel de los creyentes.

El templo siempre tuvo un sacerdocio cuya responsabilidad era simple: Representar a Dios ante el pueblo y al pueblo ante Dios. Pero en el Nuevo Pacto, los creyentes son sacerdocio santo. Representamos a Dios ante el pueblo mediante la evangelización, y representamos al pueblo ante Dios mediante la oración. Somos el lugar de la presencia de Dios y nosotros somos los sacerdotes de Dios. El Espíritu de Dios mora en nosotros. Nuestra actividad espiritual diaria es ofrecer «sacrificios espirituales aceptables a Dios por medio de Jesucristo» (1 Pedro 2.5). Los sacrificios espirituales que ofrecemos son nuestro culto, que es culto a Cristo (Romanos 12.1). La más grande necesidad de cualquier corazón humano es ser aceptado ante un Dios santo, todopoderoso y airado. Somos aceptos cuando ofrecemos nuestros sacrificios para el Salvador y mediante Él.

El mensaje del evangelio que proclamamos está dominado por este pensamiento. Hemos sido hechos para adorar, y en nuestro evangelismo ofrecemos a la gente un objeto nuevo para adorar. Llamamos a las personas a volverse de sus ídolos, lo cual solo puede ofrecer satisfacción temporal, y reemplazarlos con adoración al Dios trino, cuya presencia está llena de gozo y placeres por siempre (Salmo 16.11). El ser humano intenta insistentemente hacer la vida en la tierra como el cielo, pero nunca será el cielo. Ningún ídolo traerá el cielo a la tierra. La evangelización nos da la oportunidad para entrar al mundo del incrédulo y ofrecerle un vislumbre del cielo a través de una relación con Jesús. La cruz es la que hace esto posible para cualquiera que crea. Somos sacerdotes santos ofreciendo culto sagrado mediante la cruz para complacencia de Jesús.

Martín Lutero resaltó la doctrina del sacerdocio de los creyentes desde este texto. Correctamente creía que todos los creyentes tienen acceso por igual a Dios como sacerdotes.[7] Pero con el privilegio de acceso sacerdotal viene la responsabilidad para ser evangelizadores e intercesores. Proclamamos a nuestro Dios a la gente a nuestro derredor. Unimos dos partes hostiles y les rogamos a los rebeldes que acepten los términos de paz del rey contra quien cometieron traición. Demostramos la atracción de esta oferta de paz resaltando la belleza del Autor de la paz, Cristo mismo. Él es el Príncipe de paz (Isaías 9.6) quien se ha convertido en nuestra paz personal (Efesios 2.14). Por su cruz hemos sido adoptados en la raza sagrada. Estas son sus excelencias y este es nuestro mensaje. Él es nuestro mensaje.

Adoptado para vida

La adopción es uno de los actos más bondadosos y compasivos de que una persona es capaz. Los padres que adoptan son admirables y las personas les respetan por su sacrificio. De hecho, en el Imperio Romano, los cristianos a menudo adoptaban a los niños «abandonados». Los niños no deseados, primordialmente niñas, eran dejados por sus padres en las laderas o en los peldaños de las puertas, y quien quisiera podía recogerlos. Muchos eran adoptados por prostitutas, dueños de esclavos o entrenadores de gladiadores, en cada caso con propósitos de beneficio económico.[8] Los cristianos comenzaron a rescatar a estos niños y adoptándolos los criaban en el conocimiento del Señor. Hasta el día de hoy esta tradición continúa y tiene sus raíces en el mensaje del evangelio que dice que hemos sido adoptados por Dios.

Pablo dice que hemos sido «predestinados para ser adoptados como hijos» (Efesios 1.5) y Juan escribe que «a todos los que le recibieron, a los que creen en su nombre, les dio potestad de ser hechos hijos de Dios» (Juan 1.12). Esta es la figura que Pedro quiere establecer en las mentes de sus lectores. Su intención es confortar y alentar a los cristianos que están atemorizados, que sienten que sus derechos como romanos les han sido quitados después de su conversión, y Pedro les recuerda que han sido escogidos por Dios para la eternidad aun si sus vidas ahora mismo están llenas de pena y sufrimiento.

Los cristianos son el pueblo escogido de Dios. Recuerde que Pedro le escribió a un grupo mixto de creyentes, tanto judíos como gentiles. Pero él usa un lenguaje increíble acerca de la relación de Dios con ellos que pide prestado de la intimidad que Dios había tenido con Israel. Este es un eco fuerte de Isaías 43 donde Dios anunció que Él mismo es el salvador de Israel y declaró que salvaría a los israelitas de su cautividad babilónica. Dios dice: «te puse nombre, mío eres tú» (43.1).

Pero más que esto, el lenguaje que Pedro usó nos transporta a la historia de Israel en el tiempo del éxodo. Mejor dicho, este lenguaje nos transporta al tiempo en que Dios hizo un pacto con Israel, llamando a los israelitas su pueblo del pacto si continuamente le obedecían. En Éxodo 19.5–6 Moisés registró la promesa de Dios a Israel:

> Ahora, pues, si diereis oído a mi voz, y guardareis mi pacto, vosotros seréis mi especial tesoro sobre todos los pueblos; porque mía es toda la tierra. Y vosotros me seréis un reino de sacerdotes, y gente santa. Estas son las palabras que dirás a los hijos de Israel.

Pedro importó esta promesa y la aplicó a sus oyentes, recordándoles que estaban incluidos en el pueblo escogido de Dios. Como tal, eran una nación santa, ordenada para funcionar como un sacerdocio real mediante Dios en Cristo para las naciones.

Propiedad de Dios

No somos meramente sacerdotes y personas escogidas, también somos una «nación santa» (1 Pedro 2.9). La iglesia consiste en las personas santas de Dios que son levantadas como luces en este mundo. Los cristianos son ciudadanos de otro mundo, un mundo de justicia y santidad, y nuestro Rey nos llama a la obediencia y a la lealtad. Pablo motiva a los filipenses a esto cuando les recuerda que «nuestra ciudadanía está en los cielos, de donde también esperamos al Salvador, al Señor Jesucristo» (Filipenses 3.20).

Nuestra proclamación incluye un llamado a la santidad y expone el proceso de santificación. El vivir en santidad es la prueba exclusiva de las almas salvadas. Debemos ocuparnos de nuestra salvación con temor y temblor (Filipenses 3.12), buscando la semejanza a la imagen de Cristo para lo cual fuimos predestinados (Romanos 8.29). Debemos morir al pecado y vivir en la justicia. Este fue un propósito vívido para el sufrimiento de Jesús en la cruz (1 Pedro 2.24). Nuestro mensaje es simple: Dios nos ha concedido todo lo que necesitamos para la vida y la piedad (2 Pedro 1.3) y esta clase de vida naturalmente resulta en toda persona que le pertenece a Dios (1 Pedro 2.9).

¡Qué bella figura: Propiedad de Dios! Otra vez Pedro nos transporta de regreso al Antiguo Testamento, a la época de Oseas cuando Dios prometió: «Tendré misericordia de ella que no ha obtenido misericordia; y les diré a los que no fueron mi pueblo: Tú eres mi pueblo; y ellos dirán, tú eres mi Dios» (trad. libre de Oseas 2.23).

No deje de valorar lo precioso que es usted para Dios como un creyente en su Hijo. Ahora es un hijo de Dios. Si prescindiera de la posesión más preciosa para usted, Dios ciertamente proveería cualquier otra cosa que usted necesite como su hijo o su hija (Romanos 8.32). Dios no se avergüenza de ser llamado su Dios (Hebreos 11.16) y Jesús no se avergüenza de llamarnos hermanos y hermanas (Hebreos 2.11), todo porque somos su posesión. Esto es lo que necesitamos para predicarle a un mundo en busca de compañerismo y aceptación. ¿Qué mejor amigo hay que Jesús?

Vasos de misericordia

La disciplina es una parte de la mayoría de las familias. No es de sorprenderse que mis hijos a menudo requieran disciplina. Pero alguna vez, en lugar de administrarles justicia mediante la disciplina, les muestro misericordia. Ellos disfrutan de la misericordia más que de la disciplina, por eso, para cuando ven que la disciplina viene, usualmente imploran: «Por favor, papá, danos misericordia». En pequeña escala, este es un cuadro del grito de cada corazón ante un Dios santo. Las buenas nuevas de salvación son que, por Jesús, Dios muestra misericordia en lugar de justicia.

La misericordia es lo opuesto de la gracia. La gracia nos da lo que no merecemos, mientras la misericordia no nos da lo que merecemos. Todos los beneficios descritos arriba son solo hecho posibles por la misericordia que hemos recibido. Pedro empieza su carta bendiciendo a Dios por la misericordia que extiende a los pecadores (1 Pedro 1.3) y continúa haciendo referencia a la bondad del Señor usando esto como una invitación para venir a Jesús (1 Pedro 2.3).

Cuando Pablo decidió resaltar la misericordia de Dios, dijo que Dios era rico en misericordia (Efesios 2.4). Dios no fue mezquino cuando derramó a raudales misericordia a los que la necesitaban. De hecho, Pablo llamó a Dios «Padre de misericordias» (2 Corintios 1.3). Esta misericordia no se detiene en la salvación sino que continúa manifestándose a todo lo largo de nuestra vida cristiana. Esto es por lo que el escritor de Hebreos nos alienta a venir «confiadamente al trono de la gracia, para alcanzar misericordia y hallar gracia para el oportuno socorro» (4.16). Dios es un Dios de misericordias en tal medida que su lugar irradia misericordia. Y esta es la misericordia que proclamamos porque tiene un efecto radical sobre nuestras identidades.

Hay un cambio enorme de identidad en la persona que ha entregado su vida a Cristo. Nuestro destino cambia del infierno al cielo. Nuestra naturaleza cambia de hijos de ira a hijos de Dios. Nuestro propósito cambia de vivir para el ego a vivir para el Señor. Reconocemos que por pura misericordia hemos sido sacados de la oscuridad a su luz maravillosa. Fuimos arrebatados al pecado, Satanás y el infierno y colocados en un reino de paz, luz y justicia. Y estamos en camino hacia el cielo. Estas formas son tanto la motivación como el contenido de nuestra tarea evangelística. Les decimos a otros lo que Dios hizo en nuestras vidas. La misericordia de Dios se extiende a los individuos; es personal. Él me escogió; Él me santificó; Él me salvó. El evangelio es un mensaje personal porque la misericordia de Dios es personal. Y todo acerca de la cruz clama misericordia. Nos transforma en vasos redimidos de la misericordia de Dios.

El evangelio es una persona

Todo ello se reduce a una cosa: Nuestro mensaje es una persona. Proclamamos a una persona, no un dogma, una regla o ni tan siquiera una religión. Nuestro mensaje es una conversación que tiene un individuo en su corazón. Hablamos de Jesús. Alabamos a Jesús. Exaltamos a Jesús.

En Colosenses 1.28 Pablo resumió el propósito de su ministerio en esta declaración simple: «a quien anunciamos». Enfáticamente, él movió el pronombre personal a la primera parte de su profesión destacando la importancia de Jesús en su mensaje evangelístico. Si usted no proclama la belleza de Cristo en su presentación del evangelio se pierde el punto central del evangelio. El evangelio es sobre una persona y una relación con esa persona. Y rechazar el evangelio es rechazar a una persona (Mateo 7.21–23).

Cada vez que iniciamos una conversación evangelística, les pedimos a las personas «considerad al apóstol y sumo sacerdote de nuestra profesión, Cristo Jesús» (véase Hebreos 3.1). Cuando se comprende correctamente, esto simplifica la evangelización. No es un simplismo decir que la evangelización fiel no es nada más que explicar todo lo que es excelente acerca de quién es Jesús y lo que Él ha hecho por los que creen. El plan de salvación es la persona de Jesucristo. Debemos presentar a los pecadores al que murió para salvarles de sus pecados. La única esperanza que tenemos que ofrecer es el evangelio. Y Jesucristo es el evangelio.

6

Renuncia para ganar: Todas las cosas a todas las personas

John MacArthur

En la instrucción que Pablo da a los evangelizadores en 1 Corintios 9 los llama a prescindir de libertades por su testimonio ante el mundo. Mientras que el mantra de la contextualización llama a los cristianos a conformarse al mundo para que el evangelio pueda parecer pertinente, la evangelización real requiere separación disciplinada. Fundamentados en el amor, los cristianos deben renunciar a sus propios deseos con el objeto de ganar almas.

Mucho del adiestramiento moderno para la evangelización se enfoca equivocadamente en la técnica. Hay una tendencia hacia un evangelio reduccionista, como si el evangelio fuera poco más que un grupo pequeño de proposiciones básicas y como si la evangelización instigara a las personas a asentir que cualquiera de esas proposiciones sea aceptable. Se ofrecen clases, se escriben libros y se desarrollan cursos que consisten poco más que de métodos conversacionales y monólogos aprendidos de memoria. La noción subyacente es que una persona puede convertirse en un mejor evangelizador aprendiendo una cierta técnica o recordando una fórmula determinada.

Por supuesto, el abuso más obvio de este enfoque equivocado para la evangelización se ve en los que piensan que el evangelizador necesita vivir como la cultura para ganar la cultura. Esta es la peor clase de reduccionismo porque no solo asume demasiado del mensajero, sino que invariablemente parcializa el mensaje. Los que creen que la clave para la evangelización exitosa es la familiaridad con el mundo inevitablemente reducirán el mensaje o embrollarán su claridad para hacerlo más agradable para el mundo que están tratando de imitar.

Por el contrario, los evangelizadores en la Biblia eran contraculturales. Ellos no se volvían parte de la cultura; más bien, hicieron lo opuesto de lo que la cultura exigía. Está claro que Juan el Bautista es el ejemplo más sobresaliente de alguien radicalmente diferente, pero otros profetas ilustran esta tradición también. Vistieron diferente, a menudo comieron diferente, se comportaron de manera estrambótica y fueron absolutamente diferentes al mundo que les rodeaba. De hecho, el modelo en el Nuevo Testamento es que los cristianos deberían ser señalados por la santidad, la cual en todos los aspectos les haría diferentes de la cultura, no idénticos a ella (2 Corintios 6.7).

Pablo: El evangelizador modelo

El ejemplo estelar de un evangelizador en el Nuevo Testamento es el apóstol Pablo. La evangelización era el latir de su vida. Hacia el final de su ministerio, el evangelio había fundado iglesias gentiles a todo lo largo del Imperio Romano, y prácticamente cada convertido gentil podría llegar a rastrear el mensaje del evangelio hasta la predicación de Pablo. ¿Qué le hizo tan eficaz en predicarles a los perdidos? Hay por lo menos siete explicaciones para su eficacia.

El mensaje correcto

Pablo fue un evangelizador eficaz porque se mantuvo firme en el mensaje correcto. De hecho, 2 Timoteo 4.17 dice que el Señor fortaleció a Pablo para que en su evangelización el evangelio fuera plenamente proclamado. Pablo claramente se mantuvo firme en la verdad y no toleró ninguna variación del mensaje (2 Corintios 11.4; Gálatas 1.7). Una de las razones por las que las personas no son eficaces en la evangelización es porque no están seguras del contenido del evangelio.

Un motivo apremiante

Pablo sabía que en última instancia todo el mundo comparecería ante el tribunal de Cristo para dar cuenta de las cosas hechas en esta vida. Pablo entendía que las personas serían recompensadas según su fidelidad en sus vidas cristianas (2 Corintios 5.10). En otras palabras, en cuanto a él, sabía que sería responsable del registro de su vida y su servicio. Por esto dijo que el amor de Cristo le compelía a pasarse la vida buscando a los perdidos (2 Corintios 5.14). Advierta que inmediatamente después que describió este juicio de recompensas, escribió que a consecuencia de ese juicio él haría su meta de la vida persuadir a los hombres de la verdad acerca de Jesucristo (2 Corintios 5.11). Pablo estaba motivado a ser un evangelizador al entender que sería recompensado según cómo había vivido.

Un llamado divino

Pablo exclamó: «¡Ay de mí si no anunciare el evangelio!» (1 Corintios 9.16). Él sabía que Dios lo había llamado a proclamar el evangelio a otros y por esto, la necesidad recayó en él. Dios lo había comisionado para que llevara el evangelio a los gentiles. Pablo entonces tuvo un sentido del llamado divino a predicar el evangelio.

Una intrepidez ardiente

Cuando se auto examinó, Pablo llegó a una conclusión: «Porque no me avergüenzo del evangelio, porque es poder de Dios para salvación a todo aquel que cree» (Romanos 1.16). Esta tremenda intrepidez le permitió proclamar: «Porque para mí el vivir es Cristo, y el morir es ganancia» (Filipenses 1.21). Él tuvo confianza en su Salvador, y esta confianza produjo intrepidez en su trabajo evangelístico.

Un caminar en el Espíritu

Pablo dependió del poder y la dirección del Espíritu Santo. Él sabía lo que era ser continuamente lleno con el Espíritu (Efesios 5.18). Él experimentó la realidad de tener su mente llena del conocimiento de la voluntad de Dios (Colosenses 1.9). No hubo un patrón coherente de pecado impenitente en su vida que pudiera haber apagado o entristecido al Espíritu porque él se mantuvo sometido a la voluntad de Dios (1 Tesalonicenses 5.19). Debido a que caminaba en el Espíritu, experimentó el poder de Dios en su vida. Comenzando en Hechos 13.2 donde el Espíritu Santo dijo: «Apartadme a Bernabé y a Saulo para la obra a que los he llamado», toda su vida, hasta su final martirio, experimentó consistentemente el poder del Espíritu Santo.

Una estrategia deliberada

La estrategia de Pablo se puede ver en Hechos 18, donde describe su llegada a Corinto. Primero fue a la sinagoga porque era un judío y así sería aceptado. Durante su predicación allí, algunos se convirtieron a Cristo, lo cual le proporcionó un equipo de co-evangelizadores para alcanzar a la comunidad gentil. Él usó ese mismo patrón de ir a los judíos y luego a los gentiles de forma común y eficaz. Algunas personas piensan que ser dependiente del Espíritu significa no tener ninguna estrategia o plan. Pero Pablo enfocó su quehacer evangelístico de forma deliberada y estratégica.

Un deseo inquebrantable

Pablo vivió como si estuviera en deuda hacia todos los incrédulos; que les debía algo porque sabía lo que con urgencia necesitaban. Vio a los incrédulos como personas en un camino que conduce a la destrucción, y tenía el mensaje que podría cambiar su destino. Les debía, como mínimo, la proclamación de la salvación. Por eso, evangelizó como un hombre en deuda.

Estas siete explicaciones breves captan el alcance amplio de lo que hizo de Pablo un evangelizador eficaz. Pero detrás de estas razones está un principio de vital importancia que el apóstol enseñó a los corintios.

Este principio es el que gobernó su método. Decidió sacrificar cualquier cosa y todo en su vida si esto quería decir que podría ganar a más personas para Cristo. En resumen, Pablo estuvo dispuesto a renunciar a todo por alcanzar a los perdidos.

Primera Corintios 9 es un tipo de apologética por lo que Pablo estaba tan apasionado acerca de la evangelización. Aquí expresa sus intenciones evangelísticas en cuatro frases específicas. Se sacrificaría «para ganar a mayor número» (v. 19), «para ganar a los judíos; a los que están sujetos a la ley» (v. 20) y «para ganar a los débiles» (v. 22).

En medio de discipular a los cristianos, edificar iglesias y adiestrar líderes, en el corazón de todo estaba su meta de ver personas convertidas a Cristo. Y esta meta fue gobernada por el principio de sacrificar cualquier cosa en esta vida que estorbara el impacto del verdadero evangelio.

Este es el asunto de que Pablo se ocupó en 1 Corintios, donde explica que estaba dispuesto a hacer cualquier sacrificio que fuera necesario para alcanzar los distintos tipos de personas con el evangelio. Así, él escribe:

> Por lo cual, siendo libre de todos, me he hecho siervo de todos para ganar a mayor número. Me he hecho a los judíos como judío, para ganar a los judíos; a los que están sujetos a la ley (aunque yo no esté sujeto a la ley) como sujeto a la ley, para ganar a los que están sujetos a la ley; a los que están sin ley, como si yo estuviera sin ley (no estando yo sin ley de Dios, sino bajo la ley de Cristo), para ganar a los que están sin ley. Me he hecho débil a los débiles, para ganar a los débiles; a todos me he hecho de todo, para que de todos modos salve a algunos. (1 Corintios 9.19–22)

Estos versículos se usan a veces para defender un enfoque evangelístico que apela a los incrédulos a través de métodos moralmente dudosos. He escuchado a personas que lo usan para justificar el volverse igual al mundo para ver si las personas vienen a Cristo. Los líderes de música han dicho que su música necesita sonar como la música del mundo a fin de que puedan ganar a la gente del mundo. Los pastores han dicho que sus sermones necesitan usar ilustraciones de la cultura popular a fin de que el evangelio parezca pertinente para los que son de esa cultura. Y aun hay quienes usan este pasaje para justificar el adoptar la cosmovisión pagana de la cultura que tratan de alcanzar.

Irónicamente, estas prácticas son exactamente lo opuesto al principio que Pablo expone en 1 Corintios 9. Él creía que el amor limita nuestra libertad, no que la expande; que el fin no justifica los medios, como si los métodos carnales (o el abuso de las libertades cristianas) alguna vez deberían usarse para crear puntos de acuerdo con los incrédulos. Más bien, su punto era que él estaba dispuesto a restringir el uso de sus libertades cristianas si era necesario, para alcanzar a aquellos cuyas conciencias eran excesivamente estrictas (y, por consiguiente, más débiles que la suya). Como un comentarista observa, Pablo «se negó a dejar que sus libertades impidieran a otros seguir los caminos de Cristo».[1] Y haciendo así, «él evita volverse la antítesis y es cuidadoso de no transgredir los principios morales eternos de Dios».[2]

Tanto del contexto de este pasaje como de las otras enseñanzas del apóstol queda inequívocamente claro que Pablo nunca aprobaría el uso de la conducta carnal (1 Tesalonicenses 4.3–7), la imaginería (Filipenses 4.8), el humor (Efesios 5.3–5) o el discurso (Colosenses 3.8; Tito 2.6–8) para tender puentes para alcanzar a los perdidos. Junto con los otros escritores del Nuevo Testamento (Santiago 1.27; 4.4; 2 Pedro 1.4; 2.20; 1 Juan 2.15–17), Pablo consecuentemente exhortó a sus oyentes a no aceptar la corrupción de la cultura, sino a que se separaran de ella (e.g., Romanos 8.13; 1 Corintios 6.9, 18; Gálatas 5.19–20; Colosenses 3.5; 2 Timoteo 2.22; Tito 2.12). Él apoyaba la negación propia, no la indulgencia propia.

En 1 Corintios 9.19 explica esto claramente: «Por lo cual, siendo libre de todos, me he hecho siervo de todos para ganar a mayor número». Él haría absolutamente cualquier sacrificio necesario para ganar a las personas para Cristo.

Los corintios se preguntaban si un cristiano tenía libertad para simplemente hacer cualquier cosa que sintiera que tenía libertad para hacerlo. Pablo les dijo que no. Ellos podían haber tenido la libertad para hacer algunas cosas debatibles, pero se arriesgaban a hacer tropezar a otros. Les dijo simplemente que un evangelizador debía limitar su libertad por su amor hacia los demás.

De hecho, 1 Corintios 9.19–22 es un ejemplo de cuanto Pablo sacrificó su libertad cristiana para alcanzar a los que no la habían experimentado. La mayor parte del capítulo muestra ejemplos específicos limitando su libertad. Él pudo haber tenido el derecho de casarse, pero se negó a hacerlo (1 Corintios 9.5). Él tenía el derecho de recibir salario de las iglesias, pero al contrario se mantuvo trabajando con sus manos para financiar su propio ministerio (1 Corintios 9.6–16). De hecho, en el capítulo 8 dice que un cristiano tiene libertad para comer carne ofrecida a los ídolos, pero que a menudo es sabio abstenerse de hacerlo (1 Corintios 8.4–5).

Pablo era libre de hacer cualquier cosa que quisiera, pero se hizo a sí mismo siervo de todos con el fin de ganarlos. En lo que se puede describir como sacrificio premeditado, decidió dejar a un lado su libertad para ganar a otros para Cristo. La lección no es volverse igual al mundo haciendo lo que ellos hacen, sino limitar su libertad para evitar desviar innecesariamente a las personas de seguir a Cristo.

Este enfoque de la evangelización no es popular porque invariablemente implica auto negación. Esto no sería un problema si se nos llamara a abstenernos de cosas que no deseamos de todas maneras. Pero en lugar de eso, Pablo en verdad les pide a los cristianos que limiten su libertad, ejerzan auto negación y estén dispuestos a renunciar a su libertad por el evangelio.

Pablo voluntariamente se hizo a sí mismo siervo de todos (ἐδούλωσα edoulōsa [v. 19]).[3] Esto puede parecer paradójico. Después de todo, si él era libre de «todos los hombres» ¿cómo podría ser un esclavo otra vez? Una ilustración de esta paradoja aparece en Éxodo 21.1–6 donde Moisés dio reglas con respecto a la esclavitud en Israel. Después de servir por seis años, un esclavo hebreo debía ser liberado por su amo y tenía el derecho de irse donde quisiera. Pero también tenía el derecho de regresar y decir: «No quiero ser libre. Le amo y mi servicio para usted no es un acto de obediencia sino un acto de amor. ¿Podría quedarme?» Si el esclavo se quedaba, el amo lo llevaba a uno de los postes de la puerta, pegaba su oreja contra él y con una lezna se la perforaba. Después de eso, el esclavo tenía una señal que mostraba a todos que él prestaba servicio por amor. En otras palabras, era esclavo por su propia voluntad, no por obligación. Había tenido su libertad pero había renunciado a ella por el gozo de ser un esclavo de nuevo.

Del mismo modo, los cristianos tienen perforaciones espirituales en sus orejas. Tienen la libertad de vivir como les plazca, pero eligen convertirse en esclavos de los no salvos, con tal de que puedan ganar a algunos de ellos para Cristo. De nuevo, esto no quiere decir que van a vivir como los incrédulos, sino más bien que se refrenan de hacer cosas que son ofensivas para los incrédulos. Renuncian a la libertad para proteger el evangelio.

Este principio no es único de Pablo. Fue Jesús quien enseñó: «El que de vosotros quiera ser el primero, será siervo de todos» (Marcos 10.44). Y eso es, precisamente, lo que era Jesús, como dice en el siguiente versículo: «Porque el Hijo del Hombre no vino para ser servido, sino para servir, y para dar su vida en rescate por muchos» (v. 45). Pablo aplicó este principio a su propia vida y se hizo a sí mismo un esclavo de todas las personas con quienes estuvo en contacto.

¿Pero por qué haría esto? Él vivió así a fin de conquistar a más personas para Cristo. Escribió:

> Acuérdate de Jesucristo, del linaje de David, resucitado de los muertos conforme a mi evangelio, en el cual sufro penalidades, hasta prisiones a modo de malhechor; mas la palabra de Dios no está presa. Por tanto, todo lo soporto por amor de los escogidos, para que ellos también obtengan la salvación que es en Cristo Jesús con gloria eterna. (2 Timoteo 2.8–10)

Pablo regularmente se convirtió en un prisionero haciendo sacrificios que pudieran darle una oportunidad para evangelizar.

Empezando en el versículo 20 de 1 Corintios 9, da algunas ilustraciones prácticas de esta actitud y cómo se aplican a la evangelización. Les recuerda que él se adaptó a las costumbres de los judíos para ganar a los judíos. Cualquier cosa que su ley ceremonial dictaba, él la hacía. Si era importante para ellos tener una cierta comida de un cierto modo, él la hacía. Si era importante para ellos celebrar un cierto día de un cierto modo, él hacía eso también. Si era importante para ellos seguir una cierta costumbre, él hacía eso también. ¿Por qué? A fin de tener la oportunidad de evangelizarlos.

No decía que los cristianos debían ganar a las personas para Cristo acomodándose a la falsa religión de ellas, sino que decía que se gana el derecho a hablar la verdad renunciando a libertades para evitar ofender en asuntos de costumbres y tradiciones. Si un cristiano innecesariamente ofende a alguien, puede perder el derecho a que se le escuche.

Renuncia para ganar en Hechos 15

Según Hechos 15, este principio en verdad no se originó con Pablo sino con los apóstoles. El Concilio de Jerusalén se reunió para intentar determinar qué deberían hacer con los convertidos gentiles. Había algunos nuevos convertidos que todavía sustentaban la tradición judía y querían que los creyentes gentiles se volvieran judíos en la manera en que vivían. Cuando el Concilio de Jerusalén consideró el asunto, decidió no exigir a los gentiles que se había vuelto a Dios a que vivieran de acuerdo con las reglas judías (Hechos 15.19).

Estos gentiles eran ahora salvos. Se habían vuelto a Dios y habían recibido al Espíritu Santo. Por consiguiente, no quedaba nada más que lograr mediante ritos. Pero los apóstoles procedieron a decir: «que se les escriba que se aparten» de cosas que ofenderían a los judíos (Hechos 15.20). Este es un punto sutil pero con implicaciones profundas. La manera en que los creyentes gentiles aplicaron este principio no fue participando de ciertas ceremonias, sino en lugar de eso, absteniéndose de ciertas libertades. No debían vivir como judíos para ganar a los judíos. Debían renunciar a lo que ofendiera a los judíos para ganar a los judíos. Debían limitar su libertad por el evangelio. Esto es renunciar para ganar.

Ante todo, debían abstenerse de las contaminaciones de ídolos (Hechos 15.20). Eso quería decir que debían mantenerse alejados de la carne ofrecida a ídolos. Esta carne no era solo un obstáculo para los gentiles sino que era también ofensivo para los judíos (1 Corintios 8.4–7). Este es un ejemplo obvio de una libertad, porque «un ídolo nada es» (v. 4) así que comer alimento ofrecido al ídolo es, por separado, un acto completamente indiferente (1 Corintios 8.4, 7). Pero los apóstoles les pidieron a los creyentes gentiles que renunciaran a esa libertad porque los judíos despreciaban la idolatría pagana y creían que comer carne sacrificada a tales ídolos era notoriamente malo. Así que la meta era evitar ofender tanto a los creyentes gentiles nuevos como a los judíos no creyentes.

En segundo lugar, debían apartarse de la fornicación. La mayoría pensaría que esto cae por su propio peso, pero en este contexto fornicación tiene un significado más amplio. Se refiere a cualquier clase de pecado sexual y el culto pagano gentil estaba usualmente relacionado a pecados sexuales. Los apóstoles querían que los creyentes gentiles no tuvieran nada que ver con las ofrendas idólatras o con el culto gentil donde estos pecados tenían lugar.

El Concilio de Jerusalén también aconsejó a estos cristianos gentiles que se apartaran de carne de animales que habían sido estrangulados. Los gentiles a menudo mataban a sus animales de esta forma, mientras que los judíos mataban sus animales cortándoles el cuello, porque la ley judía prohibía comer animales en los que la sangre no había escurrido.

Finalmente, por amor a los judíos debían apartarse de sangre. Esto sería la más difícil de todas las peticiones porque muchas ceremonias gentiles incluían el tomar sangre. ¿Por qué colocaron ahora estas restricciones sobre estos cristianos? La razón es: «Porque Moisés desde tiempos antiguos tiene en cada ciudad quien lo predique» (Hechos 15.21). En otras palabras, había comunidades fuertes judías en estas ciudades gentiles. Si los judíos veían a los cristianos haciendo cosas que eran profundamente ofensivas para ellos (aunque no lo fueran para los gentiles), habrían confirmado en sus mentes que el cristianismo no era para los judíos. Esto les costaría a los gentiles nada aparte de la preferencia a abstenerse de estas libertades, pero si insistían en ejercer esas libertades los judíos rechazarían escuchar sus esfuerzos evangelísticos. Debían evitar estas libertades a fin de no hacer nada que desviara una oportunidad para que escucharan el evangelio.

Renuncia para ganar en 1 Corintios 9

Quizá Pablo aprendió la lección acerca de renunciar a sus libertades por amor del evangelio desde el Concilio de Jerusalén en Hechos 15. Sin tener en cuenta dónde lo aprendió, él vivió de acuerdo con eso y quería que los corintios hicieran lo mismo. En 1 Corintios 9 dijo que se había «hecho a los judíos como judío para ganar a los judíos» (v. 20). En otras palabras, cuando estaba con personas bajo la ley (los judíos), si bien él ya no estaba bajo la ley, se puso a sí mismo bajo algunas de sus costumbres.

Pablo no estaba comprometiendo la verdad. Mantenía ciertas cosas que eran ceremoniales en naturaleza, indiferentes para Dios de la misma forma que la carne ofrecida a los ídolos era indiferente. Él hizo esto para lograr entrar en los corazones y las mentes de los judíos a fin de poder llevarles el evangelio.

Un ejemplo de este tipo de cosa sería el sábado judío. Pablo escribió:

> Uno hace diferencia entre día y día; otro juzga iguales todos los días. Cada uno esté plenamente convencido en su propia mente. El que hace caso del día, lo hace para el Señor; y el que no hace caso del día, para el Señor no lo hace. El que come, para el Señor come, porque da gracias a Dios; y el que no come, para el Señor no come, y da gracias a Dios. (Romanos 14.5–6)

Algunos pensaban que las leyes dietéticas judías eran importantes y otros no. Algunos pensaban que el sábado judío todavía debía ser guardado y otros no.[4] El punto de vista de Pablo era que en última instancia eso no debería ser un problema. No es un asunto de correcto o incorrecto, y si un cristiano podía acomodarse a la preferencia de otros para lograr que escucharan el evangelio, entonces Pablo diría que el amor triunfa sobre la libertad.

Esta limitación de la libertad no era solo por amor de los judíos. Hay también casos donde por amor a los gentiles Pablo se abstenía de la libertad que tenía en Cristo. Él escribió: «a los que están sin ley, como si yo estuviera sin ley (no estando yo sin ley de Dios, sino bajo la ley de Cristo), para ganar a los que están sin ley» (1 Corintios 9.21). Cuando Pablo estaba con los gentiles prefería no hacer cosas que ofendieran a los gentiles. Probablemente evitó algunas observancias judías que de otra manera normalmente habría practicado. Por ejemplo, cuando estaba en Jerusalén él seguía las costumbres judías, pero cuando fue a Antioquía, comió con los gentiles y comió a la manera en que lo hacían los gentiles (Gálatas 2.1–14).

Hay un tercer grupo que también requiere limitación de la libertad: «Me he hecho débil a los débiles, para ganar a los débiles» (1 Corintios 9.22a). Débiles eran cristianos súper escrupulosos e inmaduros en su fe. Eran cristianos recién nacidos que no comprendían su libertad en Cristo. Por ejemplo, en la comunidad judía había cristianos nuevos que todavía querían guardar el sábado, continuar yendo al templo, mantener alguna relación con los rabinos y seguir celebrando ciertas fiestas en el hogar. De hecho, aun no habían comprendido sus libertades. Entre los gentiles habría los que fueron salvos de la idolatría que no querrían tener nada que ver con la carne ofrecida a los ídolos ni con las actividades en su comunidad que en alguna manera estaban relacionadas con los dioses paganos.

Estos nuevos creyentes fácilmente se desarrollaron en un grupo de cristianos ultra sensitivos que se volvieron legalistas. Cuando Pablo estaba con ellos se volvía como ellos, no se volvía legalista, sino que dejaba a un lado sus libertades para evitar cualquiera contienda innecesaria. Era sensible a las personas susceptibles, a fin de poder ganar al débil para finalmente fortalecerlo en su posición en Cristo.

Así que para el judío, Pablo era como un judío y para el gentil, actuaba como un gentil. Para el hermano débil, era como un hermano débil. Hizo todo esto porque «a todos me he hecho de todo, para que de todos modos salve a algunos» (1 Corintios 9.22). ¿Pero estaba Pablo simplemente entrando en compromisos? No, porque hay una gran diferencia entre comprometerse y limitar la libertad. La diferencia aquí está entre lo que es optativo y lo que no lo es. Limitar una libertad es encontrar a alguien a su propio nivel y dejar a un lado una acción que es optativa de comenzar. Comprometerse es dejar a un lado la verdad o aceptar falsas enseñanzas.

Pablo no fue un hombre complaciente (Gálatas 1.10). Él no alteró el mensaje para hacerlo más aceptable. Si una persona a la que Pablo estaba evangelizando se sentía ofendida por la cruz o por las verdades de las Escrituras, eso no era una preocupación para él. Pero si una persona se ofendía por algún comportamiento de un cristiano (especialmente algo que no era necesario tener), entonces eso era un problema para Pablo. Por esto el evangelizador fiel sigue el modelo de Pablo y renuncia a la libertad para ganar a los oyentes.

Es necesario observar que el principio de Pablo de renunciar para ganar se aplica a las situaciones culturales y no a las verdades proposicionales. Él actuaría de una manera entre judíos, de otra entre gentiles y aun de otra entre creyentes débiles. Esto no era hipocresía, porque sus motivos provenían de un corazón amoroso y puro. También no era descuido, ya que estos cambios no eran en relación a verdades bíblicas sino a asuntos culturales.

¿Debería el auditorio afectar el mensaje?

La pregunta es con respecto a cómo debería la cultura afectar el mensaje. ¿Debería alterar el evangelizador su mensaje según a qué grupo le habla? Aunque hacemos todo el esfuerzo por presentar el mensaje con excelencia y eficacia al mundo que nos rodea, debemos tener el cuidado de hacerlo de tal forma que soporte tanto la verdad del evangelio bíblico como los límites bíblicos de conveniencia moral. «La relevancia» no es excusa para diluir el evangelio en un intento por alcanzar a los que no asisten a la iglesia. Ni es «la contextualización» una justificación válida para condonar una conducta o hablar pecaminosos para identificarse con ciertas culturas o subculturas. Aun en algunos círculos reformados,[5] se ha puesto de moda ostentar libertades cristianas, enfatizar humor vulgar y presentar temas sexuales, todo esto en nombre de alcanzar a los perdidos.

Tal disposición es tan espiritualmente peligrosa como es finalmente ineficaz. Nunca deberíamos doblegarnos a tentar a las personas a pecar, sin importar la cultura o el contexto. Diluir o distorsionar el evangelio es predicar otro evangelio completamente diferente (Gálatas 1.6–8). Usar métodos carnales para alcanzar a los perdidos es contraproducente, causando vituperio al nombre puro del Salvador que proclamamos (cp. 2 Corintios 10.3–5; 1 Timoteo 3.7; 4.12; Tito 2.8). La evangelización cristiana no es asunto de astucia (1 Corintios 1.17), sino de fidelidad al exponer a la cultura que nos rodea la verdad invariable de Cristo (Efesios 5.6–14). La orden a «sed santos» se aplica a todos los esfuerzos evangelísticos (1 Pedro 1.15).

¿Cómo entonces debería el auditorio afectar nuestro mensaje? El ejemplo del apóstol Pablo es en particular instructivo a este respecto. Dos de los más grandes sermones de Pablo fueron apologéticos en su naturaleza. En uno, a los filósofos gentiles en el Areópago en Hechos 17, Pablo comienza por señalar la creación (vv. 22–29). En el otro, al rey Agripa en Hechos 26, un hombre familiarizado con la fe judía, comienza con las promesas del Antiguo Testamento (vv. 7–8) y su testimonio personal (vv. 8–23). Aunque sus puntos de partida fueron diferentes para estas dos audiencias, la esencia del mensaje de Pablo fue idéntica. En ambas instancias, él rápidamente efectuó una transición para hablar de Cristo (17.31; 26.15), la resurrección (17.31; 26.23) y la necesidad del género humano de arrepentirse (17.30; 26.20). Aunque el contexto del apóstol cambió, su mensaje del evangelio no. También podríamos señalar que Pablo no usó arte dramático barato para establecer puntos de acuerdo con su auditorio. Ni recurrió a un comportamiento escandaloso para ganar atención. En lugar de eso, clara, exacta y respetuosamente explicó la verdad en forma apropiada para cada uno de ellos. Ninguna otra «contextualización» fue necesaria.

El papel del auto control

La clase de negación propia que Pablo ilustró para el evangelizador siempre implicará auto control. Él explica que si va realmente a limitar su libertad, se requerirá de disciplina. El evangelizador tendrá que privarse de algunas libertades que de otra manera no querría prescindir y vivir una vida que va a estar circunscrita a los deseos de otros. Esto no es fácil por lo que Pablo usa una metáfora atlética para ilustrar este punto: «¿No sabéis que los que corren en el estadio, todos a la verdad corren, pero uno solo se lleva el premio? Corred de tal manera que lo obtengáis» (1 Corintios 9.24) les dice.

A los corintios les sería familiar esta ilustración. Ya desde los días de Alejandro el Grande, el atletismo había dominado la sociedad griega. Dos de las competencias atléticas más famosas eran los Juegos Olímpicos y los Juegos Ístmicos, que se celebraban en Corinto un año sí y otro no. Los corintios entendían que los que competían en esos juegos corrían para ganar. Para llegar a las finales, los concursantes en los Juegos Ístmicos tenía que probar su entrenamiento extensivo y durante los últimos treinta días antes del evento todos tenían que venir a la ciudad y entrenar diariamente en el gimnasio.[6] Solo cuando todas esas condiciones se cumplían era que se les permitía correr. Cuando corrían y terminaban, estos atletas eran inmortalizados. El honor más alto y la alabanza se le daba al que ganaba esos juegos.

El punto de Pablo es que un atleta tiene la libertad para comer postre, pero lo deja a un lado cuando se entrena. No es que necesariamente estuviera mal comer postre antes de correr, sino que no sería inteligente hacerlo. Un cristiano tenía el derecho de comer comida ofrecida a ídolos, pero no la comería con tal de ganar a los judíos o a los creyentes más débiles.

Los corintios estaban tan ocupados clamando por sus derechos que comenzaron a perder el premio. En lugar de obtener la meta, que era ganar almas, estaban corriendo la carrera mientras se aferraban a sus derechos, y como consecuencia estaban corriendo el peligro de ser descalificados. Dañaban su testimonio y alienaban su campo misionero por las libertades que eran insignificantes.

Esto no menosprecia los sacrificios que los evangelizadores están obligados a hacer. Porque la meta es digna, el sacrificio requerido es inmenso. La evangelización no es el único a este respecto. Sin disciplina y negación propia acorde con la grandeza de la meta el éxito es imposible académica, espiritual o atléticamente. El punto de Pablo es que las personas no pueden tener éxito en cualquier cosa a menos que paguen el precio, y la meta de la evangelización vale ciertamente ese sacrificio.

Deberíamos poder quitar cualquier cosa en nuestra vida que estorba alcanzar a las personas con el evangelio. Los atletas se niegan muchos placeres legales para competir y lo hacen por un premio perecedero (1 Corintios 9.25). ¡Cuánto más dignos son los sacrificios que los cristianos hacen por ganar a otros para Jesús!

Una vez que usted entiende que su vida estará llena de sacrificios por la evangelización, entonces su meta será clarificada y su determinación intensificada. Esto produce confianza y claridad. Por eso, Pablo declara: «no como a la ventura» (1 Corintios 9.26). Un individuo sin meta realmente no está corriendo y esta indeterminación no requiere esfuerzo. Pero el cristiano maduro conoce su meta y corre con confianza y claridad.

Los atletas tienen fortaleza mental y disciplina física. Están al mando de sus deseos y desean ganar. Pablo evangelizó de forma similar. Él sabía cuál era su meta y estaba dispuesto a hacer los sacrificios para lograrla, así que subordinó su cuerpo a las disciplinas espirituales. Las lujurias mundanas, la pasión, la carne, cualquier cosa que la batalla espiritual podría hacer para despojarle de la corona, atenuó esos deseos a fin de poder ser esclavo de los no salvos.

¿Por qué debería alguien someter su cuerpo y voluntad a tan estricta disciplina? La respuesta de Pablo es esta: «no sea que habiendo sido heraldo para otros, yo mismo venga a ser eliminado» (1 Corintios 9.27). Esta es una metáfora directa de los Juegos Ístmicos. Cuando estos juegos comenzaban, un heraldo salía y hacía sonar una trompeta para captar la atención de todos. Luego anunciaba el evento, presentaba a los concursantes y definía las reglas. Un atleta que violara cualquiera de esas reglas era inmediatamente descalificado.[7] En esta analogía, Pablo es el heraldo que propaga el evangelio a otros. ¡Qué humillante sería si el heraldo era descalificado! Pablo temía que pudiera descalificarse a sí mismo al negarse a renunciar a libertades por alcanzar a otros.

Hay una tendencia moderna a usar 1 Corintios 9 para justificar indulgencias culturales escandalosas en nombre de «a todos me he hecho de todo» (véase v. 22). Como ya se ha dicho, esto no puede estar más lejos del punto de vista de Pablo. Él describió a los evangelizadores como los que están dispuestos a renunciar a libertades, no haciendo uso de ellas. Los atletas no comen perros calientes como sus admiradores, y los cristianos no acceden a la carne para ser como el mundo. Ejercitan control propio por su testimonio del evangelio.

Tristemente, hay muchos en el servicio cristiano que comenzaron sirviendo al Señor pero han fallado doblegándose a la carne y han sido descalificados. Los corintios temerarios e indisciplinados pensaban que podrían acceder a sus libertades por completo, mientras el apóstol devoto estaba enfrascado en llevar una vida de auto negación y auto control para poder llegar con el evangelio a los corazones de otros. Pablo los corrigió, llamándolos a olvidarse de su libertad por amor, por amor a otros. Este es un modelo de cómo debemos vivir.

Los evangelizadores eficaces no aparecen accidentalmente. Son los que han hecho los sacrificios para ser usados por Dios.

7

La evangelización en manos de pecadores: Lecciones del libro de Hechos

John MacArthur

El libro de Hechos no solo muestra el nacimiento de la iglesia sino que también describe la evangelización de la iglesia primitiva. En contra de la noción moderna que la iglesia debería procurar hacer que los incrédulos se sientan confortables, la iglesia en los Hechos enfatizó la pureza. La amenaza más grande al evangelismo en la iglesia primitiva no fue la persecución sino la tolerancia del pecado. Aunque el primer pecado que se registra en la iglesia (la hipocresía de Ananías) puede asustar temporalmente a los incrédulos, el Señor lo usó para que la iglesia volviera a su enfoque correcto: El alcance mediante un testimonio de santidad, incitado por la persecución.

El Nuevo Testamento presenta una perogrullada simple: Los que aman a Jesucristo se preocupan por la evangelización. Los cristianos son llamados continuamente a comunicar el evangelio al mundo. Cuando Jesús ascendió al cielo, dejó a sus discípulos en Jerusalén. Su obra salvadora en la cruz estaba completa y el castigo por el pecado estaba pagado. Pero todavía había trabajo por hacer y los discípulos quedaron sobre la tierra para hacerlo. Jesús comisionó a sus seguidores a que fueran por todo el mundo y predicaran el evangelio a toda criatura, y que fueran sus testigos no solo en Jerusalén sino que también en lo más apartado de la tierra.

Habría mucha oposición. Los líderes judíos, frustrados por la resurrección de Jesús, iban no obstante a oponerse al cristianismo. Los apóstoles estaban encarcelados, Esteban y Jacobo habían sido martirizados y los que se convertían serían desterrados. Más allá de esto, los gentiles trataban el mensaje como necedad y los cristianos estaban encontrándose relegados a una sociedad de segunda categoría.

Pero ninguno de esos obstáculos detuvo la evangelización. Al contrario, mientras más oposición había, más avanzaba el evangelio. Sin embargo, había y hay hoy un peligro lo bastante potente como para en verdad reducir la evangelización: el pecado tolerado dentro de la iglesia.

El libro de Hechos describe una de las revoluciones culturales más notables en la historia. Jesús dejó a sus seguidores desconcertados y confundidos mirando al cielo. Les dio lo que solo podría verse como una tarea imposible: llevar las noticias de su muerte y resurrección al mundo entero. Y hacia fines de los Hechos, ese grupo inicial se había transformado y expandido. Iglesias se habían establecido en Etiopía, Roma, Asia y en muchas partes en estos lugares. Hacia finales de Hechos 2 la iglesia se reunía en el Pórtico de Salomón, fuera del templo. El centro de oposición a Cristo se convirtió en un lugar de reunión para miles de cristianos.

Por esto ningún libro en las Escrituras ilustra el poder de la evangelización tan claramente como los Hechos. Cuando el Espíritu Santo inauguró la iglesia y le dio poder a los discípulos, sus miembros se transformaron en convincentes predicadores, evangelizadores y aun mártires. Mientras daban sus vidas por la nueva iglesia, esta crecía y alcanzaba éxito. Al final de Hechos 1, los seguidores de Jesús eran 120. Pero para finales de Hechos 2, la iglesia añadió 3.000 convertidos en un día, y su crecimiento acababa de comenzar. Todos los días se salvaban más personas (Hechos 2.47).

La primera oposición a este crecimiento vino de fuera. Los líderes judíos no miraban con buenos ojos a los cristianos. Después de todo, habían tomado medidas extraordinarias para eliminar a Jesús y sus enseñanzas, y ahora las reuniones públicas de la iglesia proveían clara prueba que sus esfuerzos habían fracasado. Tomaron represalias arrestando y golpeando a algunos de los apóstoles con la esperanza de silenciarlos. Pero a pesar de sus ataques, la iglesia se mantuvo creciendo. Más que todo, la persecución de fuera causó que el testimonio de los apóstoles fuera más poderoso y terminó promocionando la evangelización en vez de aplastarla.

El poder del pecado para detener la evangelización

Si la persecución de fuera hacia la iglesia propulsó la evangelización, Hechos 5 describe el efecto opuesto: El pecado dentro de la iglesia tenía el poder de destruir la evangelización. El liderazgo de la iglesia había resistido los arrestos, palizas y prohibiciones, ninguno de los cuales desaceleró el movimiento. Pero en el momento en que el pecado entró en la iglesia, el Señor fijó su atención en la realidad de que el peligro más grande no estaba en la persecución externa, sino en la iniquidad interna.

La historia de Ananías y Safira (Hechos 5.1–11) es tanto conocida como trágica. Los detalles son directos: Un esposo y su esposa vendieron su tierra con el propósito de darle los ingresos a la iglesia para ayudar a los pobres en la congregación. Se comprometieron públicamente a darle todo el dinero a los apóstoles e hicieron ese compromiso voluntariamente, sin ningún tipo de presión. Sin embargo, cuando la venta ocurrió, se guardaron la mitad del total recibido. Delante de la iglesia, colocaron el dinero a los pies de los apóstoles en forma dramática, mientras públicamente dieron fe de que estaban entregando todo. Era orgullo mentiroso envuelto en humildad pecaminosa y egoísta. Por primera vez, el enfoque de la iglesia se desviaba de la evangelización exterior a la hipocresía interior.

A pesar de la naturaleza pecaminosa de esta transacción, en verdad todo iba bastante bien. La iglesia era compasiva y los cristianos demostraban el amor de Cristo encargándose unos de otros. Este sacrificio desinteresado era preparatorio para la evangelización. Además de amarse los creyentes sabían que no podrían esperar tener un testimonio eficaz de Cristo para los que tenían necesidad fuera de la iglesia si ignoraban a los que tenían necesidad dentro de ella.

Así, la iglesia primitiva tenía por costumbre compartir su riqueza como una manera de responsabilizarse con las necesidades de sus miembros. El resultado fue que «la multitud de los que habían creído era de un corazón y un alma; y ninguno decía ser suyo propio nada de lo que poseía, sino que tenían todas las cosas en común» (Hechos 4.32). Esto fue ilustrado vívidamente por el sacrificio de José, quien vendió su propiedad y públicamente le dio el dinero a la iglesia, a fin de que pudiera usarse para aliviar las necesidades de otros cristianos (Hechos 4.36–37). Por esta generosidad, era que «con gran poder los apóstoles daban testimonio de la resurrección del Señor Jesús» (Hechos 4.33). Los miembros de la iglesia eran generosos unos con otros y así su evangelismo era poderoso.

Fue en este contexto que Ananías vendió su propiedad y pretendió colocar todo el dinero a los pies de los apóstoles. Estaba emulando a José pero, a diferencia de éste, Ananías mintió y tomó una cierta cantidad de los ingresos para sí con el pleno conocimiento de su mujer. El pecado de ellos no fue que no le dieron todo a la iglesia. Dios nunca le ordenó a alguien que vendiera o diera todo lo de la venta. A Ananías no se le había mandado que diera algo. El pecado fue el engaño, arraigado en el orgullo. Él quería que las personas pensaran que lo había dado todo.

En pocas palabras, esto era hipocresía. Había un amor espontáneo en la iglesia primitiva y las personas meramente no ofrecían dinero para los gastos pequeños sino que daban los ingresos de la venta de sus casas y sus tierras. Gozo y devoción espiritual eran patentes en todos, y Ananías y Safira querían un poco de este prestigio. Queriendo sacar partido de la oportunidad de ser admirados, desfilaron delante de la iglesia, aparentando que daban todo lo que habían recibido por la venta de su casa.

Trataron de ganarse la reputación de bondadosos, sacrificados y generosos. Querían el aplauso por su sacrificio y quedarse con una cierta cantidad del dinero al mismo tiempo.

Ya que la persecución demoníacamente inspirada de la iglesia claramente había fallado (Hechos 3), Satanás tuvo que cambiar su plan. En vez de solo atacarla desde afuera, la asaltó desde adentro. La hipocresía se convirtió en el arma que escogió para corromper a la iglesia. Porque la iglesia crecía en gran parte debido a que los cristianos satisfacían las necesidades unos a otros, Satanás se dedicó a tergiversar ese comportamiento sacrificial.

Las acciones de Ananías son el primer pecado que aparece en la Biblia en la vida de la iglesia. El ataque demoníaco interno inicial a la iglesia de Jesucristo fue la hipocresía, el uso de la religión para inflar el orgullo personal en vez de para servir a la iglesia. No mucho ha cambiado en los pasados 2.000 años. Hasta el día de hoy esta es el arma principal de Satanás en contra del evangelio. Es la mejor forma de apagar la llama evangelizadora. Dios aborrece todo pecado, pero ningún pecado es tan horrible como el que trata de pintar el orgullo como si fuera belleza espiritual. Cuando tales personas se meten en la iglesia, la corrompen. Cuando entran al liderazgo de la iglesia, pueden llegar a matarla.

El pecado expuesto

Tal como esperaríamos de un Dios que aborrece el pecado, el engaño de la hipocresía de Ananías dio paso a la percepción espiritual del liderazgo de Pedro (Hechos 5.3). Pedro, quien solo pudo haber sabido lo que había detrás de las acciones de Ananías por revelación directa de Dios, le confrontó: «Ananías, ¿por qué llenó Satanás tu corazón para que mintieses al Espíritu Santo?» Pedro reconoció que Satanás estaba detrás de este pecado y también reconoció que un ataque contra la iglesia de Jesús era también un ataque al Espíritu Santo.

Dios públicamente confirmó la verdad de la acusación de Pedro al traer la muerte sobre Ananías. Es imposible exagerar lo conmovedor que esto debe de haber sido para la iglesia primitiva. Se movían de una victoria espiritual a otra; habían crecido de 120 en Hechos 1 a muchos miles en Hechos 5. El Señor los fortalecía en la persecución y bendecía su evangelización. Parecía que nada podría detener el crecimiento. Pero entonces Ananías cayó al piso y exhaló su último aliento delante de toda la congregación. Dios había conmocionado a la iglesia con la muerte de Ananías.

Lucas describe la consecuencia de este juicio con su forma comedida típica: «Y vino un gran temor sobre todos los que lo oyeron» (Hechos 5.5). El temor se extendió más allá de la congregación a los que estaban fuera de la iglesia y habían escuchado lo ocurrido. Si había algunas ilusiones acerca de la naturaleza de la iglesia cristiana, se deshicieron. La iglesia no iba a ser asunto de diversión y juegos, porque el Dios de la iglesia toma en serio el pecado. Esto no era exactamente lo que podría llamarse un ambiente amigable para el buscador, ni tampoco era un medio ambiente amigable para pecar. En la iglesia hay un verdadero «buscador»: el Señor que busca salvar, y Él no es amigable ante la presencia del pecado.

El mensaje que los cristianos le deberían enviar al mundo no es que la iglesia tolera el pecado y los pecadores, sino que Dios aborrece el pecado. Cuando el mundo entienda que Dios juzgará el pecado, las personas estarán preparadas para apreciar que Dios también ha provisto una manera para el perdón completo mediante su gracia. Ese es el mensaje del evangelio. El mundo necesita saber que el pecado mata, pero que Dios perdona.

Los judíos no practicaban el embalsamamiento, así que se llevaron a Ananías y rápidamente lo enterraron. Tres horas más tarde, su mujer vino sin sospechar lo que acababa de ocurrir (Hechos 5.7). Pedro le preguntó si ella y su marido habían vendido la tierra por el precio que su marido había dicho, y ella, quizá pensando que este era el momento para ser alabada por su generosidad, contestó: «Sí, en tanto» (v. 8).

«Pedro le dijo: ¿Por qué convinisteis en tentar al Espíritu del Señor? He aquí a la puerta los pies de los que han sepultado a tu marido, y te sacarán a ti» (v. 9). Inmediatamente ella cayó a sus pies y expiró. Los jóvenes entraron, la encontraron muerta y la sacaron y enterraron con su marido (Hechos 5.10).

Dios no juega a la iglesia. La muerte de Safira es una ilustración poderosa más de que Dios aborrece los pecados de sus santos, no importa cuán triviales pudieran parecer. Los pecados de los cristianos son el aspecto más atroz de la iglesia porque sutilmente dejan a Satanás destruir la credibilidad y ahogar la evangelización. Si alguien entra y enseña doctrina falsa, esto es fácil de tratar. Si alguien entra y descarta la realidad de la Trinidad o ataca a la persona de Jesucristo, es combatido con facilidad porque cualquiera de esos errores son reconocibles. Los engaños tortuosos que reinan en los corazones de las personas son los que se convierten en un cáncer invisible en la iglesia hasta que son expuestos y eliminados.

Porque el pecado quedó al descubierto, el Señor usó este acontecimiento para hacer volver el enfoque de la iglesia a su tarea de evangelismo. Después de los entierros, en la iglesia otra vez «estaban todos unánimes en el pórtico de Salomón» (Hechos 5.12). Esto es un contraste entre simplemente algunos momentos más temprano cuando el pecado causó desunión en la iglesia. Ananías y Safira le habían mentido al Espíritu Santo y habían contaminado el compañerismo, pero Dios purificó la iglesia sacando a los pecadores, a fin de que el testimonio de la iglesia fuera restaurado.

La evangelización de pureza

La evangelización eficaz es capacitada por una iglesia pura. Las personas podrían imaginarse que una iglesia que se ocupa del pecado seriamente ahuyentaría a las personas en lugar de atraerlas. Y hasta cierto punto esto es cierto. Lucas explica que a pesar de que los apóstoles realizaban señales y maravillas públicamente, «ninguno se atrevía a juntarse con ellos; mas el pueblo los alababa grandemente» (Hechos 5.13). Los creyentes se reunían y nadie de forma impulsiva se unía a ellos porque sabían que no se convertirían en cristianos a menos que estuvieran dispuestos a tener sus vidas al descubierto. El mundo sabía que las personas que no eran genuinas en la iglesia corrían el riesgo de ser muertas por Dios, así es que nadie se les unió a no ser que estuviera listo para esa clase de compromiso.

Una iglesia que se niega a ocuparse del pecado, como tantas iglesias hoy, se convierte en un caldo de cultivo tanto para creyentes pecaminosos como para falsos convertidos. Las personas hacen falsas profesiones de fe y aun se les permite vivir la mentira porque no hay nunca un desenmascaramiento de su pecado. Se me ha dicho muchas veces que una iglesia que practica la disciplina destruirá la evangelización o que predicar acerca de la santidad hará que las personas se vayan de ella. El mantra del movimiento buscador sensitivo es que los incrédulos deberían sentirse a gusto en la iglesia, de otra manera la evangelización sería infructuosa. Pero en la iglesia primitiva el público sabía del espectáculo de Ananías y Safira, y dos veces Lucas escribió: «Y vino gran temor sobre... todos los que oyeron estas cosas» (Hechos 5.5, 11). El mundo era consciente de que la iglesia se ocupaba del pecado, y las personas no se le unían a menos que fueran sinceras. Había una barrera de corto plazo para los que eran solo curiosos.

Esta renuencia, sin embargo, no reprimía la evangelización a largo plazo. La parte más conmovedora de toda esta historia es que aunque las muertes disciplinarias de Ananías y Safira previnieron a los pecadores a no unirse a la iglesia por razones equivocadas, el resultado final de todo el acontecimiento fue que «los que creían en el Señor aumentaban más, gran número así de hombres como de mujeres» (Hechos 5.14). El mundo supo que la iglesia era pura, el mundo supo que Dios se ocupaba del pecado, y el mundo supo que el pecado quedaba al descubierto y era juzgado. También supo que el evangelio ofrecía perdón del pecado. Como resultado de la pureza, la iglesia que toma en serio el pecado será eficaz en su testimonio al mundo.

Es que con la pureza viene el poder de Dios a ser usado para alcanzar a los perdidos. Después de que el pecado fue tratado, Lucas escribe que «por la mano de los apóstoles se hacían muchas señales y prodigios en el pueblo» (Hechos 5.12). Para confirmar su trabajo evangelístico realizaron milagros. Posteriormente Lucas explicó en detalle estas señales:

> Sacaban los enfermos a las calles, y los ponían en camas y lechos, para que al pasar Pedro, a lo menos su sombra cayese sobre alguno de ellos. Y aun de las ciudades vecinas muchos venían a Jerusalén, trayendo enfermos y atormentados de espíritus inmundos; y todos eran sanados. (Hechos 5.15–16)

La gente creyó en el poder del apóstol y fueron atraídas por la iglesia. Y esto ocurrió porque la pureza de la iglesia era consecuente con su mensaje. Dios se movía en la iglesia. Aunque los dones de sanidad y milagros que Pedro poseía no se realizan de igual modo en la iglesia hoy, el principio de que Dios bendice a una iglesia pura con poder evangelístico todavía permanece.[1] Dios todavía hace milagros a través de la iglesia pura, y el milagro más poderoso de todo es el nuevo nacimiento.

Evangelización, pureza y persecución

Inevitablemente, una iglesia pura activa en la evangelización se atraerá la ira del sistema mundial. Porque el gobernador de este mundo es Satanás (Juan 14.30), cualquiera que huye para refugiarse en Cristo se convierte en enemigo de Satanás, y recibirá oposición.

El mundo opera por principios de lujuria, pecado y rebelión, así que cuando una iglesia comienza a crecer desestabiliza este sistema. Cuando las personas se salvan, Satanás reacciona y comienza la persecución. Al mundo no le gusta cuando las iglesias causan problemas en la cultura. Por su testimonio de santidad, las iglesias puras enfrentan los pecados en su cultura. Irónicamente, la persecución da como resultado el crecimiento de la iglesia. Pero una iglesia que tolera el pecado menoscabará su propia función evangelizadora. Después de todo, ¿qué razones podría tener el mundo para perseguir a una iglesia que tolera el pecado que aquél ama?

Inmediatamente después de que el pecado de Ananías y Safira fue tratado, un avivamiento surgió en la iglesia de Jerusalén. El resultado de su pureza fue un incremento en el testimonio y el sistema del mundo respondió atacando a la iglesia. Lucas dice que cuando el evangelio avanzó, el sumo sacerdote y los saduceos «se llenaron de celos» (Hechos 5.17).

Los saduceos eran líderes religiosos que colaboraban con los ocupantes romanos para mantener la paz en Judea. Aunque eran una pequeña minoría entre los judíos, eran ricos e influyentes. Veían al cristianismo como una amenaza para su control. Miles y miles de personas estaban proclamando el nombre de Jesucristo, había milagros de sanidad y nadie podía negar que el poder de Dios estaba activo en la iglesia.

En respuesta, los saduceos se llenaron de ira, echaron mano de los líderes de la iglesia y los encarcelaron (Hechos 5.18). Pero Dios, como es típico, cambió en bien lo que Satanás deseaba para mal. Envió a un ángel que abrió «de noche las puertas de la cárcel» y los sacó (v. 19). El sentido del humor de Dios se ve en esta desafiante clase de milagro. Los saduceos tenían dos doctrinas teológicas que los caracterizaba. No creían en la resurrección ni en la existencia de los ángeles. Irónicamente, cuando arrestaron a los discípulos por predicar acerca de la resurrección, Dios utilizó a un ángel para liberarles.

De nuevo, Dios tomó la persecución dirigida hacia la iglesia pura y en verdad y la usó para promover la evangelización. El ángel dijo a los apóstoles: «Id, y puestos en pie en el templo, anunciad al pueblo todas las palabras de esta vida» (Hechos 5.20).

Jesús vino a este mundo para darles vida a las personas espiritualmente muertas (Juan 5.21; Romanos 4.17). Porque las personas están muertas en sus pecados, son esclavas de los principios de este mundo. El evangelio que los discípulos declaraban les mostró cómo obtener la libertad del pecado y heredar la vida eterna.

Por supuesto que los saduceos no descansaron, pero para cuando supieron de la fuga de la prisión, los apóstoles estaban ya de regreso en el templo predicando. Los saduceos llamaron a los apóstoles (otra vez) y les interrogaron. Pedro, sin intimidarse por la noche pasada en la prisión, dijo: «Es necesario obedecer a Dios antes que a los hombres» (Hechos 5.29). Asombrosamente, Pedro vio este segundo arresto en veinticuatro horas no como un contratiempo, sino como una oportunidad más para predicar el evangelio. Dijo a los líderes: «El Dios de nuestros padres levantó a Jesús, a quien vosotros matasteis colgándole en un madero. A éste, Dios ha exaltado con su diestra por Príncipe y Salvador, para dar a Israel arrepentimiento y perdón de pecados» (Hechos 5.30–31).

Observe lo que Pedro les dijo sobre la resurrección; el mismo tema que le acababan de prohibir que predicara.

Pedro no tomó lo que le dijeron como una respuesta cuando se trataba de la evangelización. Él no estaba intimidado por el rechazo del evangelio de los líderes judíos, sino que persistió en proclamar las buenas nuevas de Jesucristo. La persecución no produjo timidez sino persistencia. Él le propuso, dice Pedro, «dar a Israel arrepentimiento y perdón de pecados» (Hechos 5.31). A pesar de la persecución y las amenazas de palizas y encarcelamiento, Pedro y los apóstoles aun decían con confianza: «Nosotros somos testigos suyos de estas cosas» (Hechos 5.32).

El resultado de un testimonio puro

El testimonio de una iglesia pura, poderosa, perseguida y perseverante producirá convicción de pecado en los corazones de los incrédulos que escuchan. Esto no habría sido posible con Ananías y Safira como evangelizadores. Una persona que vive en pecado no puede llamar a otros con credibilidad para que huyan de la ira que vendrá y sean transformados por Jesucristo.

Pero en Hechos 5, después de haber tratado con el pecado de hipocresía, la iglesia experimentó crecimiento, persecución y más crecimiento. Lucas dice cómo los saduceos reaccionaron a la predicación del evangelio: «Se enfurecían y querían matarlos» (Hechos 5.33). El testimonio de Dios tendrá un efecto similar en las personas. Hebreos 4.12 dice: «Porque la palabra de Dios es viva y eficaz, y más cortante que toda espada de dos filos; y penetra hasta partir el alma y el espíritu, las coyunturas y los tuétanos, y discierne los pensamientos y las intenciones del corazón». Es una espada y les saca las entrañas a las personas. Condenó a los líderes judíos y ellos reaccionaron confabulándose para asesinar a los apóstoles.

Mientras que la evangelización de Pedro en el templo produjo convertidos, no consiguió lo mismo con los saduceos. La salvación no está garantizada, pero la convicción sí. Cuando el evangelio se proclama con claridad y está acompañado por el testimonio de una iglesia pura, entonces las personas serán confrontadas por la realidad del pecado en sus vidas. Esto es lo que significa la convicción. Las personas se darán cuenta de que aman el pecado y entonces se arrepentirán o continuarán en su pecado mientras suprimen su convicción. El evangelio es para algunos «olor de vida para vida» y para otros «olor de muerte para muerte» (2 Corintios 2.16). No toda convicción conduce a la salvación, pero la convicción es necesaria para la salvación. Y para producir cualquier convicción, el mensaje debe contar con el respaldo de un testimonio puro.

La convicción verdadera es mental, no simplemente emocional. Pedro no evangelizó contando historias que hacían llorar generando tristeza superficial y culpa temporal. Esta clase de convicción es vacía e inútil. En lugar de eso, predicó claramente acerca de un Cristo que fue enviado por Dios para perdonar pecados, un Cristo que la gente crucificó. Les dijo a los que evangelizaba que vivían en la rebelión contra Dios y les ofreció esa salvación si solo se arrepentían. En lugar de arrepentirse, a quienes Pedro habló se enfurecieron porque su pecado quedó al descubierto, mostrando que el mensaje del evangelio había producido convicción de pecado.

La narrativa entera de Ananías y Safira está entretejida con lecciones acerca de la evangelización. Una iglesia que tolera el pecado corrompe su propio testimonio y hace ineficaz la evangelización. Pero cuando el pecado es purgado, esto potencia a la iglesia para evangelizar con autoridad. La persecución seguirá pero esto ayudará a esparcir el mensaje del evangelio.

Aunque los apóstoles fueron golpeados, arrestados y apremiados a que no hablaran en el nombre de Jesús, ellos marcharon tanto con regocijo como siendo testigos (Hechos 5.41–42). Como Pablo en Gálatas 6.17, llevaban en sus cuerpos las marcas de Cristo. Los golpes habían sido significativos para Jesús. Estaban de pie en su lugar, tomando los golpes de Él.

Muchos cristianos que son veteranos de algunas escaramuzas evangelísticas buscan una licencia honrosa. Otros tratan de aumentar la evangelización diseñando una iglesia que haga al no creyente sentirse cómodo y bienvenido. Pero el patrón de la iglesia primitiva provee un modelo diferente. Sus miembros se amaban unos a otros sacrificialmente, pero se negaban a tolerar el pecado en la congregación y atrevidamente enfrentaban la persecución si era necesario por el bien del evangelio. Esa clase de iglesia continúa poniendo el mundo al revés (Hechos 17.6).

Sección 2

La evangelización desde el púlpito

8

Domingo en la mañana: El papel de la evangelización en el culto

Rick Holland

El deber principal de un predicador es invitar a las personas a creer en el evangelio. La verdad de que el género humano es pecaminoso y Dios es glorioso en su provisión de salvación debe de estar siempre presente en cualquier sermón centrado en la cruz. Como cristianos, les rogamos a las personas en nombre de Cristo que se reconcilien con Dios. El fracaso en hacer que las verdades del evangelio se apliquen al corazón del predicador eficazmente nulifica el evangelio que se predica.

En el aniversario de su conversión a Cristo, Carlos Wesley escribió su amado himno «Oh que tuviera lenguas mil». Este es uno de mis himnos favoritos por la riqueza de la verdad del evangelio que proclama. La segunda estrofa resuena: «Bendito mi Señor y Dios, hoy quiero yo anunciar, decir al mundo en derredor tu nombre sin igual».

Si los predicadores escucharan sus iPods antes de predicar de la misma forma que los atletas hacen para prepararse para sus competencias, este himno estaría en la lista de antes del sermón. Es un gran canto que pide la ayuda divina para proclamar el nombre de Dios por toda la tierra.

En sus cuatro estrofas, Wesley expresa su dependencia de Dios al buscar su poder para propagar el evangelio para la honra de Dios a quien no le conoce. Establecido o no por escrito, algo semejante debería ser parte de la declaración de misión de cada iglesia. Esto es la evangelización.

¿Qué papel juega la evangelización en un culto dominical? Pregúntele a la mayoría de los predicadores y probablemente contestarán: «Un gran papel». Sin embargo, el examen detallado de la praxis sermonística difícilmente refleje esa misma convicción. Para los comprometidos con la predicación expositiva, sobre todo si es consecutiva, hay un posible peligro en la predicación evangelística.

Alguien preocupado de la salvación de almas debería estarlo también por la predicación evangelística. No soy mucho de hablar acerca de sermones evangelísticos; es decir, sermones que son, de principio a fin, una explicación y apelación a los incrédulos a que se arrepientan y crean en el evangelio, sino más bien de predicar buscando siempre esa relación del pasaje o tema con el evangelio. Los predicadores ciertamente deberían predicar sermones evangelísticos. Pero quiero sugerir que toda predicación debería tener una nota evangelística en su melodía.

La historia de la iglesia nos da esta lección: Donde el evangelio era predicado, y predicado a menudo, las personas se convertían, las comunidades eran transformadas y las naciones se estremecían. El poder omnipotente de Dios radica en las buenas nuevas que Jesús es Señor y Salvador (Romanos 1.16; 1 Corintios 1.18, 24). Inversamente, encuentre los púlpitos en la historia que se desviaron del testimonio fiel del evangelio y encontrará iglesias que mueren y decadencia en la sociedad.

La evangelización es la responsabilidad y el privilegio de cada creyente. Sin embargo, los predicadores tienen una responsabilidad más alta para la misión evangelizadora. De hecho, siga la palabra *predicar* (κηρύσσω kēryssō) en el Nuevo Testamento y se dará cuenta que la mayoría de las veces se refiere a un acontecimiento de hablar en público con el objeto de evangelizar.[1] En realidad, lo que hemos llegado a conocer como predicación es más semejante a la descripción del Nuevo Testamento de enseñar y exhortar (1 Timoteo 4.13). Los predicadores fieles no solo son expositores de las Escrituras, sino también evangelizadores.

Ya que Dios ha dado a algunos dones especiales para la evangelización (Hechos 21.8; Efesios 4.11–13), es fácil que los predicadores piensen que la evangelización es para un especialista que ha recibido ese don. Sin embargo, Pablo le dio a Timoteo instrucciones: «haz obra de evangelista» (2 Timoteo 4.5). Esto es realmente diferente a decir: «Conviértete en un evangelizador dotado». El trabajo de evangelización no debería confundirse con el don de evangelizar.[2] Para el pastor, la evangelización es un mandato a obedecer, un trabajo que hacer, una responsabilidad que cumplir y un gozo para estar ocupado. La evangelización no solo debería ser una parte de los domingos, debería ser su parte esencial.

Evangelización y predicación

Cuando se entiende y se expone correctamente, la predicación no puede evitar ser evangelística en tono y naturaleza. La predicación cristiana es la proclamación de Jesucristo, e intrínsecamente le recuerda a las personas que Jesucristo es el único Salvador del pecado. Él es el que integra la evangelización con todo nuestro sermón. Predicar a Jesús es ser evangelístico y ser evangelístico es predicar a Jesús.

Pablo provee su descripción más definitiva de su propia predicación en 1 Corintios 2.1–5. El apóstol había sido criticado por su estilo de predicar y su lógica imprudente. Sus cinco versículos muestran que la persona de Jesucristo era la centralidad integrante de su proclamación:

> Así que, hermanos, cuando fui a vosotros para anunciaros el testimonio de Dios, no fui con excelencia de palabras o de sabiduría. Pues me propuse no saber entre vosotros cosa alguna sino a Jesucristo, y a éste crucificado. Y estuve entre vosotros con debilidad, y mucho temor y temblor; y ni mi palabra ni mi predicación fueron con palabras persuasivas de humana sabiduría, sino con demostración del Espíritu y de poder, para que vuestra fe no esté fundada en la sabiduría de los hombres, sino en el poder de Dios.

Esto no quiere decir que Pablo haya predicado solo sermones acerca de la vida y la crucifixión de Jesús, o que solo hayan sido exposiciones de uno de los cuatro Evangelios. Cualquier lectura de las cartas de Pablo muestra que predicaba y proveía instrucción sobre todo el espectro de la vida cristiana. Sin embargo, cada tema que consideró estaba enraizado en Cristo y la verdad del evangelio. D. A. Carson explica que Pablo «no podía hablar por mucho tiempo acerca del gozo cristiano, la ética cristiana, la comunión cristiana, la doctrina cristiana de Dios o cualquier otra cosa sin finalmente llevar el tema a la cruz».[3]

J. C. Ryle amplía la centralidad de Cristo más allá de Pablo a toda la Biblia:

> Invito a cada lector... a preguntarse frecuentemente lo que es la Biblia para él. ¿Es algo en lo que ha encontrado nada más que buenos preceptos morales y consejos sanos? ¿O es la Biblia en la cual Cristo es todo? Si no, le digo explícitamente que usted hasta ahora ha usado su Biblia muy poco. Usted es como un hombre que estudia el sistema solar y omite sus estudios del sol, lo cual es el centro de todo. ¡No es extraño que encuentre la Biblia un libro aburrido![4]

Aun más a propósito, John Jennings reta:

> Dejemos que Cristo sea el tema de nuestra predicación. Exhibamos la belleza y dignidad divina de su persona como «Dios manifestado en carne», desarrollemos su oficio mediador, la ocasión, el designio y la grandeza de su obra; recordémosles a nuestros oyentes de los detalles de su encarnación, vida, muerte, resurrección, ascensión e intercesión; expliquemos las características de Él como profeta, sacerdote y rey; como pastor, capitán, abogado y juez. Demostremos la suficiencia de su satisfacción, el tenor y excelencia del pacto confirmado con y por Él, nuestra justificación por su justicia, su adopción mediante nuestra relación con Él, la santificación por su Espíritu, nuestra unión con Él como nuestra cabeza y el salvoconducto por su providencia; [mostremos] cómo el perdón, la gracia y la gloria resultan en beneficio del

> elegido por medio de su garantía y sacrificio, y son dispensados por su mano. Declaremos y expliquemos sus leyes santísimas en su nombre, y enseñemos a las personas los deberes que Él ha mandado para Dios, nuestro vecino y para nosotros mismos, aligeremos a los santos del deber, incrementemos sus esperanzas, establezcamos y confortemos sus almas por las grandísimas y preciosas promesas del evangelio, las cuales son en Él «sí y amén».[5]

Jennings está en lo correcto. Jesús debe ser el tema de nuestra predicación. Hay suficiente valor en la persona de Jesús para colmar cada sermón de cada domingo de cada predicador para toda la eternidad.

Pero esto formula una pregunta con la cual cada predicador ha luchado: ¿Cómo destacar a Jesucristo si Él no aparece en el texto sobre el que predica? Obviamente, esto no es un problema si predica de uno de los cuatro Evangelios o de un texto cristológico. ¿Pero qué si el pasaje a predicar no tiene a Jesús ni las buenas nuevas de salvación como su tema?

Algunos solucionan este dilema por creativamente materializar a Jesús en tales textos. La híper tipología, alegoría, espiritualización y analogía se usan para dejar ver lo que Jesús es realmente si se busca con insistencia. Sí, las Escrituras hablan de Jesús (Lucas 24.27; Juan 5.39). Sí, Él es el foco y la meta de toda la Palabra escrita de Dios. Pero para interpretar cada versículo, párrafo y perícopa para que sea específicamente acerca de Cristo y el evangelio sumérjase en las aguas de la hermenéutica de Orígenes. Él vio estratos múltiples de significado más allá de la lectura simple de las Escrituras.[6] Y más a menudo, él enlazó todo a una relación alegórica con Jesús. Sin embargo, no cada pasaje es sobre Jesús. Encontrarle en lugares donde Él no está en la mente del autor hace caso omiso del intento autoritativo tanto del autor humano como del Autor divino.

¿Así que cómo deberíamos predicar a Jesús a partir de textos donde no se hace referencia directa a Él? Simplemente, Jesús debería estar en cada sermón aunque Él no esté en cada texto. Hay una diferencia tremenda en efectuar una transición de un texto hacia la verdad del evangelio y encontrar el evangelio en un texto donde no hay una referencia explícita. Muchos conocen la cita famosa de C. H. Spurgeon: «Tomo mi texto y hago una línea directa a la cruz».[7] Estoy en completo acuerdo en esto con el Príncipe de los predicadores. Encontrar una ruta al evangelio del texto de la predicación es muy diferente de jugar a encontrar el evangelio en un texto que no lo contiene. Las buenas nuevas que Dios ha provisto a un Salvador deberían ser una centralidad integrante en nuestros sermones sin manipular indebidamente la intención del autor en el pasaje dado.

Hay enfoques diferentes para asociar un sermón con el evangelio dependiendo del texto. Por ejemplo, algunos textos tienen temas que con bastante claridad conducen al evangelio, pero que un laico podría dejar de ver. Por ejemplo, en 1 Samuel 14 Jonatán es sentenciado a muerte por quebrantar una de las órdenes de Saúl. Sin embargo, los soldados de Israel lo rescatan de las manos de Saúl, lo cual pudieron hacer porque habían guardado la ley perfectamente (v. 45). La idea es que a una persona se le puede perdonar el pecado si alguien media entre ellos y que esto solo funciona si el que paga el rescate está libre de pecado a los ojos de la ley. Es un corto paseo ir de este pasaje al evangelio, y este tipo de ejemplos abundan en el Antiguo Testamento.

Otros textos tienen implicaciones del evangelio más amplias. Por ejemplo, si enseña 1 y 2 Reyes, un tema común es que el pecado trae juicio, mientras que el arrepentimiento trae perdón. Otro tema es cómo la línea de David se niega a vivir las promesas davídicas, pero Dios permanece fiel a esa promesa. Los ejemplos de esto son muchos y le proveen una conexión fácil al mensaje del evangelio.[8]

El meollo del asunto es que cada pasaje, texto o tema en última instancia gira alrededor del pecado del hombre y la gloria de Dios. Cuando estos asuntos surgen en el sermón, no es difícil de explicar y ofrecer el evangelio en presentaciones breves o más largas. De hecho, es imperativo hacerlo.

¡Ay de mí!

En ningún lugar el imperativo de predicar el evangelio se personifica mejor que en 1 Corintios 9.16. Con espíritu de búsqueda y responsabilidad de consecuencias eternas, Pablo exclama: «¡ay de mí si no anunciare el evangelio!» En otras palabras, lo que está diciendo es: «Sea maldito y condenado si no proclamo las buenas nuevas que Jesús es el Salvador». Con lenguaje aún más fuerte, el apóstol les dice a los romanos que más bien sería maldito si ve que sus compatriotas judíos perecen sin Cristo:

> Verdad digo en Cristo, no miento, y mi conciencia me da testimonio en el Espíritu Santo, que tengo gran tristeza y continuo dolor en mi corazón. Porque deseara yo mismo ser anatema, separado de Cristo, por amor a mis hermanos, los que son mis parientes según la carne; que son israelitas, de los cuales son la adopción, la gloria, el pacto, la promulgación de la ley, el culto y las promesas; de quienes son los patriarcas, y de los cuales, según la carne, vino Cristo, el cual es Dios sobre todas las cosas, bendito por los siglos. Amén. (Romanos 9.1–5)

No hay pasión personal más fuerte, ni expresada con más ardor, ni más grande por las almas de otros que estar dispuesto a sacrificar su propia alma por la salvación eterna de ellos. ¿Consideró Pablo realmente abandonar su salvación por otros? No, él estaba simplemente usando el ejemplo más hiperbólico que pudo para expresar el deseo más intenso para que otros pusieran su fe en Cristo.

Como predicadores, esta es la clase de anhelo que debemos tener por la salvación de las almas. La evangelización debería ser una meta impulsora, apasionada y personal cada vez que un predicador abre su boca. El puritano Thomas Brooks escribió: «La salvación de las almas es lo que debería ser primero y más importante al ojo de un ministro, y lo que siempre debería encontrarse más cercano y más cálido en su corazón».[9] Demasiados predicadores encuentran más fácil enfocarse en si los oyentes valoran sus sermones en lugar de enfocarse en si las almas de los oyentes aceptan la salvación.

Los predicadores necesitan recordar el hecho de que el sermón no es un fin en sí mismo. Es una manera para algunos fines, como fortalecer la fe, alentar a los santos y confrontar los pecados. Pero ciertamente uno de los fines principales es la salvación de las almas. Los pastores deberían aceptar el hecho de que el domingo no es solo una oportunidad para dar un sermón, sino y más importante, una oportunidad de ver almas convertidas.

¿Demasiado orgulloso para mendigar?

Además del Señor mismo, es difícil imaginarse a un evangelizador más dotado, fiel y valiente que el apóstol Pablo. Porque sus cartas son tan profundamente teológicas, se podría estar tentado a concluir que él era un intelectual, teólogo y esotérico que ministró desde una mítica torre de marfil. Nada podría estar más lejos de la verdad. Pablo utilizó su genio sagrado y teológico en la persuasión evangelística. A los corintios les dijo: «Así que, somos embajadores en nombre de Cristo, como si Dios rogase por medio de nosotros; os rogamos en nombre de Cristo: Reconciliaos con Dios. Al que no conoció pecado, por nosotros lo hizo pecado, para que nosotros fuésemos hechos justicia de Dios en él» (2 Corintios 5.20–21).

Hay mucho para predicar en estos versículos.

Primero, observe la manera en que Pablo se identifica a sí mismo y a su equipo como «embajadores en nombre de Cristo». Él se vio a sí mismo como promotor de Cristo, no de sí mismo. Él quiso que la alabanza de su predicación fuera dirigida a Jesús, no a él. La representación fiel de Cristo huye de la tentación de promocionarse a sí mismo en el púlpito. A. E. Garvie desenmascara esta tentación con estas palabras penetrantes para el predicador acerca de su sermón:

> El que se exalta trae consigo un secreto y sutil peligro al predicador en el deseo de la gloria de los hombres. El aplauso humano puede significar más que la aprobación divina. Puede parecer que la popularidad de él sea su cielo y su infierno la oscuridad. Prevalece una falsa estimación del valor de la predicación. ¿Atrae el predicador? ¿Es complaciente? ¿Elogia a sus oyentes? Estas son las preguntas y no estas: ¿Pronunció la verdad absoluta y sin miedo? ¿Ofreció la gracia de Dios con ternura y

seriedad? ¿Llamó a los hombres al arrepentimiento, la fe y la santidad de manera eficaz? Incluso si el predicador escapa de la degradación de recortar sus velas a la brisa de la popularidad, incluso si el contenido y propósito de sus sermones siguen lo recto, sin embargo, puede muy fácilmente en la predicación pensar en la capacidad que está mostrando y en la reputación que está adquiriendo, en lugar de en la gloria de Dios y el ganar a los hombres.[11]

Desear la alabanza de los hombres sobre la aprobación divina es una resaca ministerial y la contracorriente es mortífera para el predicador (Santiago 4.6). Al tratar de dirigir el enfoque de la congregación hacia Dios, hay un susurro siempre presente de orgullo que audazmente trata de robarle la gloria de Él (Isaías 42.8). Este es el epítome de la hipocresía ministerial y se combate haciendo la meta de predicar la salvación de las almas en vez del aplauso de las personas.

En segundo lugar, Pablo continúa su metáfora identificando lo referente de su representación: Dios mismo. Les recuerda a los corintios «como si Dios rogase por medio de nosotros». Dios envía a sus representantes con los términos de paz contenidos en el evangelio. Es el deber y privilegio del embajador representar a su rey fielmente, con precisión y pasión.

En tercer lugar, revela su actitud en la predicación evangelística: mendigando. Él escribe: «os rogamos en nombre de Cristo: Reconciliaos con Dios». Este es su cuidado apasionado y la preocupación a favor de los perdidos. La palabra griega para «rogar» (δέομαι deomai) tiene un alcance tal de significado que incluye deseo ardiente, súplica apasionada y hasta mendigar emocionalmente.[11] ¿Somos demasiado orgullosos para mendigar, llorar e implorar? ¿Somos demasiado orgullosos para suplicar al incrédulo que considere a Jesús (Hebreos 3.1)? Las famosas palabras de Spurgeon suenan constantemente en mis oídos: «Oh, mis hermanos y hermanas en Cristo, si los pecadores serán condenados, al menos dejemos que ellos se lancen al infierno sobre nuestros cuerpos; y si perecerán, dejemos que perezcan con nuestros brazos sobre sus rodillas, implorándoles que se queden y que no se destruyan locamente a sí mismos.[12]

Que nunca pueda decirse o ni siquiera percibirse que nos enorgullecemos demasiado como para rogarles a las personas que se acerquen a la cruz para tener perdón de sus pecados.

Los obstáculos para la predicación del evangelio

Lucas 11 describe una tarde donde Jesús almorzaba en la casa de un fariseo. Mientras estaba allí, Jesús reprendió la hipocresía de los fariseos y los escribas, y el resultado fue previsible: «Diciéndoles él estas cosas, los escribas y los fariseos comenzaron a estrecharle en gran manera, y a provocarle a que hablase de muchas cosas; acechándole, y procurando cazar alguna palabra de su boca para acusarle» (Lucas 11.53–54). En medio de esta hostilidad, mientras los miles se amontonaban tratando de escuchar cada palabra de Jesús, Él se volvió a sus discípulos y les alentó a ser evangelizadores valientes.

Sus discípulos habían visto a su Maestro provocado y le escucharon molesto. Se encontraban rodeados por un gentío cuyos corazones estaban dispuestos a matar. Era inevitable entonces que estuvieran atemorizados. Si a las masas no les gustaba Jesús y lo que decía, ¿qué esperanza tenían los discípulos en su predicación?

El hecho de que el rechazo parece tan cierto es una de las razones principales por la que somos reacios a compartir el mensaje vivificador de Jesucristo. Si resumimos todas nuestras razones y nuestras excusas al mínimo común denominador, este es el miedo. Este es exactamente el mismo obstáculo inmovilizante que los discípulos enfrentaban. Estamos temerosos, temerosos de ser rechazados, ridiculizados, etiquetados, perseguidos, despedidos, relegados, degradados, pasados por alto, ignorados, vistos de medio lado, desafiados con preguntas que no podemos contestar, o simplemente avergonzados. Extrañamente, el temor nos impide decir que el evangelio quita todos los temores.

Cuando Jesús miró directamente a los ojos llenos de miedo de sus discípulos, les proveyó un mapa para navegar a través de sus miedos cuando predicaran su evangelio. Estos entendimientos profundos son ánimo para nosotros en nuestra predicación evangelística. En vez de temer la amenaza del hombre, deberíamos temer la amenaza de Dios. En ese momento de tensión, Lucas registra las palabras de Jesús: «Mas os digo, amigos míos: No temáis a los que matan el cuerpo, y después nada más pueden hacer. Pero os enseñaré a quién debéis temer: Temed a aquel que después de haber quitado la vida, tiene poder de echar en el infierno; sí, os digo, a éste temed» (Lucas 12.4–5).

Jesús nunca garantizó a sus discípulos protección de sus vidas físicas. De hecho, la mayor parte de ellos siguieron los pasos de Juan el Bautista y murieron también. Y todavía, Jesús los invitó a tener el mismo nivel de compromiso y les recordó que la intrepidez del predicador valiente está arraigada en su comprensión de la realidad del infierno. Dios es el autor de la vida, el soberano sobre la muerte y el juez de todo. Él solo tiene autoridad para decidir quiénes serán los habitantes del infierno.

El infierno se describe como un lugar de tormento abrasador donde «el gusano de ellos no muere, y el fuego nunca se apaga» (Marcos 9.44), como un «fuego eterno» (Mateo 18.8), como «fuego y azufre» (Apocalipsis 14.10; 20.10; 21.8) y como un «horno de fuego» (Mateo 13.42, 50). Jesús predicó acerca del infierno más que cualquier otro individuo en la Biblia. Pero los teólogos han intentado extinguir el fuego del infierno. Clark Pinnock sucintamente expresa la perspectiva liberal en la doctrina de infierno cuando dice:

> Déjenme decir al puro principio, que considero el concepto del infierno como tormento interminable de cuerpo y mente una doctrina monstruosa... ¿Cómo pueden proyectar los cristianos la posibilidad de una deidad tan cruel y vengativa cuyas formas incluyen infligir tortura eterna a sus criaturas, sin importar cuán pecaminosas hayan sido? Seguramente, un Dios que haría tal cosa es más semejante a Satanás que a Dios.[13]

Esto es precisamente por qué los ministros son llamados a predicar el evangelio, de este modo pueden participar de la gracia de Dios para mantener a personas alejadas del infierno. Compare la cita de Pinnock con las palabras de William Nichols, y pregúntese cuál de estas teologías guían al evangelismo fervoroso: «El calor del fuego eternamente los atormentará, y el hedor del azufre ofenderá sus sentidos, mientras la negrura de la oscuridad los horrorizará... Para el condenado que habita ese lugar de ira eterna, el infierno es una verdad aprendida demasiado tarde».[14]

En los sermones dominicales, los predicadores no deben descuidar de predicar de los horrores del infierno y la consecuencia catastrófica de rechazar a Cristo. Si usted deja de predicar del infierno, e ignora el énfasis de las epístolas en el juicio venidero, necesitará saltarse porciones grandes de la enseñanza de Jesús en los Evangelios y también debería arrancar el Apocalipsis de su Biblia.

Algunos descuidan enseñar acerca del infierno, mientras otros minimizan los tormentos del infierno. El subestimar la realidad del infierno lleva a un creyente a cierta clase de purgatorio donde se espera una segunda oportunidad después de la muerte, por consiguiente hace pensar a las personas que hay suficiente tiempo para ponerse a cuentas con Dios. El infierno es dolor físico, soledad, oscuridad que se acentúa por el miedo, la pena, la separación de Dios y la ausencia de una segunda oportunidad. Dios nos envía como sus embajadores a rogarles a las personas que se reconcilien con Él. No se deje conducir al error: la realidad del infierno es esencial para la predicación del mensaje del evangelio.

Mientras el miedo es un obstáculo para la evangelización, también lo es la familiaridad. La familiaridad puede mitigar el fervor evangelístico. La despreocupación hacia las cosas sagradas lleva a la complacencia. Una actitud descuidada hacia la Palabra de Dios y su Gran Comisión desviará su enfoque de la gloria de Dios en la salvación de las almas por la modificación del comportamiento y la enseñanza legalista.

Las convicciones calvinistas irresponsables también pueden estorbar la predicación evangelística. Un entendimiento fuera de balance de la soberanía de Dios, que acentúa su voluntad soberana en la elección mientras minimiza la manera por la cual Dios lleva a los perdidos a su reino, puede fomentar un fervor decreciente por la predicación evangelística. John Frame describe esta tentación única para los predicadores calvinistas y la cura así:

> He oído a calvinistas decir que nuestra meta en predicar debería ser solo esparcir la palabra, no llevar a la conversión, ya que esa es obra de Dios. El resultado es a menudo un tipo de sermón que cubre contenido bíblico, pero se rehúsa no bíblicamente a rogarles a los pecadores que se arrepientan y crean. Estemos claros en este punto: La meta de la predicación evangelística es la conversión. Y la meta de todo sermón es una respuesta sincera de arrepentimiento y fe. El híper calvinismo en verdad no acepta la soberanía de Dios, porque sugiere (1) que el esfuerzo humano dirigido y vigoroso invalida la gracia soberana de Dios y (2) que tales esfuerzos vigorosos no pueden ser la manera escogida por Dios de llevar a las personas a la salvación. El propósito soberano de Dios es salvar a las personas mediante el testimonio de otras personas.[15]

Recordar que somos la manera que Dios soberanamente ha elegido para llevar salvación al mundo es el antídoto para tomar como excusa la soberanía de Dios para limitar la evangelización (cp. Romanos 10.14–15).

Finalmente, suponer que todos los asistentes en nuestras congregaciones los domingos son salvos puede entorpecer los sermones del evangelio. Pablo llama a cada creyente a regularmente examinar su posición en la fe. Él manda a los corintios: «Examinaos a vosotros mismos si estáis en la fe; probaos a vosotros mismos. ¿O no os conocéis a vosotros mismos, que Jesucristo está en vosotros, a menos que estéis reprobados? Mas espero que conoceréis que nosotros no estamos reprobados» (2 Corintios 13.5–6; véase también a 1 Corintios 11.28–31).

Hay que hacer una auto evaluación regular de nuestra fe en Cristo. Es la responsabilidad del predicador exponer el evangelio para que la congregación pueda examinarse a sí misma. El apóstol Juan remeda el mismo principio: «Y en esto sabemos que nosotros le conocemos, si guardamos sus mandamientos... El que dice que permanece en él, debe andar como él anduvo» (1 Juan 2.3, 6). El predicador nunca debe asumir la fe en los que le escuchan. En lugar de eso, el estándar de expectativas bíblicas y el mensaje del evangelio deben presentarse semanalmente para examen y salvación.

La predicación del evangelio glorifica al Salvador, santifica al predicador, lleva a los pecadores a la salvación, refresca a los creyentes, enfoca la iglesia y anima los esfuerzos misioneros. En resumen, el evangelio predicado contraría al mundo (Hechos 17.6). Tenemos una misión y un mandato: Hacer discípulos (Mateo 18.18–20). Y tenemos el recordatorio semanal del evangelio que funciona como catalizador para convertir al no salvo. ¿Por qué descuidaría algún predicador evangelizar?

Horacio Bonar dijo: «¡Hombres vivieron y nunca les preguntó su ministro si habían nacido de nuevo!»[16] Que nunca se diga esto de las personas en nuestras congregaciones.

9

Perfeccionando a los santos: Enseñar a los creyentes a ganar al perdido

Brian Biedebach

Los pastores tienen la responsabilidad fundamental de adiestrar a sus miembros en cómo evangelizar. Esta tarea puede parecer abrumadora e intimidante, por lo cual a menudo se la descuida. Sin embargo, la tarea es en verdad más simple de lo que podría imaginarse. El Nuevo Testamento muestra que la evangelización, entendida de manera correcta, está íntimamente relacionada con el trabajo normal de la iglesia local. Como la iglesia en Hechos 6 indica, el pastor que se enfoca en enseñar y orar preparará mejor a su congregación para que sea apasionada en llevar el evangelio al perdido.

Una de las metas primordiales del pastor debe ser preparar a su congregación para que lleve el evangelio al mundo. Si es verdad que la evangelización es la tarea principal de los creyentes y si es verdad que la tarea primordial de un pastor es preparar a los santos para que hagan la obra del ministerio, entonces dedicarse a enseñar a la congregación cómo evangelizar es una de las prioridades más grandes de un pastor.

Pero en un mundo que es antagónico al evangelio y una iglesia que a menudo parece dudar ante la tarea, esto puede tener la apariencia de un reto intimidante. ¿Cómo puede preparar un pastor a su congregación para que lleve las buenas nuevas a un mundo que aborrece a Cristo, es apático acerca de la otra vida y está listo a desechar la revelación divina? La verdad es que la mayoría de los pastores probablemente desean hacer un mejor trabajo enseñándoles a sus miembros a ganar al perdido, y a menudo se sienten ellos mismos inadecuados en lo que se refiere al evangelismo.

Resaltando este punto débil, no son pocos los programas que ofrecen ayuda al pastor en esta tarea. Es común que las iglesias tengan seminarios de fin de semana, cursos, conferencias y clases de la escuela dominical, todos con la meta de preparar a los santos para la tarea de la evangelización. Pero mientras algunos programas de adiestramiento son de ayuda, quizá le sorprenda saber que estos no son los recursos primarios dados por Dios para que el pastor cumpla su tarea. En verdad, la mejor forma en que un pastor puede hacer que sus miembros se apasionen por la evangelización es que el pastor mismo sea un evangelizador apasionado

Un pastor es responsable de estudiar, discipular, predicar, aconsejar, testificar, visitar, guiar además de todas las demás cosas que ocurren en una iglesia. Si un pastor se dedica a las responsabilidades correctas, entonces adiestrar a otros en la evangelización debería ser una secuela natural de lo que él ya hace. Esto se logra recordando estos tres principios: La evangelización conlleva más que testificar, la evangelización se ejemplifica mediante la predicación y la evangelización es motivada por medio de la oración y el ministerio de la Palabra.

La evangelización implica más que testificar

Porque crecí en la iglesia, los viajes misioneros de corto plazo fueron una parte normal de mis años de adolescencia. En esos viajes aprendí por primera vez acerca de la evangelización. Había memorizado pasajes cruciales de las Escrituras referentes a la salvación y había aprendido a testificar del evangelio compartiendo pasajes en Romanos:

1. Una persona debe reconocer su pecado (Romanos 3.23).
2. Porque Dios es santo, los pecadores se merecen el castigo eterno por quebrantar su ley (Romanos 6.23).
3. Para solucionar el dilema de la santidad de Dios y la pecaminosidad del género humano, Jesucristo fue crucificado a fin de que los que confían en su obra sacrificial puedan ser salvos (Romanos 5.8; 6.23).
4. Si una persona cree esto, debería arrepentirse de su pecado y confiar en Cristo como Señor (Romanos 10.9–10).

Armado con algunos pasajes subrayados en una Biblia, los versículos que había memorizado y esos pasos clave para la salvación, invertí muchos días hablándoles a otros acerca del evangelio. Tocaba las puertas o llevaba a las personas hasta un parque y les preguntaba si les podía hablar sobre Jesucristo. En la mayoría de los casos nunca antes las había visto y probablemente nunca más las volvería a ver.

Mientras que decenas de puertas literalmente se cerraron de golpe en mi cara, estaba muy contento que muchas personas me escucharon. Algunos hasta siguieron los pasos que les di y entregaron sus vidas a Jesucristo. Aunque agradezco esas experiencias y creo que Dios pudo usar esas conversaciones para llevar a las personas a Él, el empeño en sí no era «evangelizar» en el sentido más completo de la palabra. En el mejor de los casos, fueron ocasiones de «dar testimonio», pero «dar testimonio» es solo una parte de la evangelización.

En el Nuevo Testamento, la evangelización conlleva más que meramente testificar. El concepto de ser testigo viene de la palabra griega μαρτυρέω (martureō), la cual simplemente quiere decir «testificar». Es un término legal que puede referirse a alguien dando testimonio ante un tribunal acerca de lo que ha visto o ha experimentado. Por ejemplo, en Juan 5.33, Juan el Bautista dio «testimonio» de la verdad acerca de Jesús. Todos los cristianos pueden dar un testimonio similar a otros acerca de Jesús cuando simplemente describen cómo ellos mismos conocieron el evangelio (1 Juan 1.2).

Ser testigo es una responsabilidad de cada creyente genuino, en especial de los que tienen el don de evangelizar. Pero la evangelización bíblica es más que un testimonio. *Evangelización* es un término más amplio que se puede comprender mejor por lo que los «evangelizadores» hicieron en las Escrituras.

En Efesios 4.11–12 se nos da un ejemplo. Pablo escribe que Dios «constituyó a unos, apóstoles; a otros, profetas; a otros, evangelistas; a otros, pastores y maestros, a fin de perfeccionar a los santos para la obra del ministerio». En el contexto de Efesios 4, explica cómo Dios iba no solo a edificar la iglesia, sino cómo iba a mantenerla unida mediante los diversos dones provistos por Dios (4.7–16). Entre los dones que Dios ha dado a la iglesia para el crecimiento y la guía están los de evangelistas y de pastores.

Este es un indicador de que los evangelistas, como los pastores, están relacionados con la iglesia local. Mientras que los pastores pueden ser los que enseñan regularmente (1 Timoteo 5.17), los evangelistas son los que proclaman las buenas nuevas regularmente. Los evangelistas se enfocan en particular en áreas donde no se ha oído el evangelio, en iniciar iglesias y fortalecerlas. Por ejemplo, en Hechos 21.8 se llama a Felipe un evangelista. Pero decir que la proclamación (o testimonio) es responsabilidad única de un evangelista no es exacto.

Los evangelistas del Nuevo Testamento son más como los misioneros de hoy y los iniciadores de iglesias son más de lo que normalmente pensamos cuando oímos la palabra *evangelista*. Las cruzadas y las reuniones de avivamiento pueden tener su lugar, pero el cuadro bíblico de un evangelista es alguien involucrado en iniciar iglesias y fortalecerlas. John MacArthur dice lo mismo cuando escribe:

> El evangelista no es un hombre con diez trajes y diez sermones que se lo pasa viajando. Los evangelistas del Nuevo Testamento eran misioneros e iniciadores de iglesias... quienes iban donde no se había hablado de Cristo y guiaban a las personas a creer en el Salvador. Enseñaban a los nuevos creyentes la Palabra, les edificaban y se iban a un nuevo lugar.[1]

La muy clara relación en el Nuevo Testamento entre el ministerio pastoral y la evangelización se observa en 2 Timoteo 4.5. Allí se le dice a Timoteo que haga «obra de evangelista». El contexto de este encargo es pastoral; Timoteo sabía que la Biblia es la Palabra de Dios (2 Timoteo 3.16) y que debería dedicarse a ella (3.17). De hecho, en presencia de Dios, de Cristo Jesús y a la luz del reino venidero, Timoteo debía predicar «la palabra» (4.2) redarguyendo, reprendiendo y exhortando con paciencia porque era un ministro de la Palabra de Dios. Esta larga descripción de ministerio pastoral finaliza con un sonoro encargo a Timoteo para que hiciera la «obra de evangelista» a fin de cumplir con su ministerio (4.5).

Las instrucciones de Pablo a Timoteo hacen a este último el ejemplo perfecto de lo que un evangelista bíblico es. Se nota que para Pablo y Timoteo, el trabajo de evangelizar estaba inseparablemente relacionado a un ministerio prolongado de predicación en la iglesia local. Esto quiere decir que si un pastor permanece fiel a su ministerio predicando, corrigiendo, aconsejando y oponiéndose a los errores, será un ejemplo de evangelización para su iglesia. De modo que la predicación de la Palabra puede preparar a una congregación para evangelizar.

Es crítico que un pastor entienda esto. Quizá la mejor cosa que puede hacer para intensificar la evangelización de su congregación es hacer con excelencia las tareas que Dios le ha dado para llevar a cabo. Mientras más fuerte predica, mientras más personas discipula y mientras más devoto es a la iglesia, más prosperará la evangelización de su iglesia.

La evangelización se ejemplifica mediante la predicación

Recuerdo claramente el momento cuando me enamoré de la evangelización. Fue en 1987 y pasé el verano en Londres con otros adolescentes, hablándoles a las personas acerca de Jesucristo.

En ese viaje, conocí a un hombre que me dijo que era un sacerdote satánico. Tenía cruces invertidas cosidas en el frente de su chaqueta y el 666 por detrás. Hablamos en las calles londinenses y cuando comencé a compartir los versículos de las Escrituras con él, me dijo que la Biblia se contradecía a sí misma. Citó algunos pasajes que parecían contradecirse entre sí y afirmó que no había manera que las Escrituras fueran ciertas. Cuando los busqué con él, yo estaba perplejo y no podía contestar sus objeciones. Pero le dije que si se reunía conmigo esa noche habría descubierto cómo reconciliar esos pasajes para entonces.

Pasé la tarde con mis compañeros de viaje enfrascado en esos pasajes y en oración por la salvación del hombre. Esa noche me sorprendió que él apareciera y, aún más, que tuviera llamas rojas pintadas en su cara. Estaba convencido de que el infierno era una gran fiesta y que Satanás le recompensaría por sus malas acciones. El grupo y yo le dijimos todo lo que habíamos aprendido esa tarde acerca de los pasajes que había sacado a relucir y fue suficiente para que él dijera que quería hablar más con nosotros.

En muchas ocasiones ese verano el hombre nos visitó. Leyó las Escrituras con nosotros, discutió con nosotros y aun oró con nosotros. Al fin, se arrepintió de su rebelión contra Cristo y se comprometió con el señorío de Jesucristo. Recuerdo la noche en que comenzó a quitarse las cruces invertidas de su chaqueta. Durante esas breves semanas le vimos transformarse por dentro y por fuera. Su actitud fue diferente; sus amigos fueron diferentes; su apariencia entera había cambiado.

Ese agosto volví a la casa de mis padres en California, pero he regresado a Londres varias veces. Hasta he estado de regreso en la London City Mission en Croydon y he visitado al miembro de la administración que nos patrocinó. Pero nunca le he podido hablar al hombre de la historia desde ese viaje en el verano de 1987 y no conozco de alguien que lo haya hecho. Mi oración es que él sirva con fidelidad al Señor en alguna parte, pero no lo sé. Lo que sí sé es que a partir de ese viaje misionero de verano no pude hacer el trabajo de un «evangelista» en el sentido pleno de la palabra. Lo que ese hombre necesitó más después de verbalmente entregar su vida a Jesucristo era ser pastoreado con la Palabra.

En Efesios 4.11–12 Pablo describe el papel decisivo que los pastores juegan en desarrollar a los creyentes para la obra del ministerio. Este pasaje describe distintos oficios en la iglesia y por implicación señala que pastores y evangelistas son personas diferentes. Homer Kent afirma: «El pastor-maestro describe a la persona cuyas responsabilidades son usualmente llevadas a cabo en un lugar específico, en contraste con el evangelista».[2] En otras palabras, los evangelistas y los pastores tienen muchas responsabilidades que son similares, pero la diferencia principal es que generalmente el evangelista tiene un ministerio de predicación en lugares donde Cristo no es conocido, mientras que el pastor tiene un ministerio de predicación donde una iglesia ya está establecida. En ambos casos, la predicación es el método de proclamación que domina sus ministerios.

La predicación es la herramienta principal usada por un pastor para pastorear su rebaño, y la iglesia primitiva nos muestra que la predicación es también la forma principal en que un pastor evangeliza. El primer ejemplo de evangelización basado en la iglesia fue el sermón de Pedro en Hechos 2, y este sermón sirvió de fundamento a la iglesia. En Hechos 7 Esteban usó varios pasajes del Antiguo Testamento para proclamar a Cristo a los judíos. Pablo también siguió este patrón y la primera cosa que hacía cuando entraba en un pueblo nuevo era predicarles a los judíos en la sinagoga y luego a los gentiles.

Ya que Dios da pastores a la iglesia con el objeto de preparar a los santos para la obra del ministerio (Efesios 4.11–12) y porque el ministerio principal del pastor es exponer las Escrituras a su congregación, la predicación expositiva por consiguiente preparará a una congregación para la obra del ministerio. Esa obra incluye la evangelización. Es obvio que la evangelización es diferente de meramente predicar, pero la predicación apropiada es un componente crucial para la ejemplificación de la evangelización. Cuando los miembros de la congregación obtienen una comprensión más profunda de la Palabra de Dios, están mejor preparados para testificar, discipular y ministrar a los que no conocen a Jesucristo. Un púlpito que expone la Palabra de Dios con diligencia, pasión y exactitud naturalmente ayudará a motivar a sus miembros a hacer la tarea para la que han sido adiestrados.

La evangelización es motivada por la oración y el ministerio de la Palabra

Hace algunos años, mientras pastoreaba una iglesia en Sudáfrica, un nuevo creyente me hizo una pregunta que me llevó a evaluar los verdaderos motivos de las personas para compartir a Cristo con los perdidos. Me preguntó: «Pastor, ¿qué es un misionero?» Al principio pensé que la respuesta era demasiado obvia, pero le pregunté por qué me hacía esa pregunta. Me contestó: «Porque he encontrado a toda clase de personas en África que se llaman a sí mismas misioneros y yo no puedo ver qué tienen todos ellos en común».

Era claro para este joven surafricano que muchas personas que se llaman misioneros no estaban directamente involucradas en la proclamación del evangelio. Un misionero es alguien que ha sido enviado para ayudar al cumplimiento de la Gran Comisión (Mateo 28.19–20). La frase activa principal en Mateo 28.19–20 es «haced discípulos». Este es el meollo de lo que significa ser un misionero. En este pasaje bíblico los participios «bautizándolos» (βαπτίζοντες *baptizontes*) y «enseñándoles» (διδάσκοντες *didaskontes*) ayudan a describir cómo se hacen discípulos. En última instancia, a menos que alguien se involucre en bautizar a los nuevos creyentes y a enseñarles todo lo que Cristo ha mandado, no están involucrados en todo lo que ordena la Gran Comisión.

Muchas personas que se llaman a sí mismas «misioneros» se distraen con asuntos sociales como trabajar con huérfanos con Sida, alimentar al hambriento, proporcionar adiestramiento para trabajo y otros ministerios de misericordia. Aunque todas estas son tareas importantes, el modelo evidente en las Escrituras es que estas buenas obras no se deberían separar del ministerio de la iglesia local. Además, las iglesias locales necesitan mantener un enfoque apropiado haciendo discípulos, bautizándoles y enseñándoles, y este enfoque motiva a las congregaciones a influir en el mundo para Jesucristo.

La pregunta es cómo un pastor puede mantener a su iglesia (y a sus misioneros) distraídos con asuntos sociales y a la vez mantenerlos preparados y motivados para influenciar en su mundo para Cristo. Esta es la misma pregunta que enfrentó la iglesia primitiva en Hechos 6. Allí la iglesia se ocupó de un asunto social (la alimentación de las viudas) y todavía permaneció enfocada en la evangelización. Esta prueba extremadamente dura es una clara ilustración porque representa la primera vez en que la iglesia enfrentó la posibilidad de perder su enfoque en la Gran Comisión para volver hacia el ministerio social. La forma en que los pastores de esa iglesia respondieron no solo nos enseña acerca de la prioridad de predicar y orar, sino que también nos enseña cómo puede permanecer una iglesia enfocada en la evangelización y ser fiel el uno al otro. Hay tres señales de esa iglesia primitiva que nos enseñan acerca de su motivación para la evangelización: Estaban deseosos de servirse unos a otros, el liderazgo estaba enfocado en las cosas correctas y su testimonio lo daban de manera natural.

Una congregación en que se servían los unos a los otros

Hechos 6 comienza con un problema. Al mismo tiempo que la iglesia experimentaba un crecimiento exponencial, hubo algunos en la iglesia que tenían necesidades materiales y esas necesidades estaban siendo descuidadas. Las viudas que hablaban griego estaban siendo pasadas por alto y no eran correctamente atendidas por el liderazgo.

No era un secreto que muchos judíos palestinos miraban de reojo a los judíos que hablaban griego. Mientras que los judíos que hablaban griego estaban dispersos alrededor del Imperio (Hechos 2.9–11), los judíos que hablaban arameo estaban en Palestina. Según la tradición judía, había una compensación semanal por desempleo para el hebreo necesitado (dada cada viernes y que consistía de suficiente dinero para catorce comidas).[3] Había también una distribución diaria para los no residentes y los transeúntes (que consistía de comida y bebida). Parece que con el crecimiento de la iglesia, se estaba creando una división entre estos dos grupos, y las creyentes judías que hablaban griego estaban siendo pasadas por alto en la distribución diaria de comida a diferencia de las viudas nativas.

Note cómo los apóstoles se ocuparon de este asunto: No detuvieron la distribución del todo ni respondieron de alguna manera que mostrara desinterés por el cuidado de los pobres en la iglesia. Más bien, aprovecharon lo que al parecer era un ansia en los miembros de la iglesia de tener cuidado los unos de los otros. Lo que dijeron los apóstoles fue: «Buscad, pues, hermanos, de entre vosotros a siete varones de buen testimonio, llenos del Espíritu Santo y de sabiduría, a quienes encarguemos de este trabajo» (Hechos 6.3).

En Hechos 6.5 dice: «Agradó la propuesta a toda la multitud» y escogieron a hombres que amaban la iglesia. Esto no se hizo con el deseo de hacer lo correcto, sino que estaba motivado por el deseo de los apóstoles de ver el evangelio seguir adelante. Porque estaba ansiosa por tener cuidado unos de otros, la iglesia pudo permanecer enfocada en alcanzar a otros. Rehusándose a quedarse atascada en una lucha, las viudas, así como los hombres, eligieron responder con humildad. El resultado fue que la iglesia pudo permanecer enfocada en la evangelización.

Así que el liderazgo de la iglesia primitiva (tanto los apóstoles como sus primeros diáconos) en verdad promovió la evangelización mediante sus ansias de amarse y servirse unos a otros. Este es un recordatorio vital a los pastores que son tentados a ver cualquier asunto interno de la iglesia como una distracción de la evangelización. Si la iglesia no tiene armonía por dentro, la evangelización se vuelve imposible. Sirviéndose los unos a los otros, la iglesia lleva adelante su misión evangelística.

Un liderazgo enfocado en sus prioridades

Antes en este capítulo, escribí acerca de la responsabilidad del pastor de hacer obra de evangelista siendo fiel en su predicación. Al ser la predicación y la oración las mejores formas que un pastor tiene para pastorear su rebaño, la mejor manera en que él puede demostrar su amor por su rebaño es orando por ellos y ministrándoles la Palabra. Esta fue la prioridad de los líderes de la iglesia primitiva. Ellos dijeron: «Y nosotros persistiremos en la oración y en el ministerio de la palabra» (Hechos 6.4).[4]

Este liderazgo de la iglesia primitiva se convierte en nuestro modelo. Para permanecer enfocados en la evangelización, los pastores se dedicaron a la oración y a la predicación. Esto puede parecer contrario a la intuición, pero considere las siguientes cinco formas en que la predicación de un pastor puede motivar a su congregación a testificar y evangelizar:

1. Predicando el evangelio

   Si el mensaje del evangelio se expone de forma clara y coherente en cada sermón, la congregación aprenderá los elementos básicos del mensaje de salvación y cómo explicarlo.

2. Amonestando

   Dándole a su congregación instrucciones de salir y compartir con los incrédulos lo que aprenden cada semana, él animará a los que crecen en su comprensión de la verdad de Dios a proclamar el evangelio. Esto motiva a su congregación a ser activa en testificar porque es la respuesta a lo que oyen desde el púlpito.

3. Mediante ilustraciones evangelísicas

   Si, a modo de ilustración un pastor hablara acerca de cuándo ha testificado y las respuestas que ha oído, alentaría a su congregación a también ser testigos a otros. Un pastor puede compartir los testimonios de los que han llegado a ser salvos en Cristo porque han comprendido ciertos pasajes, y esto puede alentar a otros a usar los mismos pasajes al compartir el evangelio con sus seres amados.

4. Profundizando en el evangelio

   Ya que la palabra *evangelio* (εὐαγγέλλιον *euangellion*) se encuentra en el Nuevo Testamento más de noventa veces, un pastor tendrá muchas oportunidades en el curso normal de la predicación expositiva para profundizar en su significado. Sería apropiado a veces predicar un sermón completo de un solo elemento del evangelio, como la crucifixión o la resurrección de Cristo. Un pastor podría enfocar la atención en temas particulares inherentes al evangelio, como la sustitución, la expiación o la justificación. Especialmente mientras predica a través de los Evangelios, muchos sermones podrían tener aplicaciones que se relacionen con la evangelización. Mientras más la gente del pastor ve el evangelio en la Biblia, mejor lo comprenderá. La meta es que mientras mejor lo comprendan, más lo amarán y más ansiosos estarán de hablarles a otros.

5. Entusiasmo contagioso

   Un pastor que se entusiasma al ver a las personas venir a Cristo alentará de manera natural a su congregación a evangelizar. Es difícil que un creyente se abstenga de compartir el evangelio cuando los que le rodean están muy apasionados acerca de la importancia de testificar. Como Pablo, quien dijo: «¡Ay de mí si no anunciare el evangelio!» (1 Corintios 9.16). Al resaltar el significado de los bautismos, permitirles a otros que den sus testimonios y al hacer hincapié en las conversiones radicales que aparecen en las Escrituras, el pastor continuamente puede recordarles a sus ovejas el milagro de la salvación que llega a las personas mediante la evangelización.

Esos son simplemente cinco ejemplos de cómo puede preparar un pastor mejor a sus ovejas para la evangelización mejorando algo que él ya hace: predicar la Palabra.

Finalmente, los creyentes que se entusiasmarán con lo que aprenden de la Palabra de manera natural compartirán esas verdades con otros.

Una iglesia que testifica al perdido

El resultado de tener una iglesia donde genuinamente se sirven los unos a los otros y donde los pastores están enfocados en sus prioridades es que naturalmente dará testimonio al perdido. Si el liderazgo de la iglesia tiene el enfoque correcto, entonces los miembros de la congregación no podrán abstenerse de compartir con sus vecinos y familiares acerca de los cambios que se llevan a cabo en sus vidas.

Hay una expresión peculiar en Hechos 6.7 que capta esto. Lucas escribe que la Palabra de Dios «crecía». No solo se esparcía, sino que lo hacía de forma continua y activa. Lucas da a conocer que la Palabra se estaba predicando a lo ancho y largo de la comunidad de Jerusalén como resultado de la decisión de los apóstoles de enfocarse en la oración y la predicación. Cuando la Palabra de Dios se proclama con claridad y las semillas del evangelio caen en tierra fértil, es imposible que no haya crecimiento y el evangelio no se esparza.

Lo que es asombroso acerca de este crecimiento del evangelio es que ocurre según la manera decretada por Dios de predicar y orar. Es un crecimiento que no puede ser fingido o falsamente estimulado, y a menudo produce resultados inesperados. Por ejemplo, en Jerusalén «muchos de los sacerdotes obedecían a la fe» (Hechos 6.7). Este era ciertamente el grupo menos probable de convertirse en Israel y no obstante, asombrosamente muchos de ellos se salvaron.

Esta salvación inesperada es el subproducto de la fiel predicación de la Palabra de Dios, y estas salvaciones continúan aun hoy. Cuando los creyentes genuinos crecen en su comprensión de la Biblia y el evangelio, naturalmente crecerán en su amor unos por otros y en su deseo de alcanzar al perdido con las buenas nuevas de salvación de la ira de Dios.

Si un pastor desea preparar mejor a su congregación en la evangelización, debería poner su esfuerzo primario en exponer mejor los tesoros de la verdad de Dios. La predicación saturada de oración modelará la evangelización y preparará a los nuevos convertidos. La predicación bíblica motivará a su congregación a evangelizar tal como la primitiva congregación en Hechos, en la que el enfoque de sus líderes estuvo en «la oración y en el ministerio de la palabra».

10

Seguridad falsa: Una mirada bíblica a la Oración del pecador

Kurt Gebhards

Mucho de la evangelización moderna se enmarca en la conocida Oración del pecador: «Señor, te amo y sé que soy un pecador. Te pido que entres en mi corazón y me hagas...» En contra de la creencia popular, el lenguaje en las oraciones de la mayoría de las oraciones del pecador no es bíblico. Más aún, el resultado de usar la Oración del pecador es que las iglesias están débiles, las personas son engañadas y se alientan las conversiones falsas. Este capítulo explica por qué y ofrece un mejor enfoque.

En junio de 1988, yo era un típico norteamericano de dieciséis años de edad terminando mi segundo año de la escuela superior. Había ido a la iglesia tres veces en toda mi vida y siempre porque alguien me llevó. Pero por alguna razón en el verano antes de mi primer año decidí ir por mí mismo. Me uní al grupo de jóvenes para visitar un parque de diversiones y conseguí andar en el asiento delantero con el pastor de jóvenes. Mientras él conducía la furgoneta de la iglesia, me habló de Jesús y del evangelio.

No hay ni qué decirlo, al regreso opté por no ir en el asiento del frente. Aprecié la gentil intrepidez del pastor pero fue demasiado para un novato espiritual como yo.

En aquellos tiempos, el cristianismo era algo completamente nuevo para mí, pero a pesar de mi vacilación inicial, ahora me doy cuenta de que Dios me estaba atrayendo poderosamente hacia Él. Comencé a asistir a la iglesia y al grupo de jóvenes cada semana. En noviembre de ese año se me acercó uno de los santos adultos de la iglesia, quien preguntó si me había convertido en un cristiano. Mi respuesta reflejó tanta ignorancia que me hace sentir vergüenza hasta el día de hoy: «No», le dije. «Estoy esperando hasta el día de año nuevo y eso va a ser en realidad grande».

En mi mente había planificado el momento de mi conversión con una estratégicamente planeada Oración del pecador. Sin embargo, el día de año nuevo llegó y se fue, y yo ni me acordé de mi conversión. El 3 de enero me di cuenta de que había perdido mi «cita» con Dios. Así es que precipitadamente me arrodillé junto a mi cama, me disculpé ante Dios y fui a través de la oración estándar que había oído tantas veces antes.

Había un problema con mi intento hueco y formalista al orar: No estaba comprometido con Dios de ningún modo. Pese a mi oración y mi asistencia a la iglesia, yo estaba hundiéndome más y más en el pecado y sus placeres. No fue sino hasta meses más tarde que Dios de manera misericordiosa le puso fin a mi hipocresía, salvándome de mi pecado y superficialidad. Me arrepentí y le entregué mi vida a Dios, y Él me llevó del reino de las tinieblas al reino de su Hijo amado (véase Colosenses 1.13). En otras palabras, nací de nuevo.

Mi historia es común. Muchas personas dicen la Oración del pecador sin estar convertidas. En la mayoría de la comunidad evangélica, la Oración del pecador es casi universalmente aceptada como la forma para convertirse en cristiano. Además, demasiados cristianos consideran que sus encuentros evangelísticos serán fructíferos con solo guiar al incrédulo a hacer la Oración del pecador. Pero dada la crítica importancia del tema, a saber, la salvación, debemos examinar con seriedad el concepto de la Oración del pecador.

La Oración del pecador es un ejemplo de una presuposición equivocada que infesta mucho la evangelización moderna. Proviene de la noción errada de que la decisión de un pecador de recibir a Cristo es el factor determinante en la salvación. La Oración del pecador es una rama de este concepto de hacer una decisión, a pesar de que elimina por completo la idea que es en verdad Dios quien atrae a las personas a Él mismo. De hecho, por esta presuposición mucho de la evangelización moderna postula que si las personas piden ser salvas Dios está obligado a salvarlas. Esto cambia por completo la descripción de Jesús del nuevo nacimiento viniendo de Dios (Juan 3.3–8) y representa una distorsión seria del evangelio. Mientras Jesús dijo que nadie puede venir al Padre a menos que el Padre le traiga a Él (Juan 6.44), la Oración del pecador implica que las personas son al final las que inician y determinan su propia salvación. Así, la Oración del pecador en verdad es un obstáculo al evangelismo verdadero.

La realidad es que en ninguna parte de la Biblia hay alguna cosa remotamente parecida a la Oración del pecador. En ninguna parte hay alguien que invita a Jesús a entrar en su corazón o dice algo como «yo ahora te dejo asumir el control de mi vida». Pero si alguien le preguntara al evangélico promedio qué se requiere para convertirse en cristiano, es muy probable que responda con algo semejante a la Oración del pecador. Yo aun he aconsejado a personas que han estado viviendo una vida de pecado, sin sombra de amor por el Señor, que afirman que son creyentes. ¿Por qué? Porque recuerdan haber dicho la Oración del pecador cuando eran jóvenes.

Es interesante que la Oración del pecador es popular a pesar de que no hay justificación bíblica para ella. Las Escrituras demuestran que es falto de visión y bíblicamente simplista para alguien basar su posición ante Dios primordialmente por el uso de una sola oración.

Renunciantes

Las generalizaciones son peligrosas. Cada punto criticado aquí no se aplicará igualmente al uso que todo el mundo hace de la Oración del pecador. Los evangelizadores fieles que están comprometidos con el señorío de Cristo en la salvación, el evangelio bíblico y la pureza de la iglesia quizá usaron el método de la Oración del pecador por años. Honro a los evangelizadores que fielmente propagan el evangelio. No obstante, todos los métodos de evangelización deberían estar sujetos al escrutinio bíblico.

Además, mi crítica general no pretende ser una crítica de la legitimidad de la experiencia personal de salvación de alguien. Conozco a muchos cristianos piadosos que llegan a ubicar su salvación en pastores o familiares que les pidieron que tomaran una decisión por Cristo. A veces, la Oración del pecador puede coincidir con el momento en que un pecador se salva. Sin embargo, todavía debemos preguntar si es un modelo útil y bíblico.

Reconozco que muchas personas nunca han considerado una alternativa para la Oración del pecador. Está tan comúnmente usada y tan ampliamente aceptada como una técnica evangelística que pocas personas pensarían en su problemática. La meta de este capítulo no es hacer acusaciones sino considerar la Oración del pecador bíblicamente y alentar una forma de evangelización que sea conforme a la Palabra de Dios.

Ejemplos de la Oración del pecador

Hay muchas variaciones de la Oración del pecador. Una búsqueda rápida en la Internet provee decenas de ejemplos, incluyendo el siguiente: «Señor Jesús, creo que eres el Hijo de Dios. Gracias por morir en la cruz por mis pecados. Por favor, perdona mis pecados y dame el regalo de la vida eterna. Te invito a mi vida y corazón para que seas mi Señor y Salvador. Quiero servirte siempre».[1]

Aquí hay otra: «Amado Señor Jesús, yo sé que soy un pecador y necesito tu perdón. Creo que tú moriste por mis pecados. Quiero apartarme de mis pecados. Te invito a entrar en mi corazón y mi vida. Quiero confiar en ti y seguirte como Señor y Salvador. En el nombre de Jesús. Amén».[2]

Estas oraciones comparten un reconocimiento verbal del propio pecado, de la deidad de Cristo, de la necesidad del perdón de Dios y de un deseo de apartarse del pecado. Todo eso es bueno. Y al final, hay una invitación o una petición a que Jesús entre en el corazón y la vida del pecador. Esta noción de invitar a Jesús a entrar en el corazón es una parte fundamental de la mayoría de la retórica evangélica. También se pueden escuchar frases como estas: «Yo acepté a Cristo como mi Salvador» o «Yo rededIqué mi vida al Señor» o «Pasé durante el llamado al altar y fui salvo».

Aunque los motivos detrás de estas frases son generalmente buenos, desafortunadamente la Oración del pecador puede hacer una gran cantidad de daño espiritual porque no cuadra con los ejemplos bíblicos, el vocabulario o la teología. Antes de que analicemos las deficiencias de la Oración del pecador, consideremos la fuente de la que procede su popularidad.

La popularidad de la Oración del pecador

Recientemente recibí un correo electrónico de un amigo no cristiano que ha estado en relación con el cristianismo por muchos años. Me dijo que estaba bajo la impresión de que orando cierta oración le ayudaría a «hacer algo oficial». Me decía: «Quiero convertirme "oficialmente" en cristiano. Creo que "nacer de nuevo" es el término que oigo que todo el mundo usa y me pregunto cómo hacer eso. ¿Es simplemente por decir una cierta oración o hay que tomar clases, o necesito ser bautizado primero?»

Gracias a Dios, este sincero correo electrónico empezó una relación de discipulado donde me encontré con mi amigo para aclararle qué es el evangelio y los términos de Jesucristo para el discipulado. No quise afirmar su manera de pensar que necesitaba hacer algo para ser oficialmente salvo. Le entregó su vida a Cristo y lo bauticé tres meses después de su correo electrónico inicial.

¿Cómo es que el método evangelístico de la Oración del pecador se ha vuelto tan popular que aun los no creyentes la conocen? En primer lugar, es fácil de hacer. Es un acto observable, específico y definido que a menudo satisface emocionalmente tanto al evangelizador como al que escucha. Como seres humanos finitos con una capacidad limitada para el conocimiento, anhelamos certeza y conclusión. Al reducir la salvación a un acto como la oración del pecador, simplificamos el asunto al punto en que una persona «puede marcar» que es cristiana y seguir adelante con su vida con poca o ninguna comprensión de lo que quiere decir realmente vivir en Cristo. Si alguien pregunta: «¿Qué debo hacer para salvarme?», la Oración del pecador provee una respuesta conveniente y fácil.

En segundo lugar, la Oración del pecador es reproducible. Es difícil y lleva tiempo enseñarle a alguien lo que significa seguir a Cristo, la verdad acerca del evangelio, el bautismo y todo lo que Cristo mandó (Mateo 28.19–20). Es mucho más fácil alentar a alguien que quiere convertirse en cristiano a decir una simple oración. En este sentido, la Oración del pecador es un atajo en la evangelización. Conocer y enseñar el evangelio completo, así como la deidad de Cristo y su señorío, la incapacidad absoluta del hombre para agradar a Dios por sí mismo, la naturaleza del arrepentimiento verdadero, la obra sustituta de la cruz, y la resurrección, es esencial para la evangelización eficaz. Pero en lugar de eso, la Oración del pecador ofrece una lección abreviada. Es la cena que ofrecen en la TV los programas cristianos del moderno evangelicalismo estadounidense.

En tercer lugar, la Oración del pecador es medible. En una edad de extraordinario crecimiento de la iglesia, los números son supuestamente críticos para comprender el éxito. La Oración del pecador provee una forma fácil de pregonar el éxito evangelístico. En muchos casos la salud y el crecimiento de los convertidos es significativamente menos importante que el «número de decisiones tomadas». Sin embargo, cuando el contar decisiones se convierte en una medida de efectividad de un ministerio, allí está la idea latente de que la habilidad del evangelizador o la presentación de la iglesia es lo que lleva a las personas a Cristo.

La Oración del pecador disminuye el impacto del evangelio

Aunque la Oración del pecador es a menudo usada por evangelizadores bien intencionados, la realidad es que disminuye el evangelio al que se supone que sirva. Casi cada afirmación significativa de la oración de algún modo minimiza el poder del evangelio. Una presentación razonablemente completa del evangelio a menudo puede ser organizada bajo cuatro encabezamientos: (1) El carácter de Dios, (2) el pecado del género humano, (3) Jesucristo el Salvador y (4) la respuesta de las personas. La Oración del pecador distorsiona la verdad en cada una de estas categorías esenciales del evangelio.

El carácter de Dios

En primer lugar, la Oración del pecador representa mal a Dios, invirtiendo los papeles de Dios y del género humano. ¿Por qué? Porque proyecta a Dios como el Salvador pasivo que espera y le describe como un Dios exclusivamente compasivo que está sujeto, en espera de que otra alma le acepte. Este no es un cuadro preciso del Dios de la Biblia. Sí, Él es compasivo y se regocija por los pecadores que le encuentran (Lucas 15.6, 9, 20). Pero también está entronizado en poder (Salmo 103.19) y exaltado en espléndida majestad (Isaías 45.5–7; 46.9–10). Él rige el mundo y la típica Oración del pecador le reduce a un segundo plano, donde observa y espera que el pecador responda.

Además, la presentación de Dios en esta oración es exclusivamente de un Dios misericordioso y hace caso omiso de Dios como el Creador y Juez. De modo que cuando las personas hacen la Oración del pecador, ven solo la mitad de Dios. En realidad, no ven a Dios. Si usted entiende su perdón pero no sabe de su violenta ira, o si entiende su misericordia pero no entiende su majestad, entonces usted tiene un cuadro incompleto.

Además, la sola idea de Dios en el cielo esperando que las personas respondan, conduce precisamente al tipo de jactancia que rechazan las Escrituras. El efecto neto es que el pecador sustituye el juicio de Dios y aun si no dice esa oración, todavía eleva a un ser humano sobre Dios. Imagínese invitar a Dios a hacer algo, como si Él necesitara nuestro permiso para actuar. Esta simplemente no es la descripción bíblica de la deidad.

La toma de decisiones de este tipo aleja a Dios del trono de su soberanía pretendiendo que la salvación dependa solamente de la elección del género humano. Este enfoque en la acción y elección del género humano es peligroso porque con facilidad puede llevar a las personas a alejarse de la dependencia de Dios. Esta dependencia no solo es necesaria para la salvación sino también para el andar cristiano. En Proverbios 1.7 leemos que el temor de Dios es el principio de la sabiduría y desde el mismo comienzo del andar espiritual de una persona, la Oración del pecador la eleva sobre el temor de Dios. Esto es quizá por qué Jesús nunca condujo a alguien a una decisión en su función evangelizadora.

El pecado del género humano

En segundo lugar, una relación correcta con Dios comienza con una valoración precisa de nuestra necesidad y nuestro estado pecaminoso. En Efesios 2.1–2, Pablo advierte del pecado del género humano, enseñando que los humanos están espiritualmente muertos y dedicados a Satanás. Una oración mecánica parece casi frívola comparada con la gravedad del problema del género humano.

Cuando una persona verdaderamente se da cuenta de la profundidad de su rebelión, el resultado es un sentido profundo de falta de mérito y desesperación. Él debe ser llevado hasta un lugar de bancarrota espiritual cuando comprende su pecado (Mateo 5.3). Tal como el publicano que se golpeaba el pecho y no quería levantar su rostro al cielo, de un modo semejante debemos clamar a Dios por la salvación (Lucas 18.13).

La convicción de pecado es buena para el alma. De hecho, es un ministerio crucial del Espíritu Santo (Juan 16.8). Somos advertidos en contra del mero pesar mundano y exhortados al arrepentimiento bíblico verdadero a fin de que nuestra convicción no termine en muerte sino en vida eterna (2 Corintios 7.8–11). Porque la convicción de pecado es tan importante, hace daño aliviar la carga del pecador prematuramente. Así como una pierna quebrada no necesita anestesia sino que al contrario necesita un yeso, así también el alma se daña si esta convicción es descuidada por un vendaje precipitadamente aplicado. Las personas deberían sentir la crisis de estar perdidas hasta el grado de ser impulsadas a esforzarse tras la salvación (Lucas 13.24).

Al decir la Oración del pecador se crea un atajo a la obra de Dios dentro del corazón sobrecargado. El corazón agobiado a causa del pecado no necesita una oración formalista de «repita después de mí». En lugar de eso clamará por su falta de méritos ante Cristo, aferrándose solo a la cruz. Sí, la salvación es urgente. Pero su urgencia no debería dar lugar a que seamos descuidados o la fabriquemos mediante métodos destructivos.

Jesucristo el Salvador

En tercer lugar, la Oración del pecador roba la gloria de Jesucristo al enfocar la atención en la elección humana. Si las personas se alejan de un encuentro evangelístico creyendo que su elección es por la que son salvas, no se está magnificando el poder y la autoridad de Jesucristo.

Esto plantea una pregunta decisiva: ¿Quién en última instancia toma la decisión para que alguien sea salvo? A la larga, ¿le compete la elección a las personas que están muertas en sus pecados o le compete a Dios quien está ansioso por redimir al género humano? ¿Quién es el obrador primario de la salvación?

El lenguaje de la Oración del pecador enfoca la atención en las personas y al parecer las faculta con la capacidad para salvarse. La muerte y la resurrección de Cristo se ven minimizadas cuando se replantea como insuficiente para salvar a alguien en verdad. La salvación es dada solamente por la gracia de Dios y obviamente es el deber del género humano responder a esa gracia (Efesios 2.8–10). Sin embargo, en la mayoría de los momentos de la Oración del pecador, el énfasis está puesto casi exclusivamente en la respuesta de la persona en lugar de en la gracia irresistible de Dios. Este desequilibrio pierde la oportunidad de deleitarse en Jesucristo el Salvador.

Al final de cuentas, ninguna simple oración ha salvado a un pecador, solo Dios salva. La pregunta no es si aceptaremos a Cristo, sino si Cristo nos recibirá. Jesucristo no es un adolescente nervioso de escuela secundaria, esperando por la oración telefónica de alguien que solo le llame y le acepte. Él es el Salvador, el Redentor y el Autor y Consumador de nuestra fe (Hebreos 12.2).

Considere los muchos términos pasivos asociados con la salvación que aparecen en la Biblia: Las personas son rescatadas (Colosenses 1.13), sus deudas son pagadas (Colosenses 2.14) y son lavados sus pecados (Apocalipsis 1.5). Él nos salvó a nosotros, escribe Pablo, y somos «justificados gratuitamente por su gracia» (Romanos 3.24; Tito 3.5). Es claro que el género humano es responsable de cómo responde al mensaje del evangelio, y también es claro que hay un misterio así como también una tensión teológica en este asunto. Pero la oración del pecador rechaza el asunto y la tensión por completo al enseñarle al nuevo creyente una visión minimizada de la soberanía de Dios. Cuando Nicodemo preguntó cómo nacer de nuevo, Jesús no le dio una oración para decir sino que le afirmó que la salvación es obra del Espíritu de Dios que hace lo que quiere y cuando lo quiere: «El viento sopla de donde quiere, y oyes su sonido; mas ni sabes de dónde viene, ni a dónde va; así es todo aquel que es nacido del Espíritu» (Juan 3.8). La salvación nunca está separada de escuchar el evangelio (Romanos 10.17; 1 Pedro 1.23), pero es solo por la elección soberana de Dios.

Si Dios es en última instancia el que obra la salvación, ¿por qué la Oración del pecador pone tanto énfasis en la elección de la persona? Si somos confortados por el Dios que es rico en misericordia y que da salvación (Efesios 2.6), entonces ciertamente le podemos confiar la evangelización a Él también. Si Dios empieza una obra dentro del corazón, Él la completará (Filemón 6).

La respuesta de las personas

Dondequiera que el evangelio va, le acompaña un llamado a responder. Las personas son moralmente culpables por la revelación de Dios que tienen (Romanos 1.18–23) y son responsables en una mayor forma cuando oyen el evangelio y el mandato de Dios a creerle. La Biblia manifiesta con claridad cuál debería ser esa respuesta. El evangelio llama a los pecadores a arrepentirse y creer.

El arrepentimiento es una parte esencial de la salvación. Jesús repetidamente les ordenó a los que le oían: «Arrepentíos» (Mateo 4.17; Lucas 13.3). Todos los hombres y mujeres en todas partes deben arrepentirse (Hechos 17.30). El arrepentimiento es la renuncia del pecado y el ego, y la devoción completa de una persona a servir y buscar a Cristo.

De manera más común, la Oración del pecador no comunica un sentido de arrepentimiento real. 2 Corintios 7.8–13 contiene sobre una docena de descriptores del arrepentimiento genuino que llevan a la salvación y advierte contra el arrepentimiento falso, lo cual es simplemente pesar mundano. El evangelizador fiel debe comprender la diferencia y cuidadosamente guiar al que escucha a entender el significado y la profundidad del arrepentimiento verdadero. No entender el arrepentimiento es no entender el evangelio (Hechos 2.38).

Por lo general, esa oración contiene algún comentario como: «Señor Jesús, yo creo en ti». Es verdad que parte de la salvación es creer el evangelio, pero a los que les predicamos deben creer distinto de los demonios temblorosos que nunca disfrutarán de Dios en el cielo (Santiago 2.19). Los demonios creen hechos ortodoxos acerca de Cristo pero no tienen lealtad personal hacia Cristo. Algunos evangelizadores consideran la afirmación de un pecador acerca de los hechos de la vida de Jesús como evidencia de fe salvadora. Pero en realidad puede ser poco más de la superficial fe de un demonio, y la fe superficial, tal como el arrepentimiento superficial, es evidente. La fe bíblica exige confianza (2 Corintios 1.9), dependencia (Proverbios 3.5–6) y sumisión a Dios como el creador. La verdadera fe es el deseo de llevar una vida en dependencia del poder de Dios y dedicada a su rectitud (Romanos 10.9–11).

De nuevo, el problema no es que la Oración del pecador pida al pecador que exprese fe en Dios. El problema es que la manera en que la oración está estructurada da a la persona una falsa seguridad sobre la base de una fe nebulosa desde su inicio. Por supuesto que las personas deberían creer en Dios y en el evangelio, pero una confesión simple de una creencia genérica no debería inducir un sentido de seguridad.

La Oración del pecador daña el progreso de los nuevos creyentes

No solo la Oración del pecador falla con respecto a estos componentes del evangelio, sino que en verdad puede estorbar el progreso en el corazón. Esto es porque asume que la relación con Cristo es completa cuando no puede serlo, limitando la sumisión del pecador al señorío de Cristo y el compromiso al discipulado incondicional a Cristo.

La primera manera en que la Oración del pecador daña el progreso de los santos es que no presenta el señorío de Cristo en la salvación. Lo que se deja a un lado a menudo en el momento de la oración del pecador para recibir a Cristo es quizá la más grande necesidad para que ese pecador siga a Cristo como Señor.

¿Se darán cuenta las personas a las que se presenta el evangelio mediante la Oración del pecador que cuando aceptan el cristianismo están prometiendo negarse «a sí mismos [y] tomar su cruz cada día» (Lucas 9.23)? Hay que ser cautelosos en esto. Hay muchas advertencias en las Escrituras acerca de personas que «profesan conocer a Dios, pero con los hechos lo niegan» (Tito 1.16; cp. Isaías 29.13). Sin animarlas a calcular el costo del discipulado, la Oración del pecador tiene la consecuencia no intencionada de crear personas que empiezan una tarea sin comprender lo que se requiere para completarla (Lucas 14.28).

En Mateo 7.21, Jesús les dice a sus discípulos: «No todo el que me dice: Señor, Señor, entrará en el reino de los cielos, sino el que hace la voluntad de mi Padre que está en los cielos». Este pasaje ilustra claramente la verdad de que «muchas» personas reclamarán que conocen a Cristo, pero de ese grupo grande solo unos «pocos» en verdad conocerán al Salvador y entrarán en el reino de los cielos. Ciertamente, las Escrituras está llenas de ejemplos de personas que tuvieron una falsa conversión, ya sea las personas descritas en 1 Juan 2.19, o Demas en 2 Timoteo 4.10, o aun Judas Iscariote, quizá el falso convertido más famoso de todos. Sin desafiar a las personas a calcular el precio del discipulado, la Oración del pecador produce como resultado el añadir a la iglesia a personas semejantes a Demas. Quieren seguir a Cristo y quieren creer, pero nadie les dijo el sacrificio que eso conlleva.

De este modo, la Oración del pecador daña el progreso de los nuevos creyentes al dejar de presentarles la necesidad de obediencia. Las exigencias del discipulado son un aspecto esencial de la salvación verdadera y la Oración del pecador no las considera en lo absoluto. Demasiado a menudo la Oración del pecador es una manera para hacer un convertido a Jesús, mientras que el Señor esta tratando de hacer discípulos (Juan 8.31; 13.35).

Una comprensión correcta de la salvación, incluyendo su gravedad y magnitud, hará a una persona cuidadosa de la manera como evangeliza. Los que siguieron a Jesús ciertamente entendieron que «el que no lleva su cruz y viene en pos de mí, no puede ser mi discípulo» (Lucas 14.27).

Jesús esperó que sus seguidores calcularan el costo de su discipulado (Mateo 10.37–39). Las técnicas evangelísticas modernas a menudo son tan apresuradas que la única cosa que cuenta es el número de decisiones. La predicación de Jesús incluyó advertencias sobrias y retos honestos a aquellos que venían a Él en busca de salvación. Repetidamente invitó a las personas a entrar en el difícil camino de seguirle (Mateo 7.13–14). Convertirse en cristiano era y es sinónimo de convertirse en discípulo obediente de Jesucristo (Mateo 28.19). La Oración del pecador casi nunca presenta esta realidad. Se prescinde de la dura verdad del discipulado para que el punto de decisión sea fácil de alcanzar y que cause la menor pena posible.

Jesús dijo que es difícil encontrar la puerta de la salvación (Lucas 13.24), y que hay un camino ancho que tiene una entrada fácil (Mateo 7.13). Sin embargo, para muchos que emplean la Oración del pecador la puerta de la salvación no es difícil de encontrar y mucho menos difícil entrar por ella. La Oración del pecador hace pensar a las personas que la salvación es tan fácil como repetir una fórmula. Esto simplemente no honra la gravedad de la decisión.

A la luz de los muchos peligros que tiene la Oración del pecador, con todas mis fuerzas sugiero que no es útil para evangelizadores, consejeros y predicadores ofrecer una oración que los poco comprometidos pueden repetir para «ser salvos». Se nos ha ordenado hacer discípulos y enseñarles a obedecer todos los mandatos de Cristo, no cambiando la Gran Comisión a «Id por todo el mundo y conseguíos a tantas personas como podáis que repitan una oración para que se conviertan en cristianos». Estamos obligados a enseñar a los incrédulos acerca de su pecado, la gracia de Dios, el poder y la ira de Dios, así como también la cruz y la resurrección.

La Oración del pecador entorpece la pureza de la iglesia

Muchos cristianos hoy condenan abiertamente al estado actual de las iglesias evangélicas. En algunos países, la iglesia ha crecido en números y decrecido en influencia. Hay iglesias llenas al máximo de personas, pero muchas de ellas fracasan por completo al no vivir de manera distinta del mundo.

En una época en que el evangelicalismo decepciona más de lo que libera, deberíamos mirar con atención a la puerta de entrada. El resultado de generaciones alimentadas por la Oración del pecador es montones de personas inconversas sentadas en los bancos de la iglesia, comprometiendo la pureza de la iglesia. Con tantas personas no cristianas pensando que son cristianas, es fácil comprender por qué la iglesia estadounidense moderna es tan ineficaz: Está llena de millones de «falsos iniciados», personas sin el Espíritu Santo y por esto yerran en los fundamentos básicos del cristianismo. Haciendo que personas no convertidas entren en la iglesia resulta en un cristianismo «carnal» donde la «reincidencia» y las «rededicaciones» sin sentido a Cristo no son de ayuda.

Jesús advirtió acerca de los no creyentes dentro de la iglesia cuando contó la parábola del trigo y la cizaña (Mateo 13.24–30). La parábola declara que cizañas surgirán entre el trigo y Él nos advierte que estemos alerta ante estas falsas profesiones de fe. Muchos de los problemas en la iglesia se deben a la presencia de esos que han dicho la oración del pecador y todavía permanecen inconversos. Ellos entorpecen el testimonio de la iglesia que se supone sea una luz refulgente (Filipenses 2.15). El resultado es que la iglesia se llena de personas que sirven de labios al cristianismo, aunque están lejos de una conversión verdadera. Imagínese a una persona que llega a la iglesia, oye al pastor predicando, y entonces escucha al pastor que pregunta si hay alguna persona que quiera comprometerse con Cristo. Esa persona responde y es guiada a hacer la oración del pecador. Hasta este punto su vida no ha cambiado y aunque la persona puede creer todo lo que ha escuchado, él no ha sido animado a arrepentirse, o a calcular el costo del discipulado y reconocer a Jesús como Señor. Ya que no ha sido de verdad regenerado y porque no comprende los alcances del verdadero discipulado, su vida en realidad daña el testimonio de la iglesia. El discipulado genuino es cambiado a una decisión rápida, fácil y externa.

La Oración del pecador da falsa seguridad

Muchos defensores de la Oración del pecador rápidamente ofrecen la seguridad de salvación al que la oró. Recuerdo que escuché a un líder evangélico guiar a miles de personas en la Oración del pecador en un estadio después de una cruzada. Cuando terminó de hacerla, les dijo: «Ustedes ahora son cristianos, nacidos de nuevo, y no permitan que alguien les cuestione esto». Estas personas no habían oído ni una palabra acerca del discipulado, del arrepentimiento o de someter sus vidas al Señor. En lugar de esto, fueron inducidas a creer que eran salvas simplemente porque dijeron la oración. Imagínese el horror de llevar una vida carnal que deshonra a Cristo, creyendo siempre que se es salvo, hasta llegar frente a frente ante el Salvador y escuchar estas palabras aterradoras: «apartaos de mí, hacedores de maldad» (Mateo 7.23).

Es trágico ver la masacre de la conversión falsa en el cristianismo y mucho de este innecesario engaño es resultado de la Oración del pecador. Sería mucho más amoroso ayudar a una persona a comprender correctamente lo que significa ser cristiano que darle una falsa confianza en una conversión que no tiene. Al proporcionarles a las personas una comprensión verdadera del cristianismo provoca que ellas calculen el costo de lo que verdaderamente quiere decir tomar su cruz, creer en el evangelio y seguir a Cristo. Entender esto podría dar como resultado menos profesiones inmediatas de fe, pero contribuiría decisivamente a más conversiones genuinas. Tal introspección es la que mandó Pablo en 2 Corintios 13.5: «Examinaos a vosotros mismos si estáis en la fe; probaos a vosotros mismos. ¿O no os conocéis a vosotros mismos, que Jesucristo está en vosotros, a menos que estéis reprobados?» Es absolutamente cierto que cualquier persona que esté de verdad regenerada está sellada para siempre y sostenida por el poder de Dios (Efesios 1.14;

1 Pedro 1.5). Pero se nos ordena en 2 Corintios 13.5 a que nos auto examinemos para ver si estamos en la fe. El asunto no es que los cristianos puedan perder su salvación, sino que hay muchas profesiones de fe falsas (Tito 1.16; 1 Juan 2.19) y que los corazones de las personas, los cuales son engañosos «más que todas las cosas» (Jeremías 17.9), a veces los puede conducir falsamente a creer que son cristianas cuando sus vidas muestran otra cosa. Para combatir esto, Pablo les pide a sus lectores que se prueben a sí mismos. Esta prueba no parece ser en una oración momentánea sino que se expresa mejor mediante un compromiso de por vida de continuo examen propio. Nuestro cristianismo no se fundamenta en una decisión que hicimos años atrás, se fundamenta en nuestro permanecer en Dios ahora y para siempre (Juan 15.1–5).

Ya que la profesión falsa era una preocupación tal en el Nuevo Testamento, los cristianos no pueden estar en condición de dar seguridad sin el conocimiento real del estado verdadero del pecador. En lugar de esto, un evangelizador fiel imitará la evangelización de Cristo y animará a las personas a calcular el costo (Lucas 14.28).

El pecador agobiado no necesita un pedazo de papel firmado y fechado para tener seguridad; él necesita las promesas de las Escrituras. Permítale al Espíritu Santo proveerle la seguridad basada en la obediencia (1 Juan 3.18–19), en lugar de una oración repetida o una respuesta a una invitación de aceptar el evangelio.

Una alternativa: La Gran Comisión

Alguien quizá pregunte: «¿Qué debería hacer si no uso la Oración del pecador?» Le recomiendo el método de evangelismo mundial enseñado por Jesús: Llamar a los pecadores al arrepentimiento para perdón (Lucas 24.47), hacer discípulos, enseñarles y bautizarles (Mateo 28.19–20; Marcos 16.15–18; Hechos 1.6–9). Hacer discípulos incluye ayudar a las personas a comprender la magnitud de seguir a Jesús (Lucas 14.25–33). La enseñanza es la tarea de la instrucción paciente. El bautismo representa una declaración pública de haber entendido y haber creído en el evangelio con un compromiso para seguir con devoción a Cristo.

De hecho, he oído a muchas personas que defienden la Oración del pecador diciendo: «A cualquiera que Jesús llamó, lo llamó públicamente», como si Jesús mismo hubiera usado la Oración del pecador. Es cierto que a la mayor parte de las personas que Jesús llamó las llamó públicamente. Y también es cierto que se llama a los cristianos a que hagan una profesión pública de Jesús como el Cristo. Pero la versión bíblica de esta profesión pública es el bautismo, no una oración repetida. Por elevar esa oración hasta este nivel, el resultado es en verdad una minimización del bautismo.

Tomando en cuenta el hecho de que algo parecido a la Oración del pecador no se encuentra en las Escrituras y considerando los peligros de esa oración, simplemente no parece razonable continuar usándola como si marcara la entrada a la vida cristiana. En lugar de sucumbir a las debilidades del sistema de la Oración del pecador, un encuentro evangelístico que lleve al punto de la respuesta debería seguir la Gran Comisión y enseñar el evangelio a fin de que las respuestas sean verdaderamente del corazón. Anime a los oyentes a que calculen el costo y de hecho, anímelos a que oren. Simplemente no les haga repetir una oración después de usted, como si las palabras de usted fueran más importantes que los corazones de ellos.

Si una persona dice que quiere convertirse en cristiano reaccione con alegría. Anímela a que asista a la iglesia, a que lea la Biblia, a que ore y a que haga cambios en su vida. Aliéntela a mantenerse firme en Jesús y su Palabra, y propóngase ayudarle a comenzar en su vida cristiana. Pero la idea de guiar a la persona en una oración y entonces darle una seguridad falsa es ciertamente contraria a la idea de evangelización contenida en la Gran Comisión.

Nuestra evangelización sería mucho más robusta, nuestro fruto mucho más evidente y la iglesia mucho más sana si enfocáramos la atención en el difícil llamado de Jesús a hacer discípulos en lugar de en nuestro sustituto moderno y dañino. Sigamos el modelo bíblico y veremos el fruto del Espíritu: Un evangelio poderoso, creyentes en crecimiento y una iglesia pura.

Sección 3

La evangelización en la práctica

11

Jesús como Señor: Los componentes esenciales del mensaje del evangelio[1]

John MacArthur

Detrás de todas las preguntas teológicas acerca de la evangelización está este asunto: Para que una persona tenga fe salvadora, ¿qué necesita exactamente que se le comunique a fin de que comprenda el mensaje? Este capítulo se ocupa de los elementos básicos del mensaje del evangelio: Quién es Dios, por qué los individuos están separados de Él, lo que Cristo ha hecho para mediar entre los dos y cómo deben responder las personas.

Al compartir el evangelio con no creyentes, ¿cuáles son los elementos principales que deberíamos estar seguros de comunicarles? Aquí es donde este libro se pone práctico. La pregunta real es: «¿Cómo evangelizar a mis amigos, familiares y vecinos?» Para los padres, una pregunta aun más importante es: «¿Cómo les debería presentar el evangelio a mis hijos?»

Segmentos recientes dentro del cristianismo han tenido tendencia a enfocar de manera mínima esta pregunta. Desafortunadamente, el deseo legítimo de expresar la esencia del evangelio con claridad ha dado paso a un empeño menos abarcador. Es nuestro propósito separar los elementos básicos del mensaje en los términos más definidos posibles. El glorioso evangelio de Cristo, al que Pablo llamó: «poder de Dios para salvación a todo aquel que cree» (Romanos 1.16), incluye toda la verdad acerca de Cristo. Pero el evangelicalismo estadounidense tiene la tendencia a estimar el evangelio como un «plan de salvación». Hemos reducido el mensaje a una lista de hechos con la menor cantidad de palabras posibles y en el menor tiempo que se pueda. Usted probablemente ha visto estos «planes de salvación» preempacados: «Seis pasos para tener paz con Dios»; «Cinco cosas que Dios quiere que usted conozca»; «Las cuatro leyes espirituales»; «Tres verdades sin las cuales usted no puede vivir»; «Dos formas para vivir»; o «Un camino al cielo».[2]

Otra tendencia igualmente peligrosa es reducir la evangelización a una conversación aprendida de memoria. A menudo el adiestramiento para la evangelización consiste en hacer a los cristianos aprender de memoria una serie de preguntas, anticipando que cada pregunta caerá dentro de unas categorías que tienen una respuesta planificada de antemano.

Pero el evangelio no es un mensaje que pueda ser encapsulado, resumido y envuelto en plástico para ofrecerlo luego como un remedio genérico para toda clase de pecadores. Los pecadores ignorantes necesitan que se les instruya acerca de quién es Dios y por qué Él tiene el derecho de exigir que se le obedezca. Los pecadores confiados en su moralidad necesitan que sus pecados sean expuestos por las exigencias de la ley de Dios. Los pecadores descuidados necesitan que se les enfrente con la realidad del juicio inminente de Dios. Los pecadores temerosos necesitan que se les diga que Dios en su misericordia ha provisto una forma de liberación. Todos los pecadores deben comprender cuán santo es Dios. Deben comprender las verdades básicas de la muerte sacrificial de Cristo y el triunfo de su resurrección. Necesitan que se les enfrente con la exigencia de Dios de que se vuelvan de sus pecados y acepten a Cristo como Señor y Salvador.

Además, en todas las ocasiones en que Jesús y los apóstoles evangelizaron, ya sea ministrando a personas o a multitudes, no hay dos instancias donde hayan presentado el mensaje empleando exactamente la misma terminología. Ellos sabían que la salvación es obra soberana de Dios. Su papel era predicar la verdad en tanto que el Espíritu Santo la aplicaba individualmente a los corazones de los elegidos de Él.

En cada caso, la forma del mensaje variará. Pero el contenido siempre debe establecer la realidad de la santidad de Dios y la condición desvalida del pecador; y luego, mostrarles a los pecadores que Cristo como soberano pero misericordioso Señor ha pagado por completo el precio expiatorio por todos los que se vuelven a Él con fe.

A menudo, a los cristianos de hoy se les advierte que no digan demasiado al perdido. Ciertos asuntos espirituales son considerados tabúes al hablarle al inconverso: La ley de Dios, el señorío de Cristo, el apartarse del pecado, la rendición, la obediencia, el juicio y el infierno. Tales cosas no se deben mencionar, no sea que nosotros «añadamos algo al ofrecimiento del don gratuito de Dios». Hay algunos que emplean este evangelio reduccionista en su forma más extrema. Aplicando de manera equivocada la doctrina reformada de la *sola fide* («fe sola»), hacen de la fe el único tema permisible al hablarles a los no cristianos acerca de la responsabilidad de ellos ante Dios. En ese entonces dan fe completamente sin significado despojándola de todo excepto sus aspectos nocionales. Algunos creen que así se preserva la pureza del evangelio.

Sin embargo, lo que en verdad ha hecho esto ha sido menoscabar el poder del mensaje de salvación. También ha llenado la iglesia con «conversos» cuya fe es falsa y cuya esperanza depende de una promesa igualmente falsa. Al tiempo que dicen que «aceptan a Cristo como Salvador», están rechazando su justo reclamo como Señor. Con sus labios dicen honrar a Dios, pero en sus corazones lo desprecian por completo (Marcos 7.6). Con toda liviandad afirman con sus bocas que son de Él, pero deliberadamente le niegan con sus hechos (Tito 1.16). Lo llaman «Señor, Señor», pero con terquedad se niegan a cumplir sus órdenes (Lucas 6.46). Tales personas son la descripción trágica de los «muchos» en Mateo 7.22–23 que un día quedarán anonadadas al escuchar: «Nunca os conocí; apartaos de mí, hacedores de maldad».

Lo que decimos en la evangelización

Si no hay una descripción sencilla para una conversación evangelística, ¿entonces qué debería decir el evangelizador al proclamar el evangelio? Hay muchos libros útiles que ofrecen directrices en relación a la forma de testificar.[3] En este capítulo, quiero enfocar la atención en algunos asuntos cruciales referentes al contenido del mensaje que somos llamados a compartir con los incrédulos. Específicamente, si queremos expresar el evangelio de la manera más precisa posible, ¿cuáles son los puntos que necesitamos poner en claro? Lo que sigue es una lista de verdades acerca del evangelio que el evangelizador debería esforzarse por incluir en cada conversación acerca del evangelio. No están en orden cronológico; ni se sugiere «comenzar con el 1, luego con el 2», sino que se presentan en forma de lista para facilitar su estudio. Lo siguiente es lo que el evangelizador debería dar a conocer en cualquier conversación acerca del evangelio.

Enséñeles acerca de la santidad de Dios

«El principio de la sabiduría es el temor de Jehová» (Salmo 111.10; véase también Job 28.28; Proverbios 1.7; 9.10; 15.33; Miqueas 6.9). Mucho de la evangelización contemporánea intenta despertar cualquier cosa menos el temor de Dios en la mente de los pecadores. Por ejemplo: «Dios te ama y tiene un plan maravilloso para tu vida», es la línea para abrir la típica apelación evangelística. Esta clase de evangelismo está muy lejos de la imagen de un Dios al que debe temerse.

El remedio para tal manera de pensar es la verdad bíblica de la santidad de Dios. El Eterno es completamente santo y su ley por consiguiente exige santidad perfecta: «Porque yo soy Jehová vuestro Dios; vosotros por tanto os santificaréis, y seréis santos, porque yo soy santo;... seréis, pues, santos, porque yo soy santo» (Levítico 11.44–45). «No podréis servir a Jehová, porque él es Dios santo, y Dios celoso; no sufrirá vuestras rebeliones y vuestros pecados» (Josué 24.19). «No hay santo como Jehová; porque no hay ninguno fuera de ti, y no hay refugio como el Dios nuestro» (1 Samuel 2.2). «¿Quién podrá estar delante de Jehová el Dios santo?» (1 Samuel 6.20).

Aun el evangelio requiere esta santidad: «Sed santos, porque yo soy santo» (1 Pedro 1.16). «Seguid... la santidad, sin la cual nadie verá al Señor» (Hebreos 12.14).

Porque Él es santo, Dios aborrece el pecado: «Yo soy Jehová tu Dios, fuerte, celoso, que visito la maldad de los padres sobre los hijos hasta la tercera y cuarta generación de los que me aborrecen» (Éxodo 20.5).

Los pecadores no pueden estar delante de Él: «Por tanto, no se levantarán los malos en el juicio, ni los pecadores en la congregación de los justos» (Salmo 1.5).

Muéstreles su pecado

El evangelio significa «buenas nuevas». Lo que le hace verdaderamente buenas noticias no es solo que el cielo es gratis, sino que el pecado ha sido vencido por el Hijo de Dios. Tristemente, se ha vuelto común presentar el evangelio como tan solo algo para remediar el pecado. «La salvación» se ofrece como un escape del castigo, el plan de Dios para una vida maravillosa, una manera de alcanzar realización, una respuesta a los problemas de la vida y una promesa de perdón gratuita. Todas esas cosas son ciertas por supuesto, pero son subproductos de la redención, no la idea central del evangelio mismo. Cuando el pecado no es considerado, tales promesas de bendiciones divinas degradan el mensaje.

En las Escrituras, la evangelización a menudo comienza con un llamado al arrepentimiento y a la obediencia.[4] Jesús mismo predicó: «Arrepentíos, y creed en el evangelio» (Marcos 1.15). Pablo escribió: «Si confesares con tu boca que Jesús es el Señor, y creyeres en tu corazón que Dios le levantó de los muertos, serás salvo» (Romanos 10.9). En Pentecostés, Pedro predicó: «Arrepentíos, y bautícese cada uno de vosotros en el nombre de Jesucristo para perdón de los pecados; y recibiréis el don del Espíritu Santo» (Hechos 2.38). Juan escribió: «El que rehúsa creer en el Hijo no verá la vida, sino que la ira de Dios está sobre él» (Juan 3.36). El escritor de Hebreos dijo que Cristo «vino a ser autor de eterna salvación para todos los que le obedecen» (Hebreos 5.9). Santiago escribió: «Someteos, pues, a Dios; resistid al diablo, y huirá de vosotros. Acercaos a Dios, y él se acercará a vosotros. Pecadores, limpiad las manos; y vosotros los de doble ánimo, purificad vuestros corazones» (Santiago 4.7–8).

Jesús y los apóstoles no dudaron en usar la ley en su gestión evangelizadora.[5] Ellos sabían que la ley revela nuestro pecado (Romanos 3.20) y es un tutor para conducirnos a Cristo (Gálatas 3.24). Es la manera en que Dios hace que los pecadores entiendan su propio desamparo. Claramente, Pablo entendió el lugar crucial de la ley en los contextos evangelísticos. Pero muchos hoy creen que la ley, con su exigencia inflexible de la santidad y la obediencia, es contraria e incompatible con el evangelio.

¿Por qué deberíamos hacer tales distinciones donde las Escrituras no la hacen? Si las Escrituras advirtieran en contra de predicar el arrepentimiento, la obediencia, la justicia o el juicio para los incrédulos, eso sería una cosa diferente. Pero la Biblia no contiene tales advertencias. Todo lo contrario. Por ejemplo, cuando le preguntaron a Jesús cómo un hombre podría obtener la vida eterna, Él respondió predicando acerca de la ley y el señorío (Mateo 19.16–22). Si queremos seguir un modelo bíblico, no podemos ignorar el pecado, la justicia y el juicio porque son los asuntos acerca de los cuales el Espíritu Santo condena al no salvado (Juan 16.8). ¿Podemos omitirlos del mensaje y todavía llamarlo el evangelio?

La evangelización apostólica inevitablemente culminaba en un llamado al arrepentimiento (Hechos 2.38; 3.19; 17.30; 26.20). ¿Podemos decirles a los pecadores que no tienen que apartarse de su pecado y llamar a eso evangelización? Pablo ministró a incrédulos cuando les dijo «que se arrepintiesen y se convirtiesen a Dios, haciendo obras dignas de arrepentimiento» (Hechos 26.20). ¿Podemos reducir el mensaje a simplemente «aceptar a Cristo» y aún creer que estamos ministrando evangelísticamente?

Uno se pregunta qué clase de salvación está disponible para los que ni aun reconocen su pecado. ¿No dijo Jesucristo: «Los sanos no tienen necesidad de médico, sino los enfermos. No he venido a llamar a justos, sino a pecadores» (Marcos 2.17)? Ofrecerle la salvación a alguien que todavía no comprende la gravedad del pecado es hacer lo que dice

Jeremías 6.14: «Y curan la herida de mi pueblo con liviandad, diciendo: Paz, paz; y no hay paz».

El pecado es lo que hace imposible la verdadera paz para los incrédulos

«Pero los impíos son como el mar en tempestad, que no puede estarse quieto, y sus aguas arrojan cieno y lodo» (Isaías 57.20). Este problema proviene del hecho de que el pecado tiene consecuencias (el ladrón teme constantemente ser atrapado), pero también proviene de llevar una vida separada de Dios (Efesios 4.18).

Todos hemos pecado

Pablo explica en Romanos que «No hay justo, ni aun uno; no hay quien entienda, no hay quien busque a Dios» (Romanos 3.10–11). Nadie puede aducir que irá al cielo porque es una buena persona.

El pecado hace al pecador merecedor de la muerte

«Y el pecado, siendo consumado, da a luz la muerte» (Santiago 1.15). «Porque la paga del pecado es muerte» (Romanos 6.23).

Los pecadores no pueden hacer nada para ganarse la salvación

«Si bien todos nosotros somos como suciedad, y todas nuestras justicias como trapo de inmundicia; y caímos todos nosotros como la hoja, y nuestras maldades nos llevaron como viento» (Isaías 64.6). «Por las obras de la ley ningún ser humano será justificado delante de él» (Romanos 3.20). «El hombre no es justificado por las obras de la ley,... por cuanto por las obras de la ley nadie será justificado» (Gálatas 2.16).

Por tanto, los pecadores están en un estado de desamparo

«Y de la manera que está establecido para los hombres que mueran una sola vez, y después de esto el juicio» (Hebreos 9.27). «Porque nada hay encubierto, que no haya de descubrirse; ni oculto, que no haya de saberse» (Lucas 12.2). «Dios juzgará por Jesucristo los secretos de los hombres» (Romanos 2.16). «Pero los cobardes e incrédulos, los abominables y homicidas, los fornicarios y hechiceros, los idólatras y todos los mentirosos tendrán su parte en el lago que arde con fuego y azufre, que es la muerte segunda» (Apocalipsis 21.8).

Instrúyalos acerca de Cristo y lo que Él ha hecho

El evangelio es buenas noticias acerca de quién es Cristo y lo que Él ha hecho por los pecadores. Aunque el llamado a arrepentirse de una vida de pecado es parte constante de la presentación del evangelio, el arrepentimiento solo no es el mensaje del evangelio. El centro del mensaje del evangelio es cómo Dios salvó la brecha entre humanos pecaminosos y la santidad de Él. Esto se observa de manera maravillosa en la persona y obra de Cristo.

Es Dios eterno

«En el principio era el Verbo, y el Verbo era con Dios, y el Verbo era Dios. Este era en el principio con Dios. Todas las cosas por él fueron hechas, y sin él nada de lo que ha sido hecho, fue hecho... Y aquel Verbo fue hecho carne, y habitó entre nosotros (y vimos su gloria, gloria como del unigénito del Padre), lleno de gracia y de verdad» (Juan 1.1–3, 14). «Porque en él habita corporalmente toda la plenitud de la Deidad» (Colosenses 2.9). Para comprender lo que Dios ha hecho, el pecador necesita comprender quién es Cristo.

Es Señor de todos

«Él es Señor de señores y Rey de reyes; y los que están con él son llamados y elegidos y fieles» (Apocalipsis 17.14). «Y estando en la condición de hombre, se humilló a sí mismo, haciéndose obediente hasta la muerte, y muerte de cruz. Por lo cual Dios también le exaltó hasta lo sumo, y le dio un nombre que es sobre todo nombre» (Filipenses 2.8–9). «Jesucristo; éste es Señor de todos» (Hechos 10.36).

Se hizo hombre

«El cual, siendo en forma de Dios, no estimó el ser igual a Dios como cosa a que aferrarse, sino que se despojó a sí mismo, tomando forma de siervo, hecho semejante a los hombres» (Filipenses 2.6–7).

Es completamente puro y sin pecado

«[Cristo] fue tentado en todo según nuestra semejanza, pero sin pecado» (Hebreos 4.15). Él «no hizo pecado, ni se halló engaño en su boca» (1 Pedro 2.22). «Él apareció para quitar nuestros pecados, y no hay pecado en él» (1 Juan 3.5).

Él que no tenía pecado se dio en sacrificio por nuestro pecado

«Al que no conoció pecado, por nosotros lo hizo pecado, para que nosotros fuésemos hechos justicia de Dios en él» (2 Corintios 5.21). Él «se dio a sí mismo por nosotros para redimirnos de toda iniquidad y purificar para sí un pueblo propio, celoso de buenas obras» (Tito 2.14).

Derramó su sangre como expiación por el pecado

«En quien tenemos redención por su sangre, el perdón de pecados según las riquezas de su gracia, que hizo sobreabundar para con nosotros en toda sabiduría e inteligencia, dándonos a conocer el misterio de su voluntad, según su beneplácito, el cual se había propuesto en sí mismo» (Efesios 1.7–9). «[Jesucristo] nos amó, y nos lavó de nuestros pecados con su sangre» (Apocalipsis 1.5).

Murió en la cruz para proveer un camino de salvación a los pecadores

«Quien llevó él mismo nuestros pecados en su cuerpo sobre el madero, para que nosotros, estando muertos a los pecados, vivamos a la justicia; y por cuya herida fuisteis sanados» (1 Pedro 2.24). «Y por medio de él reconciliar consigo todas las cosas, así las que están en la tierra como las que están en los cielos, haciendo la paz mediante la sangre de su cruz» (Colosenses 1.20).

Resucitó triunfante de entre los muertos

Cristo «fue declarado Hijo de Dios con poder, según el Espíritu de santidad, por la resurrección de entre los muertos» (Romanos 1.4). «[Jesús] fue entregado por nuestras transgresiones, y resucitado para nuestra justificación» (Romanos 4.25). «Porque primeramente os he enseñado lo que asimismo recibí: Que Cristo murió por nuestros pecados, conforme a las Escrituras; y que fue sepultado, y que resucitó al tercer día, conforme a las Escrituras» (1 Corintios 15.3–4).

Hace un camino para la reconciliación con Dios

Los pecadores están separados de Dios a causa del pecado de ellos. No tienen acceso a Él mediante la oración (Isaías 1.15) y están separados de la camaradería experimentada por los que conocen a su Padre celestial (Efesios 2.12). Pero la muerte y resurrección de Cristo hacen posible que las personas se reconcilien con Dios (1 Pedro 3.18).

Dígales qué exige Dios de ellos

La fe del arrepentido es el requisito. No es meramente una «decisión» de confiar en Cristo para vida eterna, sino la completa renuncia a todo lo demás en que confiamos y volverse a Jesucristo como Señor y Salvador. En el centro de la evangelización está el llamado a la persona a dejar de ser una esclava del pecado y convertirse en una esclava de Dios.[6]

Arrepentirse

«Convertíos, y apartaos de todas vuestras transgresiones» (Ezequiel 18.30). «Porque no quiero la muerte del que muere, dice Jehová el Señor» (Ezequiel 18.32). «[Dios] ahora manda a todos los hombres en todo lugar, que se arrepientan» (Hechos 17.30). «Que se arrepintiesen y se convirtiesen a Dios, haciendo obras dignas de arrepentimiento» (Hechos 26.20).

Seguir a Cristo

«Si alguno quiere venir en pos de mí, niéguese a sí mismo, tome su cruz cada día, y sígame» (Lucas 9.23). «Ninguno que poniendo su mano en el arado mira hacia atrás, es apto para el reino de Dios» (Lucas 9.62). «Si alguno me sirve, sígame; y donde yo estuviere, allí también estará mi servidor. Si alguno me sirviere, mi Padre le honrará» (Juan 12.26).

Confiar en Él como Señor y Salvador

«Cree en el Señor Jesucristo, y serás salvo» (Hechos 16.31). «Si confesares con tu boca que Jesús es el Señor, y creyeres en tu corazón que Dios le levantó de los muertos, serás salvo» (Romanos 10.9).

Aconséjeles que calculen el costo con cuidado

La salvación es absolutamente gratis. Es como unirse al ejército. Usted no tiene que proveerse lo que necesita. Todo lo que necesitará está provisto. Pero en un sentido seguir a Cristo, como incorporarse a las filas del ejército, le costará caro. Puede costarle la libertad, la familia, los amigos, la autonomía y posiblemente hasta su vida. La tarea del evangelizador, semejante al reclutador militar, es decirles a los posibles reclutas la historia completa. Eso es exactamente por qué el mensaje de Jesús estuvo a menudo tan colmado de duras exigencias:

> Si alguno viene a mí, y no aborrece a su padre, y madre, y mujer, e hijos, y hermanos, y hermanas, y aun también su propia vida, no puede ser mi discípulo. Y el que no lleva su cruz y viene en pos de mí, no puede ser mi discípulo. Porque ¿quién de vosotros, queriendo edificar una torre, no se sienta primero y calcula los gastos, a ver si tiene lo que necesita para acabarla? No sea que después que haya puesto el cimiento, y no pueda acabarla, todos los que lo vean comiencen a hacer burla de él, diciendo: Este hombre comenzó a edificar, y no pudo acabar. ¿O qué rey, al marchar a la guerra contra otro rey, no se sienta primero y considera si puede hacer frente con diez mil al que viene contra él con veinte mil? Y si no puede, cuando el otro está todavía lejos, le envía una embajada y le pide condiciones de paz. Así, pues, cualquiera de vosotros que no renuncia a todo lo que posee, no puede ser mi discípulo. (Lucas 14.26–33)

El enigma de libre o costoso, de muerte o vida, es expresado en los términos más evidentes posibles en Juan 12.24–25: «De cierto, de cierto os digo, que si el grano de trigo no cae en la tierra y muere, queda solo; pero si muere, lleva mucho fruto. El que ama su vida, la perderá; y el que aborrece su vida en este mundo, para vida eterna la guardará».

La cruz es central para el evangelio precisamente por su mensaje gráfico, que incluye lo horrible del pecado, la profundidad de la ira de Dios contra el pecado y la eficacia de la obra de Jesucristo en crucificar al viejo hombre (Romanos 6.6). A. W. Tozer escribió: «La cruz es la cosa más revolucionaria que alguna vez apareció entre los hombres».[7]

La cruz en tiempos de Roma no supo de componendas; nunca hizo concesiones. Ganó todas sus discusiones matando a su adversario y silenciándolo para siempre. No tuvo piedad de Cristo, sino que lo mató violentamente como al resto. Él estaba vivo cuando lo colgaron en esa cruz y completamente muerto cuando lo bajaron de ella seis horas más tarde. Esa fue la cruz que por primera vez apareció en la historia cristiana.

La cruz siempre tiene su manera. Gana derrotando a su adversario e imponiendo su voluntad en él. Siempre domina. Nunca hace componendas, nunca regatea ni consulta, nunca cede en busca de la paz. No le importa la paz; le importa solo terminar con quien se le opone tan rápido como sea posible.

Con conocimiento perfecto de todo esto, Cristo dijo: «Si alguno quiere venir en pos de mí, niéguese a sí mismo, tome su cruz cada día, y sígame» (Lucas 9.23). Así que la cruz no solo le da fin a la vida de Cristo, también termina con la vida anterior, la vieja vida, de cada uno de sus seguidores verdaderos. Destruye el viejo patrón, el patrón de Adán, en la vida del creyente y le da fin. Entonces el Dios que levantó a Cristo de la muerte levanta al creyente y comienza una nueva vida. Esto y nada menos que esto es el verdadero cristianismo.

Anímelos a confiar en Cristo

«Conociendo, pues, el temor del Señor, persuadimos a los hombres» (2 Corintios 5.11). Pablo expone con toda seriedad:

> Dios estaba en Cristo reconciliando consigo al mundo, no tomándoles en cuenta a los hombres sus pecados, y nos encargó a nosotros la palabra de la reconciliación. Así que, somos embajadores en nombre de Cristo, como si Dios rogase por medio de nosotros; os rogamos en nombre de Cristo: Reconciliaos con Dios. (2 Corintios 5.19–20)

«Deje el impío su camino, y el hombre inicuo sus pensamientos, y vuélvase a Jehová, el cual tendrá de él misericordia, y al Dios nuestro, el cual será amplio en perdonar» (Isaías 55.7). «Si confesares con tu boca que Jesús es el Señor, y creyeres en tu corazón que Dios le levantó de los muertos, serás salvo. Porque con el corazón se cree para justicia, pero con la boca se confiesa para salvación» (Romanos 10.9–10).

El llamado al bautismo

En ninguna parte, ya sea del Antiguo o del Nuevo Testamento, encontramos que se hace una invitación a los pecadores a que crean ahora, pero obedezcan más tarde. El llamado a confiar y a obedecer es un solo llamamiento. La palabra *obedecer* se usa a veces para describir la experiencia de conversión: «Vino a ser autor de eterna salvación para todos los que le obedecen» (Hebreos 5.9).

¿Supone alguien que es posible creer y llegar a entender todo lo que Jesús hizo al sufrir y morir por el pecado? ¿Podría alguien aceptar la oferta de perdón de la mano de Él y entonces darse media vuelta, no exaltarle con su propia vida, y aun llegar a despreciarle, rechazarle y dudar de él exactamente como los que le dieron muerte? Esta clase de teología es grotesca.

La verdad es que nuestra rendición a Cristo nunca es más pura que en el momento cuando nacemos de nuevo. En ese momento sagrado estamos totalmente bajo el control soberano del Espíritu Santo, unidos a Cristo y recibimos un corazón nuevo. Entonces, más que nunca, la obediencia no es negociable, ni cualquier convertido genuino desearía que lo fuera (Romanos 6.17).

El primer mandato a cada cristiano es bautizarse. El bautismo no es una condición para la salvación sino un paso inicial de obediencia para el cristiano. La conversión es completa antes de que el bautismo ocurra. El bautismo es solo una señal externa que da testimonio de lo que ya ha ocurrido en el corazón del pecador. El bautismo es una ordenanza y es precisamente la clase de «obra» que Pablo expresa que no puede ser meritoria (compare con la circuncisión, Romanos 4.10–11).[8]

No obstante, apenas se puede leer el Nuevo Testamento sin notar el fuerte énfasis que la iglesia primitiva puso en el bautismo. Simplemente asumieron que cada creyente genuino emprendería una vida de obediencia y discipulado. Esto no era negociable. Por eso vieron al bautismo como el momento decisivo. Solo los que estaban bautizados eran considerados cristianos. Por esto es que el eunuco etíope estaba tan ansioso de ser bautizado (Hechos 8.36–39).

Desdichadamente, la iglesia hoy toma el bautismo mucho más a la ligera. No es poco común conocer a personas que han estado profesando ser cristianas por años pero que nunca han sido bautizadas. Esto no sucedía en la iglesia del Nuevo Testamento. Porque nuestra cultura evangélica le quita importancia a la obediencia de Cristo hemos perdido el enfoque en este acto cristiano inicial.

Carlos Spurgeon escribió: "Si el convertido profeso clara y deliberadamente da fe de que conoce la voluntad del Señor, pero no tiene la intención de ocuparse de ella, usted no debe consentir sus suposiciones, sino que tiene el deber de asegurarle que él no es salvo».[9] Este principio, por supuesto, no prohíbe que haya clases de nuevos creyentes, el catecismo, o aun un tiempo breve entre la conversión y el bautismo. Pero esto quiere decir que cuando una persona profesa fe en Cristo, el nuevo convertido debería aprender acerca del bautismo y debería querer profesar su fe públicamente.

Jesús como Señor

El credo de la iglesia primitiva era «Jesús es Señor» (cp. Romanos 10.9–10; 1 Corintios 12.3). El señorío de Cristo estuvo presente en la predicación apostólica y está presente en el Nuevo Testamento. En el primer sermón apostólico, el mensaje de Pedro en Pentecostés, este fue el pináculo:

> A este Jesús resucitó Dios, de lo cual todos nosotros somos testigos. Así que, exaltado por la diestra de Dios, y habiendo recibido del Padre la promesa del Espíritu Santo, ha derramado esto que vosotros veis y oís. Porque David no subió a los cielos; pero él mismo dice:
>
> Dijo el Señor a mi Señor:

Siéntate a mi diestra,
Hasta que ponga a tus enemigos por estrado de tus pies.

Sepa, pues, ciertísimamente toda la casa de Israel, que a este Jesús a quien vosotros crucificasteis, Dios le ha hecho Señor y Cristo. (Hechos 2.32–36)

El contexto no deja duda de lo que Pedro quería decir. Este mensaje fue acerca de la absoluta autoridad de Cristo como bendito y único Soberano, Rey de reyes y Señor de señores (1 Timoteo 6.15–16).

A través de todo el libro de Hechos el señorío absoluto de Jesús es un tema recurrente. Cuando Pedro abrió el ministerio del evangelio a los gentiles en casa de Cornelio, él otra vez declaró: «Jesucristo; éste es Señor de todos» (Hechos 10.36). La verdad de su señorío fue la clave para la predicación apostólica. El señorío de Cristo es el evangelio según los apóstoles.

T. Alan Chrisope, en su maravilloso libro *Jesus Is Lord*, escribe: «No hay elemento de la predicación apostólica más preeminente que la resurrección, la exaltación y el señorío de Jesús».[10] Y añade:

> La confesión «Jesús es Señor» es la simple confesión cristiana más predominante en el Nuevo Testamento. No solo ocurre en varios pasajes que enfatizan su carácter singular como *la* confesión cristiana (e.g., Filipenses 2.9–11; Romanos 10.9; 1 Corintios 12.3; 8.5–6; cp. Efesios 4.5), sino que también ocurre repetidas veces en una forma de variante en la frase «nuestro Señor», una designación de Jesús que fue tan ampliamente usada que se volvió la confesión cristiana reconocida y distintiva universalmente, conocida y aceptada por todos los creyentes.[11]

De hecho, él escribe: «Todos los hechos básicos de la historia del evangelio están implícitos en la simple y breve confesión: "Jesús es Señor"».[12]

El apóstol Pablo afirmó: «Porque no nos predicamos a nosotros mismos, sino a Jesucristo como Señor, y a nosotros como vuestros siervos por amor de Jesús» (2 Corintios 4.5). Jesús como Señor es el mensaje evangelístico que llevamos a un mundo que está perdido sin él.

12

Cómo iniciar la conversación: Un enfoque práctico a la evangelización en la vida real

Jim Stitzinger III

Quizá la parte más difícil de la evangelización sea llevar la conversación al punto donde el evangelio se pueda explicar. Este capítulo provee consejo práctico en relación con la forma de iniciar la comunicación con los que el Señor ha colocado a nuestro derredor y cómo dirigir esas relaciones hacia oportunidades evangelísticas.

Muchos creyentes estereotipan la evangelización como una actividad hecha en un lugar y tiempo determinados, por personas con el «don» de la evangelización. Equivocadamente piensan acerca de la evangelización como ser puestos en cuarentena para una estrategia «de venta en frío», en la que se contacta a personas que nunca se han visto antes y que probablemente no se verán después.

Mientras que las conversaciones evangelísticas espontáneas deberían ser parte de la vida de cada creyente, la mayor parte de las presentaciones del evangelio tienen lugar dentro de relaciones ya existentes. Si debemos cumplir con la comisión de Cristo (Mateo 28.19–20), siempre debemos estar listos a explicarles el evangelio a los que nos rodean.

Por esta razón, la vida de un creyente debería caracterizarse por ser evangelística. En términos sencillos, llevar el evangelio a los incrédulos debería ser una parte consecuente de nuestra vida. Si no lo es, descuidamos la simple razón por la que Dios nos ha dejado en la tierra. Aunque es verdad que hay personas específicas con el don de la evangelización, todos los creyentes deberían estar activamente compartiendo el evangelio con el mundo que les rodea (Hechos 21.8; Efesios 4.11). Aun a Timoteo, con el don de pastor, se le exhortó a hacer «obra de evangelista» (2 Timoteo 4.5). El meollo del asunto es que las Escrituras no reconocen a un creyente que no proclame a Cristo de forma consecuente, apasionada y audaz.

Tal como Pablo lo dijo claramente en 2 Corintios 5.20, somos embajadores de Cristo. En el mundo romano, un embajador era enviado por un país más poderoso para fraguar y enmendar buenas relaciones con un país más pequeño y marginado. Si el embajador era resistido o maltratado, era posible que lo que viniera después fuera un rápido castigo para esa pequeña nación.[1] Esto es lo que Pablo quiere decir cuando describe a los cristianos como embajadores. Hemos sido enviados por Dios para enmendar relaciones con un mundo alienado. Si nuestro mensaje es rechazado, Dios es nuestro defensor y traerá juicio sobre los que le despreciaron. Como sus embajadores, nuestra meta es llevar fielmente el mensaje que se nos ha confiado. Esta no es una tarea gravosa sino de gozo, y no hay equivocación en cuanto al privilegio que tenemos de proclamar la persona y obra de Cristo.

Ya que el amor a Dios siempre se manifiesta en la obediencia a Cristo, la evangelización es una de las formas más rápidas para comprobar el pulso de nuestro amor. Nunca debemos descuidar a los incrédulos que Dios soberanamente ha escogido para colocar en nuestra vida. Sin una comprensión correcta tanto del «por qué» como del «cómo» de la evangelización, tendemos a volvernos indiferentes y comenzar a hablar de los incrédulos como si fueran un enemigo que debe resistirse en lugar de individuos a los que hay que llevar a una confrontación amorosa con el evangelio. Pero cuando entendemos que los pecadores están separados de Dios, son esclavos del pecado y no tienen esperanza en este mundo, entonces tenemos compasión por ellos. Cuando nos damos cuenta de que hemos quedado en la tierra para alcanzarlos con las buenas nuevas de restauración de Dios, entonces deberíamos estar ansiosos de llevarles el mensaje.

Lo que necesitamos es un estilo evangelizador de vida; no un enfoque esporádico, sino un andar coherente que lleve a las personas a un conocimiento creciente de Cristo. Al alinear nuestros pensamientos del tema con las Escrituras, comenzamos a cambiar nuestros patrones de vivir. Charles Spurgeon una vez dijo: «Cada cristiano es un misionero o un impostor».[2] Y añadió:

> Cuando un hombre ha ganado amor hacia los pecadores que perecen y ama a su bendito Maestro, la salvación de las almas será una absoluta pasión para él. Tanto le entusiasmará que casi se olvidará de sí mismo en pro de la salvación de otros. Será como el valiente y corpulento bombero a quien no le importa chamuscarse por el calor con tal de rescatar a la pobre criatura que la verdadera humanidad colocó en su corazón.[3]

Un evangelizador enfocado dedicará tiempo para cultivar una relación con incrédulos, haciéndoles preguntas y dándose cuenta de los asuntos que conducen a la conversación del evangelio.

Las prioridades

Vivir de manera evangelística no viene de forma natural, aun para el cristiano maduro. Después de todo, el evangelio es un mensaje insensato (1 Corintios 1.25) y esto dificulta aún más la tarea. Nadie se deleita con llevar un mensaje insensato a personas que por naturaleza tienen la posición de aborrecer a Dios. De modo que puede haber un cierto desasosiego lógico en lo que se refiere a la evangelización. Pero este desasosiego puede subsanarse cuando una persona organiza su vida según algunas prioridades básicas.

La prioridad de la santidad personal

La evangelización personal eficaz comienza con llevar una vida transformada. Pablo escribió que cada creyente no debe conformarse a este siglo, sino transformarse por medio de la renovación de su mente (Romanos 12.2).

La manera en que pensamos determina la manera como hablamos y actuamos (Proverbios 23.7; Lucas 6.45). Las palabras y acciones pecaminosas provienen de un pensar pecaminoso, las palabras y acciones justas resultan de un pensar justo. Si bien la mente de un creyente ha pasado de estar esclavizada al pecado a estar sometida a Cristo, todavía debemos continuar renovándola por medio de la meditación frecuente en la Palabra de Dios. Para ayudar a poner nuestra mente en «las cosas de arriba» (Colosenses 3.2) y auxiliarnos para que nos enfoquemos en las cosas que son verdaderas, honestas, justas, puras, amables y de buen nombre (Filipenses 4.8) el Espíritu Santo obra mediante la Palabra implantada en nuestras conciencias (Salmo 119.9–11). El resultado es la influencia cristiana en un mundo incrédulo. Nuestro estilo de vida debe autenticar el mensaje. Ya que somos creyentes, nuestras vidas deberían adornar «la doctrina de Dios nuestro Salvador» (Tito 2.10).

Pedro muestra la relación entre nuestra vida y nuestro compromiso evangelístico cuando llama a los creyentes a:

> Santificad a Dios el Señor en vuestros corazones, y estad siempre preparados para presentar defensa con mansedumbre y reverencia ante todo el que os demande razón de la esperanza que hay en vosotros; teniendo buena conciencia, para que en lo que murmuran de vosotros como de malhechores, sean avergonzados los que calumnian vuestra buena conducta en Cristo. (1 Pedro 3.15–16)

Estos versículos hablan de la pureza que debería caracterizar la vida de cada creyente. La pureza de vida se origina en una conciencia sana continuamente adiestrada bajo la autoridad de las Escrituras. Como creyentes, debemos mantener el reto de ser hacedores de la Palabra y no meramente oidores que se engañan a ellos mismos (Santiago 1.22–26). No es suficiente saber los hechos del evangelio, debemos procurar la humildad semejante a la de Cristo.

La hipocresía en la vida de un creyente destruye la evangelización como el moho destruye al pan. La elocuencia y el discurso persuasivo no pueden superar la naturaleza evidente del pecado no perdonado. Debemos recordar que mucho antes que los incrédulos oigan lo que decimos, observarán cómo vivimos. Tal como los incrédulos son identificados por sus «obras» (Gálatas 5.19–21), también los creyentes son identificados por su «fruto» (Gálatas 5.22–23).

El ejemplo que damos puede ser la única manera cristiana de vivir que muchos conocerán. El pecado es todavía una parte de nuestra vida y a veces los incrédulos a quienes testificamos serán afectados por nuestro pecado. Pero aun en esos momentos de fracaso, tenemos la oportunidad de mostrar humildad en buscar perdón y reconciliación tanto con Dios como con los que hemos ofendido.

Un creyente que vive como sal y luz en un mundo oscuro y decadente (Mateo 5.13–16) no le quitará el mérito al mensaje del evangelio sino que mostrará a Cristo al mundo que observa como Él obra mediante nosotros. Cristo dijo en Lucas 6.45 que «el hombre bueno, del buen tesoro de su corazón saca lo bueno; y el hombre malo, del mal tesoro de su corazón saca lo malo; porque de la abundancia del corazón habla la boca». El ejemplo coherente de una vida cambiada es prueba convincente de salvación.

La prioridad de la oración incesante

La obra de evangelismo avanza mediante la oración. Pablo les dijo a los tesalonicenses que oraran «sin cesar» (1 Tesalonicenses 5.17), y un componente de esa vida de oración es interceder por los que todavía no han aceptado a Cristo como Señor y Salvador.

La oración evangelística ruega a Dios que sea glorificado llevando hacia sí a los incrédulos. Vemos esto en la vida de Pablo cuando escribió en Romanos 10.1: «Hermanos, ciertamente el anhelo de mi corazón, y mi oración a Dios por Israel, es para salvación» (véase también 1 Timoteo 2.1–4). Esto es coherente con la manera que Pablo pidió a los colosenses que oraran «al mismo tiempo por nosotros, para que el Señor nos abra puerta para la palabra, a fin de dar a conocer el misterio de Cristo» (Colosenses 4.3).

La oración evangelística le pide a Dios que provea de oportunidades para presentar el evangelio. Le pide a Dios valor e intrepidez a fin de que Él sea honrado. Pablo le pidió a la iglesia de Éfeso que orara por él «a fin de que al abrir mi boca me sea dada palabra para dar a conocer con denuedo el misterio del evangelio, por el cual soy embajador en cadenas; que con denuedo hable de él, como debo hablar» (Efesios 6.19–20).

Ore sin descanso, específica y fervientemente por los que en su soberana elección son campo misionero. Ha sido mi experiencia que mientras más oro por oportunidades evangelísticas, más ocasiones tengo para compartir el evangelio. No estoy seguro si mi oración simplemente abre mis ojos ante las oportunidades que de otra manera habría dejado que pasaran de largo, o si este aumento de oportunidades es una respuesta directa a mi oración. Sospecho que hay un poco de ambos. De una manera u otra, la oración evangelística es una prioridad para edificar una vida que lleve a otros el evangelio.

La prioridad de recordar el evangelio

Un evangelizador solo puede compartir lo que conoce. Obviamente, si las personas no conocen el evangelio no lo pueden exponer. Así que la evangelización comienza con los hechos y versículos que hemos aprendido de memoria. Tomándose el tiempo para aprender de memoria y regularmente revisar el mensaje del evangelio, no solo nos ayuda en nuestra propia santificación sino que nos hará crecer continuamente en ser claros y comprensibles en la evangelización. Ya que la salvación es enteramente obra de Dios, debemos estudiar la Biblia para ser obreros que no se avergüenzan (2 Timoteo 2.15).

Esto es mucho más importante aún que nuestro testimonio. Aunque la realidad de la obra de Cristo en nuestra vida es importante para testificar, hace falta la autoridad que se encuentra solo en las palabras textuales de las Escrituras (Hebreos 4.12). El uso de su testimonio es poderoso cuando usted pormenoriza la obra de Cristo en su vida, pero recuerde que debemos dar a conocer a Cristo, no destacar maldades o realizaciones pasadas.

Lo siguiente es un bosquejo simple del evangelio para aprender de memoria. Aunque no es exhaustivo, cubre los elementos básicos de lo que se debe conocer para ser salvo:

Quién es Dios. La Biblia explica que Dios nos creó y nos sustenta; por lo tanto, Él tiene autoridad absoluta sobre nuestras vidas. Él es perfecto, amoroso y requiere que le obedezcamos por completo.

1. Dios lo creó todo y es dueño de todo, incluso de usted (Génesis 1.1; Salmo 24.1).
2. Dios es perfectamente santo (Mateo 5.48).
3. Dios requiere que usted obedezca de forma perfecta a su ley (Santiago 2.10).

Quiénes somos nosotros. En lugar de buscar a Dios, todo el mundo vive en la rebelión desobediente contra Dios. La Biblia llama a esa desobediencia «pecado». Las buenas obras nunca borran la culpabilidad del pecado. El castigo por el pecado es más que la muerte física que todo el mundo experimentará; es la separación eterna de Dios en el infierno. El hombre merece este juicio por negarse a obedecer a Dios.

1. Usted ha quebrantado la ley de Dios (Romanos 3.10, 23).
2. Usted pagará el castigo eterno por su pecado (Romanos 6.23).
3. Usted no puede salvarse por sus buenas obras (Tito 3.5).

Quién es Jesús. El gran amor y la misericordia de Dios pueden dar perdón a cada pecador. Dios envió a su Hijo, Jesucristo, a morir en la cruz para pagar el castigo por el pecado de todo aquel que crea. En su muerte, Jesús soportó nuestro castigo, satisfaciendo así la ira de Dios. En su resurrección, Jesús probó que es Dios declarando victoria sobre el pecado y la muerte.

1. Cristo vino al mundo como Dios tanto como hombre sin pecado (Colosenses 2.9).
2. Cristo mostró su amor muriendo en la cruz para pagar el castigo por el pecado (Romanos 5.8; 2 Corintios 5.21).
3. Cristo se levantó de la tumba y está vivo hoy (1 Corintios 15.4).

Nuestra respuesta. Dios le ordena que confiese su pecado y se arrepienta. Usted debe creer en Jesucristo como Señor y Salvador; someter toda su vida a Jesucristo y obedecerle como su Señor y su Salvador. Solo creyendo en Cristo puede ser perdonado.

1. Usted debe arrepentirse de todo lo que deshonra a Dios (Isaías 55.7; Lucas 9.23).
2. Y debe creer en Cristo como Señor y Salvador (Romanos 10.9).

La conversación

Con el compromiso de memorizar el evangelio, el siguiente paso es iniciar conversaciones con incrédulos. Como mencioné antes, muchas personas miran la evangelización como algo que ocurre predominantemente en el contexto de personas desconocidas. Sin embargo, la realidad es que la mayor parte de nuestro quehacer evangelístico será en verdad en el contexto de los que ya conocemos. Una forma práctica para entender esto es hacer tres listas:

1. *Todos los incrédulos con quienes regularmente interactúa, pero con quienes nunca ha tenido una conversación sobre el evangelio.* Como esta lista podría ser bastante grande, limítela a las personas con las que se comunica de forma regular como vecinos, familiares, compañeros de trabajo, amigos con los que se reúne y otros. Piense en las personas que ve regularmente (el cartero, el tintorero u otros con quienes usted a menudo interactúa).
2. *Todos los incrédulos con quienes ha tenido algún tipo de conversación acerca del evangelio.* Es posible que con estas personas usted haya considerado ya porciones del evangelio, quizá ayudándolos a entender varios de los componentes del evangelio. En esta

lista podrían estar las personas que ha invitado a un estudio de la Biblia, ha confortado durante tiempos difíciles, ha orado cuando ha podido, ha contestado algunas preguntas que tenían acerca del evangelio y así sucesivamente.

3. *Todos los incrédulos con quienes ha tenido una amplia conversación acerca del evangelio.* Los incluidos en esta lista han oído la presentación completa del evangelio quizá varias veces. Les ha respondido preguntas y les ha rogado que se arrepientan y crean en Cristo.

Muchos creyentes que han hecho este ejercicio han encontrado fácil completar la primera lista, algo más difícil de rellenar la segunda y muy difícil de completar la tercera. Esto revela una amarga realidad: que aunque hablamos de evangelización, a menudo nos satisfacemos con sugerencias y comentarios ambiguos en vez de con la proclamación estratégica y apasionada.

Nuestra meta es seguir adelante y promover la comprensión de cada persona del evangelio y, al mismo tiempo, edificar cuidadosamente su conocimiento del mensaje salvador de Cristo.

Al ver a los que conocemos de esta manera simple, nos enfocamos más intensamente en la verdadera obra evangelizadora. En vez de ser algo fortuito, actuamos de manera deliberada. En vez de un pensamiento remoto, es la primera cosa de interés en cada contacto. Todo esto ayuda a orientar nuestra manera de pensar hacia una mayor persistencia y precisión en el ministerio del evangelio hacia los que conocemos y amamos.

La estrategia

Ya sea que le testifiquemos a alguien que acabamos de conocer o a un amigo de toda la vida, se comienza siempre por una conversación.

Para muchos creyentes la parte más difícil de la evangelización es iniciar una conversación acerca del evangelio. Tal como montar una bicicleta, una vez que comienza el resto es fácil, pero el caso es que comenzar puede dejarlo con algunos raspones y magulladuras. Encontramos fácil hablar con nuestros amigos acerca de casi cualquier otro tema, pero a menudo tenemos problema para dirigir la conversación hacia los asuntos espirituales. ¿Cómo salvamos la brecha entre los asuntos comunes de la vida y la verdad eternamente valiosa de las Escrituras?

Hay muchas «preguntas para comenzar» sugeridas por distintos temas. El trabajo, los deportes, la política, las noticias y las actividades diarias pueden ser la base para una conversación sobre el evangelio. Piense en qué comentarios hacer que pudieran animar a los amigos a pensar acerca de los asuntos espirituales. Esta habilidad se aprende, no es un don reservado solo para algunos cristianos. El único requisito es que amemos a las personas y deseemos glorificar a Dios siendo obedientes en evangelizar al mundo.

Piense en los siguientes pasos como adiestramiento para iniciar una conversación orientada al evangelio.

Primer paso: Comience con una conversación común

Conseguir conocer a alguien es el comienzo de una relación. Mostrar interés en la vida de la persona le da a ella una razón para hablar con usted y escucharle. Nuestra meta es hablar a un nivel más personal que de las condiciones del clima, quizá acerca de la familia, su trabajo, la educación, la música, los pasatiempos, las mascotas. Cuando encuentre lo que le interesa al incrédulo, usted le conocerá, le comprenderá y podrá relacionarse con sus sentimientos e ideas.

Empiece por aprender los nombres de las personas con quienes Dios le ha rodeado. Las presentaciones son un punto de partida natural para cualquier conversación. Pero al conocer y utilizar el nombre de alguien, comunicamos autenticidad e interés genuino. Es un hecho que una persona puede aprender los nombres de su vecino o de las personas que ve regularmente. Nunca deja de asombrarme cuantos cristianos quieren ser más evangelísticos, pero ni siquiera saben quienes son sus vecinos.

Hay toda clase de excusas para esto. Solía vivir en un complejo de apartamentos y después de conducir por mucho tiempo a casa lo único que quería era entrar y ver a mi familia. Podía usar esto como una excusa para no platicar con mis vecinos, muchos de los cuales terminé viendo varias veces a la semana. El disciplinarnos en mirar el mundo como un campo misionero nos debería llevar a dar el paso básico de conseguir conocer a la gente que esperamos alcanzar.

Una vez que ha conocido a los que le rodean, escuche con atención lo que dicen. Obtendrá profundo y valioso entendimiento de sus sentimientos y procesos pensantes. Un buen oyente se pondrá al día de los temas y acontecimientos que causan problema a los incrédulos. Un buen oyente se dará cuenta de los temas que son importantes para los incrédulos y comunicará amor y preocupación genuinos hacia ellos.

Las buenas habilidades auditivas requieren más que simplemente sus oídos. El lenguaje corporal es importante también. Mantenga buen contacto visual, tenga paciencia y resista las distracciones. La meta es comunicar interés verdadero dando su atención completa.

Parte de escuchar es dejar de hablar y hacer preguntas.[4] Pregúnteles dónde trabajan y si les gusta lo que hacen. Averigüe a la escuela que fueron, lo que hacen los fines de semana y cualquier otra información básica que le ayude a conocerles. Algunos consideran que esta clase de preguntas no son espirituales o astutas, pero la verdad es que conseguir conocer a alguien es una parte importante de la evangelización. Tiene poco sentido decir que ama a sus vecinos si usted ni sabe quienes son.

Al desarrollar una relación con los que el Señor ha colocado en su vida, la clase de preguntas que usted pregunta debería conducir a más profundas conversaciones. Trate de conocer qué piensa mientras provee la oportunidad para compartir ideas y sentimientos personales. Por ejemplo, aquí hay algunas preguntas introductorias que usted puede formular:

1. «¿Cómo tomó esa decisión?»
2. «¿Qué le motivó a escoger este trabajo?»
3. «¿Por qué es tan importante para usted?»
4. «¿Qué haría en esa situación?»
5. «¿Me puede dar un ejemplo de eso?»

No afirme y acepte todo lo que el incrédulo dice, pero comience cada conversación con su mente centrada en comprenderle, buscando la mejor oportunidad para presentar cualquier parte del evangelio que el Señor le permita. A la mayoría de las personas les gusta hablar de ellos mismos, así que escuche. No tenga prisa de contestar sus propias preguntas o de dar su opinión. Tómese el tiempo para desarrollar una relación de confianza.

Segundo paso: Plantee una pregunta o declaración exploratoria

A todo lo largo de la conversación, busque el puente correcto hacia el evangelio. Para algunas personas este puente es natural, pero muchos cristianos encuentran dificultad aquí. Una herramienta útil para mí ha sido hacer una pregunta o una declaración que dirija la conversación hacia lo que la persona cree acerca del pecado y la salvación. A veces una conversación se moverá directamente hacia el evangelio, pero más a menudo no lo hará, a menos que la dirijamos hacia ese tema. La Biblia nos da varios ejemplos de esta clase de evangelismo.

En Juan 4, Jesús hablaba con una mujer con la que se encontró en un pozo acerca del tema en cuestión: el agua. Jesús le dijo: «el que bebiere del agua que yo le daré, no tendrá sed jamás» (v. 14). Esto los llevó del tema secular del agua al tema espiritual del agua viva.

Simón Pedro estaba en el mar de Galilea secando las redes y hablando con Cristo acerca de pescar. Jesús usó un reto que solo los pescadores comprenderían: «Venid en pos de mí, y os haré pescadores de hombres» (Mateo 4.19). Jesús llevó la conversación del tema secular de pescar a una dimensión espiritual de pescar a creyentes.

Aquí hay algunos ejemplos que le pueden ser útiles:

1. «Con su salud debilitándose, ¿ha pensando dónde pasará la eternidad?»
2. «¿Por qué está mal robar o matar? ¿De dónde viene esa ley moral?»
3. «¿Quién determina si algo está bien o mal?»
4. «¿Qué piensa que Dios requiere de nosotros para que lleguemos al cielo?»
5. «¿Por qué piensa que las personas ricas raras veces parecen felices?»

6. «¿Dónde consigue usted información acerca de [Dios, Cristo, la eternidad]?»
7. «¿Cómo llega alguien de su religión al cielo?»

Mientras más habla con una persona, más oportunidades tiene para dar el salto de las conversaciones normales a las espirituales. Cuando sabe lo que está pasando en la vida de la persona, usted puede llevar mejor la conversación al evangelio. Si él está frustrado acerca de algo en el trabajo, pregúntele por qué. Si le deleitan las cosas en la vida, comparta su alegría pero pregunte por qué le trae esa cosa en particular tal felicidad. De manera deliberada haga la conexión desde la vida de la persona hacia el evangelio.

Tercer paso: Pida permiso y formule una pregunta directa

Habiéndose interesado por el trabajo, la familia y la iglesia, y tal vez hasta habiendo compartido su testimonio personal, usted puede llevar su conversación a cosas espirituales más profundas formulando preguntas directas. Antes de hacer esas preguntas sería bueno pedirle permiso a la persona. Esto impide una respuesta como: «No hablo sobre mis creencias más íntimas».

En este punto formule una pregunta directa como: «Si usted tuviera que morir hoy, ¿dónde pasaría la eternidad?» «¿Cuáles son los requisitos de Dios para entrar al cielo?»

Probablemente recibirá una gran variedad de respuestas a esas preguntas. Los incrédulos a menudo responden:

1. «Pienso que Dios me aceptará porque no le hago daño a nadie».
2. «El hombre es básicamente bueno y puede labrarse su propio camino al cielo».
3. «Dios ama demasiado para condenar a alguien al infierno».
4. «Pienso que Cristo fue simplemente un buen hombre, nada más que eso».

Estas respuestas están «basadas en obras» y le pueden proveer un trampolín útil para compartir la Palabra de Dios. Usted podría responder:

1. «La Biblia dice que la norma de Dios para entrar al cielo es muy diferente. ¿Puedo mostrarle lo que requiere Dios?»
2. «Usted ha dicho lo que piensa, pero es diferente de lo que la Biblia dice. ¿Puedo mostrarle lo que la Biblia dice acerca de ese asunto?»
3. «Escuché que dijo que Dios es demasiado amoroso para mandar a alguien al infierno, pero la Biblia dice que usted no se ha dado cuenta de un hecho de suma importancia. ¿Puedo compartir con usted lo que Dios dijo acerca de sí mismo?»
4. «Estoy seguro de que usted trata de ser una buena persona, pero la Biblia dice que le falta algo. ¿Puedo compartir con usted qué es lo que le falta?»

Usted podría preguntar: «¿Por qué piensa que Dios deja entrar a la personas en su cielo?» o: «¿En qué se encuentra su esperanza de ir al cielo?» Si la persona todavía no tiene las respuestas, usted podría decir: «Estas son preguntas importantes que deben contestarse. ¿Podría compartir con usted lo que la Biblia díce al respecto?»

En este punto siga con el evangelio, asegurándose en contrastar lo que la Biblia dice con la previa manera de pensar de la persona en los asuntos particulares del mensaje. Por supuesto, no todo el mundo tendrá interés y puede que se encuentre con una cierta cantidad mayor de firme resistencia.

Nuestro trabajo es presentar con claridad el mensaje del evangelio. Con esta responsabilidad, nuestra efectividad se mide por la claridad del mensaje y no simplemente por la respuesta del incrédulo. Dios es soberano sobre la salvación y hay los que rechazarán el mensaje.

Cuando un incrédulo comienza a burlarse del mensaje, deberíamos canalizar nuestros esfuerzos hacia otras personas. Cristo dijo a sus discípulos en Mateo 10.14: «Y si alguno no os recibiere, ni oyere vuestras palabras, salid de aquella casa o ciudad, y sacudid el polvo de vuestros pies». El asunto es que cuando el incrédulo ha tomado una decisión después de saber bien de rechazar el evangelio y se ha vuelto hostil, enfocamos nuestra atención en los que el Señor quizá esté preparando para recibir el evangelio.

Siempre y cuando usted sea rechazado, recuerde: No se involucre en una discusión estéril con un incrédulo. No debemos desbaratar la evangelización con argumentos innecesarios. Recuerde que la soberanía de Dios nunca cambia. Él puede usar nuestro ejemplo de humildad y amor para confrontar un corazón duro. El evangelio, no la personalidad del mensajero, debe ser el arma ofensiva. Debemos dejarle los resultados a Dios. Nuestra responsabilidad es simplemente ser fieles en proclamar claramente el mensaje.

Además, no tome el rechazo del incrédulo de forma personal. Recuerde que los incrédulos no pueden responder positivamente al evangelio por ellos mismos. Cuando rechazan el evangelio, rechazan a Cristo, no a nosotros. Debemos ser fieles en presentar el mensaje de forma exacta y amorosa, luego deje los resultados a Dios. El reconocer que la conversión es obra de Dios debería evitar que perdamos el entusiasmo.

Finalmente, continúe orando para el arrepentimiento del incrédulo. Dígale a la persona que usted está disponible para contestar cualquier pregunta acerca de los asuntos espirituales. Asegúrele que continuará orando por él. Además de orar, use el testimonio de su vida cambiada para evangelizarlo. Usted no sabe cómo puede ser usado por Dios en el proceso.

Tal como J. I. Packer escribió: «Glorificamos a Dios predicando el evangelio, no solo porque predicar el evangelio es un acto de obediencia, sino también porque en la evangelización decimos al mundo cuán grandes cosas Dios ha hecho para la salvación de los pecadores. Dios se glorifica cuando sus obras poderosas de gracia se dan a conocer».[5]

La meta de este capítulo no es presentar una serie de ejemplos de conversaciones para que un cristiano las aprenda de memoria, sino alentarle a desarrollar relaciones fiel e intencionalmente con personas a fin de que pueda llevarles con eficacia el evangelio. Esfuércese por mantener su vida enfocada en vivir en santidad y orar evangelísticamente. Esté a la búsqueda de oportunidades para llevar el evangelio a los que lo necesitan. Si usted es disciplinado en esparcir la semilla, el Señor será fiel en traer la cosecha.

13

El llamado al arrepentimiento: Dándole el mensaje a la conciencia

Tom Patton

No puede haber conversión sin arrepentimiento, pero este es quizá el único y más descuidado aspecto de la evangelización contemporánea. Después de los decenios de creísmo fácil, al parecer el corazón de la iglesia ha dejado de latir en paro cardíaco. En lugar de dejar que las Escrituras penetren en el corazón no arrepentido, la tendencia cultural actual es justificar el pecado y reconocer el éxito humano como el secreto de la vida abundante. El quebrantamiento verdadero parece ser una reliquia antigua. El profundo dolor por el pecado, las lágrimas de pesar y la agonía por el peso aplastante de la iniquidad son todas expresiones casi inexistentes en el día de hoy. No obstante, permanece el propósito del evangelizador de llamar a las personas a arrepentirse de todo lo que deshonra a Dios.

Una encuesta reciente reveló que la mayoría de los estadounidenses no cree que necesita del arrepentimiento porque no reconoce ningún pecado de que deba arrepentirse.[1] Ya que el mismo concepto de salvación implica liberación del peligro inminente resultando del pecado, lógicamente se deduce que la tendencia de hoy a redefinir el pecado quita la necesidad del arrepentimiento de la conciencia de la sociedad. La construcción moral de nuestra cultura es tal que aun el indicio más leve de fracaso ético es rápidamente interpretado mediante el relativismo y excusado como irrelevante. Pocos se atreven a exponer el pecado de la incredulidad como la herida central del alma humana.

Para ser salvo, las personas no necesitan creer simplemente en los hechos básicos del evangelio. Como algunos evangelizadores podrían aducir, ellos no necesitan simplemente confiar en Dios para una mejor vida. En lugar de esto, las personas necesitan arrepentirse de su pecado. Esto incluye pecados específicos en su vida, tales como la mentira, la avaricia y la justicia propia, pero también necesitan arrepentirse de la incredulidad en el Dios del evangelio.

Le puede asombrar darse cuenta de que la mayoría de las presentaciones del evangelio en la Biblia comienzan con un llamado al arrepentimiento. Como Richard Roberts escribió: «La primera palabra del evangelio no es "amor". Tampoco es «gracia». La primera palabra del evangelio es "arrepiéntanse"».[2]

El primer predicador del Nuevo Testamento fue, sin duda, Juan el Bautista. Las primeras palabras escritas del ministerio de Juan fueron: «Arrepentíos, porque el reino de los cielos se ha acercado» (Mateo 3.2). De modo semejante, Jesús comenzó su ministerio con esas mismas palabras (Mateo 4.17). De hecho, Marcos describe la predicación inicial de Jesús con la súplica «arrepentíos, y creed en el evangelio» (Marcos 1.15).

De la misma manera, cuando los doce apóstoles fueron enviados, también empezaron su ministerio con el mismo llamado: «Y saliendo, predicaban que los hombres se arrepintiesen» (Marcos 6.12). Esto no es solo cierto colectivamente, sino también de forma individual. El primer sermón de Pedro fue un mandato a que las personas se arrepintieran y fueran bautizadas (Hechos 2.38). Esto es cierto también de Juan (Hechos 3.19), Pablo (Hechos 26.18), Timoteo (2 Timoteo 2.25). En el centro de la evangelización siempre ha estado el mandato a arrepentirse del pecado.

Tristemente, muchos evangélicos ya no se consideran ellos mismos como proclamadores de arrepentimiento para los incrédulos, sino más bien como conocedores autonombrados en el arte de la inspiración y la contextualización. La preocupación hoy es más acerca de lograr sueños que acerca de confesar depravación. No solo es común el endosar curas superficiales para nuestra sociedad psicológicamente sabia, sino que un gran sector de la iglesia ha condescendido a pasar por alto las directrices divinas a cambio de un intento de limpiar simplemente la vida de las personas en vez de buscar ardientemente una transformación radical.

El mensaje central dado a las multitudes hoy proclama un evangelio de positivismo en vez de un evangelio de rescate. El clamor de Dios al corazón humano lentamente ha sido reencauzado a un tipo de ánimo sagrado en vez de a una demanda de transformación total. Lentamente, el arrepentimiento verdadero ha sido reemplazado por un compañerismo falso y manejable.

Dios, las personas y el arrepentimiento

La causa fundamental para el desdén de las personas por la doctrina del arrepentimiento es su naturaleza caída (Mateo 13.14; Juan 8.43). Por la desobediencia de Adán, ahora todo el mundo participa de la culpabilidad del pecado original y, por extensión, ha heredado una propensión innata al pecado (Romanos 5.14). El llamado de Dios a la humanidad caída es un llamado a la transformación radical, interior y espiritual. Desde el nacimiento, todo el mundo es enfrentado con el mandato divino a conocer y ser como Dios. A causa de la caída, las personas son incapaces de hacer esto; por lo tanto, el llamado al corazón humano es un llamado al arrepentimiento.

Todo pecado es una violación de la ley moral de Dios. Por lo tanto, cuando las personas pecan muestran de manera evidente que el corazón humano se niega a conformarse a la imagen de Dios. Las personas rechazan ser perfectas como Dios es perfecto (Mateo 5.48), o a amar a las demás como se aman a sí mismas. Al amar el pecado y resistir a Dios, demuestran que sus corazones incrédulos están muy lejos de Dios.

Dios no guarda silencio en confrontar esta rebelión global. Más bien, está proclamando constantemente sus excelencias mediante cada vía imaginable que pueda soportar su creación (Salmo 19.1). La misma naturaleza de Dios se puede comprender en cómo ha determinado llamar a su creación, a fin de que lo pudiesen reconocer como Dios y pudiesen apartarse del pecado de su incredulidad. Dios se glorifica a sí mismo al permitirles a todas las personas reconocer el reclamo inherente de su Creador sobre ellos y, por consiguiente, les permite volverse de sus pecados con arrepentimiento y fe.

Dios continuamente llama a las personas a que se arrepientan revelándose mediante la gracia común (Mateo 5.45; Hechos 14.17). Esta gracia se entiende mediante la conciencia interna de la ley moral y el sentido infundido en la conciencia de lo que es correcto o no (Romanos 2.12). Es el diseño de la creación llevar a todas las personas de regreso a su Creador mediante la revelación general (Salmo 19; Romanos 1.20) y por medio de la revelación específica de la Palabra de Verdad, que salva a los que creen (Salmo 119).

Por la profundidad de la rebelión pecaminosa del género humano contra Dios, la propia revelación de Dios tuvo que ser inevitable. Las personas son llamadas en cada nivel de su ser a arrepentirse de su negativa muy arraigada a reconocer y adorar al Dios que creó a los humanos, con la esperanza de compartir la bendición insondable de la comunión con Dios mediante la fe. Dios continúa, en su misericordia, llamando a los creados a su imagen a volverse de la falsa ilusión de su autonomía, y aceptar la prueba incontrovertible de su soberanía divina sobre ellos.

El carácter de Dios y el arrepentimiento

De común acuerdo con este llamado de Dios viene aún otra verdad vital a considerar: El carácter de Dios en la salvación. La proclamación crucial de la Biblia es que el Creador del universo ha condescendido a su creación revelando a ellos la verdad concerniente a su existencia trascendente, sus perfecciones sagradas y sus juicios justos con vista a llamar para sí mismo a un pueblo de su posesión (Tito 2.14). Dios extiende su bondadosa invitación para el género humano por literalmente colmar a su creación con pruebas de su propiedad sobre ellos a través de cada manera concebible a fin de que puedan conocerle y adorarle como Dios, en vez de continuar en su condición de incredulidad.

Todos los que no se someten a la santidad suprema de Dios son colocados, por así decirlo, en la sala del tribunal del cielo, de pie ante la furia terrible del juicio inminente, esperando la respuesta ineludible a su rebelión inicua mientras experimentan los horrores degradantes del abandono divino. La esencia de la anarquía humana es un acto de desafío personal contra el carácter de Dios. Walter J. Chantry resume esto muy bien cuando dice: «Los evangelizadores deben usar la ley moral para revelar la gloria ofendida de Dios. Entonces el pecador estará listo a llorar, no solo porque su seguridad personal está en peligro, sino también y primordialmente, porque ha sido culpable de traición al Rey de reyes».[3]

Stephen Charnock, en *Discourse upon the Existence and Attributes of God*, lo dice así:

> Negamos su soberanía cuando violamos sus leyes; deshonramos su santidad cuando le lanzamos nuestra suciedad a la cara; desacreditamos su sabiduría cuando establecemos otra regla como la guía de nuestras acciones que la que su ley ha fijado; menospreciamos su suficiencia cuando preferimos una satisfacción en el pecado antes que alegrarnos solamente en Él; y su bondad, cuando no lo juzgamos lo suficientemente fuerte como para sentirnos atraídos a Él.[4]

Suprimir la verdad acerca de los atributos divinos de Dios da como resultado su sobrenatural volverse de la humanidad a la expresión más completa de la falta de fe de ellos en el juicio por negarse a someterse a Dios (Romanos 1.18–32). Por tanto, el llamamiento sobrenatural de Dios a la humanidad a conocerle es también un llamado a ser como Él (Romanos 8.29; 2 Pedro 1.4; 1 Juan 3.2).

La convicción de incredulidad en el arrepentimiento

Debido a que la revelación de Dios y el llamado a ser como Él son el centro del verdadero arrepentimiento bíblico, se entiende que el principal pecado del cual el género humano debe arrepentirse es el pecado de rechazar a Dios.

Jesucristo es la expresión completa de Dios en forma humana. De modo que es mediante la fe en Jesucristo para perdón de pecados que el hombre hace la paz con Dios. Es por esto que es central el llamado al arrepentimiento como un llamado a apartarse del pecado de la incredulidad en Jesucristo, quien es la sustancia del evangelio (Juan 16.8–9).

James Montgomery Boice hace el comentario siguiente de la esencia de la incredulidad expresada en Juan 16.9:

> El pecado del cual el Espíritu Santo convence a los hombres es el pecado de incredulidad. Jesús dice: «De pecado, por cuanto no creen en mí». Observe que no es la convicción del pecado de jugar juegos de azar, aunque tal convicción puede venir en ese momento. No es el pecado del adulterio, o del alcoholismo, o del orgullo, o de cometer un robo primordialmente, sino el pecado de negarse a creer en Jesucristo. ¿Por qué es esto? No es porque los otros pecados no sean pecados o porque no necesitan arrepentirse de ellos y renunciar a ellos. Es simplemente porque creer en Cristo, lo único que Dios requiere para la salvación, es lo que es más duro de reconocer y llegar a aceptar para el hombre natural.[5]

Por consiguiente, para aceptar completamente la voluntad de Dios el corazón humano debe arrepentirse de su incredulidad hacia Jesucristo. Para ser conformada al carácter de Dios, la persona debe confiar en Él tanto para perdón de pecados como para vida eterna. Esto no es meramente un cambio de mente en cuanto a la existencia de la persona de Cristo. Más bien, es una manifestación incondicional de la verdad antes desconocida con respecto a Dios y una completa aprensión comprometida de la fealdad del propio pecado comparado con las sagradas perfecciones de Cristo. Como J. Goetzmann ha manifestado: «Ahora el arrepentimiento no es más obediencia a una ley sino a una persona».[6] Este es el papel principal del Espíritu de Dios en la convicción y el arrepentimiento en la vida. Es el cambio de amar el pecado y aborrecer a Dios para amar a Jesucristo y aborrecer el pecado. El pastor John MacArthur comenta:

> Primordialmente, el Espíritu Santo no convence a los incrédulos de todos los pecados que alguna vez han cometido. En lugar de eso, se concentra en convencerlos del pecado de rechazar a Jesucristo, lo cual es coherente con el ministerio del Espíritu de revelar a Cristo... El problema del hombre es el pecado de no creer en Cristo y no de los pecados que ha cometido.[7]

Martyn Lloyd-Jones escribió esto acerca de esta tarea principal del Espíritu en Pentecostés:

> El Espíritu Santo hace que se dé cuenta de algo terrible: «¡Debo estar muerto espiritualmente! Debo estar sin vida. ¡Debo tener un corazón de piedra! Algo anda mal conmigo. Estoy en problemas. ¿Qué puedo hacer?» Aquellas personas en Jerusalén ahora se dieron cuenta de que su rechazo de Jesucristo se basó en ignorancia e inercia, y que como consecuencia eran terriblemente culpables delante de Dios.[8]

En Zacarías 12.10 se proclama el arrepentimiento de este modo: «Mirarán a mí, a quien traspasaron, y llorarán como se llora por hijo unigénito, afligiéndose por él como quien se aflige por el primogénito». Cristo afirmó en Juan 8.24: «Por eso os dije que moriréis en vuestros pecados; porque si no creéis que yo soy, en vuestros pecados moriréis».

El asunto no es si se «cree» en Cristo, aun los demonios «creen y tiemblan» (Santiago 2.19), más bien el asunto es si el pecador cree en Cristo como Él se reveló a sí mismo. El arrepentimiento para salvación es un llamado para apartarse de la incredulidad de Cristo (Mateo 11.20–27; Juan 3.18; Hechos 2.36–38; 3.17–19; 5.30–33; 11.17–18;

17.30–31; 20.21) seguido de dejar a un lado cada aspecto de la vida asociado con la incredulidad (2 Corintios 12.21; Efesios 4.17–20).

La terminología bíblica para el arrepentimiento

En el Antiguo Testamento, la palabra que más a menudo se traduce *arrepentirse* (שׁוּב šub) literalmente significa «darse la vuelta». Tiene la idea de volverse del pecado hacia Dios (Joel 2.12).[9] Implica dejar atrás todos los enredos de uno para volverse a lo que es recto. En el Antiguo Testamento hay «dos requisitos del arrepentimiento: Apartarse de la maldad y volverse al bien, es decir volverse a Dios (Oseas 14.2; Ezequiel 14.6; Isaías 30.15; 44.22; 55.7; 57.17; 59,20)».[10] El Antiguo Testamento presenta el llamado al arrepentimiento como siendo un completo cambio de parecer que crea pesar por el pecado cometido contra Dios y un volverse por completo al Señor.

Las palabras usadas en el Nuevo Testamento para *arrepentimiento* (μετάνοια metanoia del verbo μετανοέω metanoeō) son similares, ya que también conlleva la idea de «cambiar de mente».[11] Lo que el griego adiciona es una connotación de un cambio desde una posición previa.[12] La idea esencial del Nuevo Testamento del arrepentimiento es expresada por un cambio completo que afecta los sentimientos, la voluntad y los pensamientos de la persona que se arrepiente.[13]

Según *The Dictionary of New Testament Theology*, el concepto de arrepentimiento en el Nuevo Testamento no es «predominantemente intelectual», sino «más bien se destaca como la decisión del hombre como un todo de cambiar de dirección» (Marcos 1.4; Lucas 3.8; 24.47; Hechos 5.31; 11.18; 26.20; Romanos 2.4; 2 Corintios 7.9; 2 Timoteo 2.25; Hebreos 6.6; 12.17; 2 Pedro 3.9).[14] Así que cuando el Nuevo Testamento habla de arrepentimiento, habla del cambio más radical imaginable en la vida de una persona. La raíz predominante de la maldad de la que el pecador debe volverse es su condición subyacente de incredulidad. Solo cuando un pecador reconoce que está bajo su justicia e independencia propias es que será rescatado del pecado de incredulidad con que las minucias de la maldad le han infestado cada día.

Todo esto tiene implicaciones profundas en la evangelización. Una persona proclamando el evangelio a la gente no creyente tiene que darse cuenta de que el evangelizador no le pide a alguien simplemente que cambie su manera de pensar acerca de Cristo. Más bien, el evangelizador le dice a la persona fundamentalmente que cambie su vida, que escape de su previa manera de vivir y comience de nuevo.

Los aspectos intelectual, emocional y volitivo del arrepentimiento

El arrepentimiento primero se entiende intelectualmente. Esto ocurre cuando la mente de la persona aprende acerca del pecado y se da cuenta de sus maldades. Antes de que se pueda arrepentir del pecado, debe haber tanto una comprensión intelectual de la exigencia de Dios al arrepentimiento así como una comprensión evidente del peso de la rebelión del pecado. Aunque el testigo de la conciencia en el corazón humano es uno de los instrumentos principales creados por Dios para la asignación de culpabilidad a una persona, la conciencia todavía debe ser informada de la violación antes de que surja la convicción.

Aun así, la convicción de pecado no necesariamente puede conducir a un cambio de corazón. Antes de su conversión, Pablo dijo que no habría conocido el pecado de no haber sido por la ley de Dios (Romanos 7.7). Él entendió que había pecado contra la ley de Dios. El pecado es personal. De modo que el mero reconocimiento intelectual del pecado no lo condujo al arrepentimiento. Más bien, Pablo se convirtió porque reconoció que la incredulidad era pecado contra una persona, Jesucristo. Dios usó esto para que abriera sus ojos (Hechos 26.13–19).

En segundo lugar, el arrepentimiento se ve en las emociones. Cuando el intelecto entiende que el pecado existe en la vida de la persona, esa comprensión producirá pesar por ese pecado. El cambio bíblico no surge como resultado de evitar el pesar, sino más bien por aceptar ese pesar que ve al pecado tal cual es.

Ya que la intensidad de la emoción en cualquier acto de arrepentimiento depende de un número de factores, la profundidad de la emoción diferirá de persona a persona. Como Thomas Watson tan apropiadamente expone: «Algunos pacientes se quitan sus llagas con una aguja, otros con una lanceta».[15] Habrá siempre algún grado de pesar en el arrepentimiento. Sin embargo, aunque su presencia es de esperarse, el pesar no es nunca el barómetro exclusivo para el arrepentimiento, porque el arrepentimiento no es la mera presencia de lágrimas. Algunos individuos nacen con algo semejante a un corazón blando y tierno de forma natural que lloran de manera normal, lo que no indica que sea pesar penitente verdadero.

En 2 Corintios 7.10 el apóstol Pablo pone de manifiesto que hay una clase impía de pesar que «produce muerte». El pesar de que el apóstol habla tiene que ver con la tristeza de corazón que se lamenta o, mejor dicho, siente lástima por lo que ha hecho. Es un pesar que se lamenta por algo que ha perdido y siente pena por perder la oportunidad de permitirse el pecado que el mundo libremente le había ofrecido. El pesar mundano es dolor que es finalmente nacido por desear más del mundo. Es resentimiento por ser descubierto; es un aborrecimiento de no salirse del pecado.

En 2 Corintios 7.10 hay una observación adicional acerca del pesar. Un tipo de pesar se produce como resultado de la obra de Dios en el corazón y el otro no. Los corintios fueron entristecidos y este pesar fue el que produjo arrepentimiento. Sin embargo, el pesar del mundo que Pablo contrasta no es de Dios, sino de la misma forma que «los deseos de la carne, los deseos de los ojos, y la vanagloria de la vida, no proviene del Padre, sino del mundo» (1 Juan 2.16).

Tanto el arrepentimiento bíblico verdadero como el pesar para arrepentimiento que emana de éste proceden directamente del corazón de Dios y no se pueden producir en términos humanos. Es el mismo Espíritu de Dios quien produce el buen pesar, no el esfuerzo humano. El arrepentimiento es de Dios (Hechos 5.31; 11.18).

El arrepentimiento es más que un cambio de mente, y más que un cambio de parecer, porque el arrepentimiento bíblico verdadero requiere un cambio de comportamiento y por consiguiente, requiere una respuesta volitiva. El arrepentimiento exige una conversión radical, una transformación de naturaleza, un definitivo volverse de la incredulidad y la maldad, y un resuelto volverse a Dios en obediencia total. Esto es más que un cambio de mente, es una determinación a rendirse a Cristo. Son los «frutos dignos de arrepentimiento» (Mateo 3.8).

En términos sencillos, para que una persona se arrepienta verdaderamente necesita ver el pesar en su vida, lamentarse de él, y entonces hacer algo en respuesta al mismo.

Las evidencias clave del arrepentimiento

Segunda Corintios 7 provee una enciclopedia de siete cualidades del verdadero arrepentimiento bíblico. Allí Pablo escribe: «Porque he aquí, esto mismo de que hayáis sido contristados según Dios, ¡qué solicitud produjo en vosotros, qué defensa, qué indignación, qué temor, qué ardiente afecto, qué celo, y qué vindicación!» (v. 11). Cada una de estas características es sumamente útil, vívida y contienen verdades perceptibles que pueden aplicarse tanto en las vidas de los incrédulos viniendo a la fe así como también a los creyentes que viven por la fe. Pablo provee en este texto un claro contraste entre dos diferentes tipos de pesares que culminan en dos destinos eternos diferentes.

Solicitud

Cuando Pablo describe arrepentimiento como teniendo solicitud por él, quiere decir que es un arrepentimiento que es tanto diligente como rápido. Pablo había visto una diferencia marcada en las vidas de los corintios, especialmente en contraste con la forma que una vez les había caracterizado por un particular tipo de falta de previsión. Ahora, sus vidas demostraban una actitud de seriedad y gravedad acerca de sus pecados. Tenían conciencia de cómo Dios miraba sus pecados y así eran ahora fervorosos en lo referente a mirar la vida desde la perspectiva divina. Eran serios y estaban ansiosos por seguir el mandato de Pablo y obedecer sus palabras con la seguridad de que eran de parte del Señor.

Los corintios habían llegado a tener una perspectiva divina acerca del pecado.

Ansiedad

Después que se arrepintieron, los corintios estaban ansiosos por deshacerse de todo lo malo. Querían probarse a ellos mismos que eran fiables para librarse de la culpabilidad. Sin duda, Pablo los había acusado en su carta anterior y ahora querían dar pruebas de que seguían en sus caminos una vez pecaminosos. El sentido dado por este término es que no había indiferencia en lo absoluto en volverse a Dios.

Indignación

Aquí Pablo habla del arrepentimiento como algo tan emocionalmente fuerte que puede causar dolor físico. Cuando los corintios se arrepintieron, tuvieron una justa indignación hacia cómo habían vivido antes. Ahora se opusieron a sus acciones previas y aborrecieron la vergüenza que su pecado había causado a la iglesia y a Pablo. Estaban enojados con ellos mismos por abrigar actos y pensamientos rebeldes de los cuales eran culpables. Despreciaban la manera en que habían sido seducidos a abandonar lo recto.

Temor

Cuando el corazón responde a la grandeza de Dios a la luz de su desesperada necesidad de perdón, hay un temor divino que está presente. Este temor se ve en el alma que sabe que «en ti hay perdón, para que seas reverenciado» (Salmo 130.4). Es la señal de una conciencia verdaderamente avivada que ve que su pecado primario y principal es un pecado contra Dios (Salmo 51.4).

Ardiente afecto

El arrepentimiento trae un deseo profundo y un ansia hacia el que fue agraviado, en este caso Pablo. Este es el dolor natural del alma al ser restaurada a los privilegios y las relaciones dentro del cuerpo de Cristo del que una vez disfrutaron.

Celo

Cuando una persona se aparta del pecado, no se vuelve hacia deseos indefinidos. Más bien, se vuelve a la santidad. El arrepentimiento real no es tibio o ambivalente acerca de la santidad. Por el contrario, produce un fervor por las cosas de Dios (en este caso, reencontrarse con Pablo).

Castigo

Es inherente en las personas querer evitar el castigo por sus pecados. Pero cuando el arrepentimiento es real, divino y genuino, hay un deseo nuevo de hacer bien lo que estaba equivocado. Un ejemplo obvio de esto es Zaqueo, quien inmediatamente hizo indemnización y restauración a causa de la autenticidad de su salvación (Lucas 19.8). El arrepentimiento real va más allá de lo superficial y lo informal para hacer lo imposible por revelar la gracia presente del momento.

Pablo dice todo esto para mostrar lo que es el arrepentimiento verdadero y radical. Es fervoroso, ansioso e indignado. Incluye temor, anhelo, fervor, celo y vindicación. No es superficial y con seguridad no es captado en una decisión pasajera. La obediencia para tal llamado se establece en contraste directo con la condición previa de incredulidad, y apropiadamente se puede describir como darle la espalda al pecado para ir a Cristo. Por supuesto que un evangelizador llama a las personas a aceptar el evangelio. Pero el punto inicial de este aceptar es el arrepentimiento, y esto es lo que le deberían explicar a las personas los evangelizadores.

La aplicación práctica del arrepentimiento

El evangelizador debe comprender las aplicaciones prácticas con respecto al uso de la doctrina del arrepentimiento. En primer lugar, hay que enfrentar a los incrédulos con la necedad de su negativa a aceptar su pecaminosidad ante un Dios santo y justo. Los incrédulos deben reconocer que conocen ya de Dios pero que en su maldad lo han negado. Deben darse cuenta de que, por su gracia, Él ha creado todas las cosas y establecido el lugar adecuado para que cada una de sus criaturas humanas sepa que fue Él quien lo había hecho. Ellas deben saber que porque las personas nacieron en pecado, deben aprender que eliminan la verdad acerca de Dios dentro de ellas, negando tanto el hecho de que Dios les creó como que creó cada cosa que les rodea. Deben saber que este estado activo de negación les engaña haciéndoles creer que cada pensamiento que tienen se puede elaborar sin hacer referencia a la misma verdad que niegan. Deben ver que están pensando en cosas que no tienen en cuenta a Dios, mientras que todo el tiempo invertido en información interna y externa no puede dejar de revelar a Dios. El pecado niega tanto a Dios como desobedece su ley (Romanos 1.28–32; Efesios 2.1–3). Deben darse cuenta de que aun un solo acto contra la ley moral de Dios es un quebrantar de todo y una afrenta a su carácter santo, dejando así traslucir su condición subyacente de incredulidad. Así que, a causa de esta incredulidad, aun un solo acto de pecado es suficiente para condenarlas como si hubieran quebrantado cada aspecto de la ley de Dios (Santiago 2.10).

El darse cuenta del pecado es esencial para revelar la condena de Dios en contra del pecado y los pecadores. Ninguna presentación del evangelio está completa a menos que la ira de Dios contra el pecado sea claramente explicada como garantía de juicio para quienes desobedecen. Los incrédulos deben llegar a entender que Dios ha juzgado el pecado y ha quedado satisfecho (Romanos 2.5–8). Deben reconocer que sus buenas obras no son aceptables ante Dios (Efesios 2.8). Los incrédulos deben ver a Dios tan santo, tan bueno e inalcanzable por humanos pecadores (1 Pedro 1.15–16). Deben entender la ira de Dios, dada a conocer mediante la contaminación moral de sus propias almas y el mundo que les rodea (Romanos 1–3). Deben reconocer que Dios es un Dios de santidad que juzga el pecado (Juan 3.18) y que este juicio separa a las personas para siempre de Dios (Lucas 16.26).

Finalmente, debe haber una presentación de la identidad de Dios en Jesucristo como el Salvador del género humano del pecado. Las personas deben ver que Dios ha revelado a un Salvador que es Señor (Romanos 3.21–26). Deben entender la condición libre de pecado de Cristo, la perfección moral de Cristo, la manifestación de su deidad (Juan 1.1–5, 14–18; 8.58) y quien hace el ofrecimiento de su salvación (Mateo 11.28) o la certeza de juicio. Aquí está la necesidad del arrepentimiento que se debe dar a conocer dentro del cuadro total de juicio y que es un volverse del pecado hacia Dios en Cristo (Lucas 9.23–26). En cuanto a la salvación no debe haber racionalización, ninguna abstracción filosófica, ningún punto de acuerdo a no ser lo que el único Dios ha dicho concerniente al «Hombre» Jesucristo quien probó su poder sobre la muerte mediante la resurrección.

La declaración de arrepentimiento no se debería esconder para atraer a alguien al cristianismo. El evangelio de arrepentimiento es radical y se debe presentar como lo diseñó Dios: De modo tal que las vidas sean influidas de manera radical.

Sección 4

La evangelización en la iglesia

14

De bellotas a robles: Cómo cultivar el suelo del corazón de su hijo

Kurt Gebhards

La evangelización cristiana comienza en la casa. Durante los años formativos de un niño es esencial que los padres cristianos comuniquen el evangelio de una manera amorosa y compasiva. Como padres, nuestra responsabilidad es plantar la semilla de la verdad en las mentes de nuestros hijos, pensar a menudo en su condición espiritual y pedirle que Dios bendiga nuestro quehacer evangelístico. Los padres deben hacer todo lo posible por proteger la creencia del niño, mientras confían en Dios que finalmente hará crecer la bellota de la fe de sus hijos hasta convertirla en un fuerte roble.

Una tarde en que mi familia y yo estábamos en un parque y mis niños corrían de un lado a otro, entablé una conversación con una mamá que columpiaba a su pequeño hijo. Cuando indagué acerca de su familia, me dijo que tenía un hijo adolescente que no quería nada con ella. «Él solo entra en su cuarto y sale únicamente cuando escucha su iPod», dijo ella con pena. «Nunca quiere hablar ni tener algo que ver conmigo. No sé lo que le ha pasado...» Su voz se desvaneció. Podía ver lo afectaba que se sentía por el desinterés de su hijo y la tristeza que la embargaba por haber «perdido» a su hijo sin saber por qué.

Hablamos algo más y entonces señaló a su niño de cuatro años que empujaba en el columpio. «Josué entra en preescolar este otoño. No aguanto las ganas. Será un gran descanso para mí». Sus palabras me conmocionaron, tanto por su honestidad como por su ceguera. Todos los padres tienen momentos de frustración, pero pocos los expresan a un desconocido. Fui poderosamente golpeado por la incapacidad aparente de esta mamá de asociar su expresa apatía hacia su niño en edad preescolar con la indiferencia de su adolescente.

La crianza cristiana de los hijos necesita ser sustancialmente distinta de esta clase de desinterés egoísta y miope. Sin embargo, muchos padres cristianos sienten temor de que «perderán» de todas maneras a sus hijos cuando crezcan; que se irán al mundo. Pero tal pérdida y adversidad no es inevitable. Le debería alentar saber que los padres cristianos no están desvalidos en lo que se refiere a proteger a sus hijos contra el pecado y la rebeldía.

Considere dos hechos básicos acerca de los padres y los hijos. Primero, es natural que los padres amen a sus hijos. En segundo lugar, es natural que los hijos amen a sus padres. De manera natural, Dios coloca en padres e hijos un corazón de amor del uno hacia el otro. Aun así, muchos padres se sienten ineptos y temerosos. Padres, ármense de valor: Los campos de evangelización en la crianza de los hijos están blancos para la cosecha (Juan 4.35).

Es común que las personas se sientan intimidadas por la evangelización. Hablar con compañeros de trabajo acerca del evangelio puede parecer fuera de lugar. Los vecinos vienen y van, y nunca parece ser el momento adecuado para tener una conversación espiritual con ellos. Y muchas personas se sienten aterrorizadas solo con el pensamiento de evangelizar a desconocidos. No quiero pasar por alto estas excusas, porque los cristianos deberían estar apasionados acerca de la extensión del evangelio hasta el grado de vencer esas barreras; pero hay otro campo misionero más cercano para dirigirse que es el hogar. Cada padre cristiano tiene una invitación manifiesta y dada por Dios a evangelizar a sus hijos.

Cuando los hijos vienen al mundo están separados de Dios por su naturaleza pecaminosa, pero también no saben nada acerca del mundo. Mientras que moralmente son ya corruptos, intelectualmente son una página en blanco. Los padres cristianos tienen la capacidad de invertir en sus vidas y enseñarles la verdad sobre el mundo, Dios y el evangelio. Así que si piensa en esto, puede que sea más abrumador que una conversación de tres minutos con un vecino.

Hubo ocasiones en que el apóstol Pablo también se sintió abrumado por el ministerio que Dios le había confiado. Pero Pablo superó sus faltas de adecuación porque tenía una confianza que venía de Dios. Él escribió: «No que seamos competentes por nosotros mismos para pensar algo como de nosotros mismos, sino que nuestra competencia proviene de Dios, el cual asimismo nos hizo ministros competentes de un nuevo pacto» (2 Corintios 3.5–6). La fuente de la suficiencia de Pablo para su ministerio del evangelio para los corintios paganos es la misma fuente de nuestra suficiencia para el ministerio del evangelio para nuestros hijos. La dependencia de Dios le dio confianza a Pablo y nos debiera dar confianza también a nosotros.

Definición de la crianza cristiana

La crianza cristiana de los hijos en realidad se debería definir como evangelismo de crianza de los hijos, porque la responsabilidad primaria de un padre cristiano es disciplinar y evangelizar al niño. La Gran Comisión se debería poner en práctica en el hogar primero, pues «si alguno no provee para los suyos, y mayormente para los de su casa, ha negado la fe, y es peor que un incrédulo» (1 Timoteo 5.8). Este principio de proveer para los nuestros no se aplica simplemente a las necesidades físicas, también se aplica a las necesidades espirituales.

Los cristianos tienen el deseo innato de ver que sus hijos caminen con Cristo. De manera consecuente, los padres deben recordar que tienen la responsabilidad del discipulado. Dios nos concede el privilegio de cuidar de nuestros hijos enseñándoles lo que una vida centrada en el evangelio significa. Los padres deberían ver a sus hijos como su campo evangelístico primario.

El proceso de crianza de los hijos es simplemente eso: un proceso. Los padres tienen toda la infancia de sus hijos para enseñarles a reconocer su propio pecado, el evangelio y cómo vivir una vida cristiana. No es una sola oportunidad ni una sola conversación. Se parece mucho al cuadro de la evangelización hecho por Pablo en 1 Corintios 3.6. Allí él describe cómo los corintios llegaron a conocer a Cristo: «Yo planté, Apolos regó; pero el crecimiento lo ha dado Dios». La analogía de plantar es apropiada porque, tal como en la evangelización, es un proceso que lleva tiempo, esfuerzo y que en última instancia depende del Señor.

La siembra no es sobrenatural, pero el crecimiento de la semilla sí lo es. Aunque el agricultor no pueda hacer que sus cultivos crezcan físicamente, él sí puede ser fiel en plantar, regar y cuidar de la semilla. El Dios que hace que una semilla diminuta crezca hasta convertirse en un árbol grande y lleno de frutos, es quien debería recibir toda la gloria. En la evangelización, los cristianos tienen el privilegio de plantar, regar y cuidar las plantas de crecimiento cristiano. Pero es Dios el único que tiene la prerrogativa milagrosa de dar crecimiento y solamente Él merece la gloria por realizar la obra maravillosa de la salvación.

¿Cómo se relaciona el punto de vista de Pablo con la crianza de los hijos? Se relaciona en esto: La meta de crianza de los hijos no es la salvación de ellos. Esto está fuera de la capacidad y el control de los padres. La meta de crianza de los hijos es enseñarles fielmente qué es el evangelio y cómo debería influir en sus vidas. El padre planta la semilla y provee el agua. Dios da el crecimiento. Este simple versículo también provee a los padres de una triple estrategia para la evangelización: Prepare el terreno del corazón de su hijo, plante semillas de verdad y ore y proteja el cultivo de enemigos.

Prepare el suelo del corazón de su hijo

Nunca olvidaré una mañana soleada de viernes cuando algunos amigos cercanos y yo fuimos a desayunar con el doctor Sinclair Ferguson. Uno de nosotros le preguntó acerca de la crianza de los hijos y su respuesta fue profunda. Con su marcado acento escocés, dijo: «Como padres cristianos, deben asegurarse que envuelven con más de un cordón de amor el corazón de su hijo». Agregó que sabía de muchos padres que instruyeron a sus hijos muy bien en la fe cristiana, pero no establecieron una estrecha relación con ellos; y que es esencial crear con nuestros hijos una relación bíblica y llena de amor.

Como padres debemos proveer el suelo para que nuestros hijos crezcan. Un factor que influye en gran medida en la productividad de cualquier planta es el suelo en el cual se la planta. Por ejemplo, la planta de hortensia da una flor bella de muchos colores. ¿Sabía usted que el color de la flor de la hortensia depende de la acidez del suelo donde está? El suelo también es un factor determinante en el rendimiento de un árbol frutal. En Mateo 13, Jesús enseña que aunque la semilla del evangelio es pura, no todos los suelos son igualmente receptivos y fructíferos. Por consiguiente, como padres cristianos nuestra meta es preparar el suelo del corazón de nuestros hijos. Queremos hacer el mejor ambiente posible para que ellos sean receptivos al evangelio.

El suelo del corazón de su hijo es el ambiente de relaciones de su hogar. Tal como la flor de la hortensia es influenciada por el suelo en la cual es plantada, así nuestros hijos se forman por las relaciones en el hogar. Mientras que el veneno en el suelo mataría una planta, la hipocresía en el hogar podría afectar de manera adversa el corazón de su hijo. Inversamente, cuando un hogar es reconocido por la integridad y el amor, los hijos ven la autenticidad del evangelio. En el centro de una relación piadosa está el amor, el verdadero amor bíblico. Esta clase de amor debe llenar el hogar y se puede cultivar mediante la disciplina, el ánimo, la humildad y el disfrute.

La disciplina

Una forma práctica para demostrar amor hacia los hijos es mediante la disciplina. Aunque puede parecer incongruente demostrar amor a un hijo mediante la disciplina, la realidad es que la disciplina es una forma de protección para los hijos. Al enseñarles el bien y el mal desde una edad temprana, los prepara para que reconozcan sus propios pecados.

Un hogar sin disciplina produce un hijo que no reconoce que ciertas cosas están simplemente mal en este mundo. Mentir, desobedecer y ser egoísta son cosas malas básicas que los hijos no solo deben aprender a reconocer, sino que deben aprender a asociarlas con castigo. Cuando se dan cuenta de que el estándar es la verdad, la obediencia encantadora y el altruismo desinteresado, entonces están preparados para reconocer su incapacidad para comportarse bien.

La meta de la disciplina no es corrección meramente. Un padre podría entrenar a sus hijos como entrenaría a sus perros; un padre puede obligar a los hijos a venir, sentarse y estarse tranquilo. Pero por supuesto que este no es el asunto. La meta de la disciplina es preparar al hijo para que se dé cuenta de que cuando peca, recibe castigo. Esta asociación básica establece en la mente de un hijo los conceptos de correcto e incorrecto, del pecado, y del sufrimiento asociado con el pecado. Estos conceptos rudimentarios son elementos críticos en la preparación del suelo del corazón de un hijo. Más allá de esto, la disciplina prepara a los hijos para que se den cuenta que el estándar trasciende su alcance. No solo los hijos necesitan obedecer completamente la primera vez que se les dice cualquier cosa, sino que también necesitan hacerlo con alegría. Cuando aprenden esto, sus corazones están preparados para comprender cuánto les falta para seguir los mandatos de Dios.

Por supuesto, la disciplina piadosa es balanceada con la misericordia. Santiago escribe: «Porque juicio sin misericordia se hará con aquel que no hiciere misericordia; y la misericordia triunfa sobre el juicio» (Santiago 2.13). El punto de Santiago está claro: En el trato de Dios con sus hijos amados, su misericordia declara fuera de lugar el juicio. Al balancear la disciplina con la misericordia, también preparamos el corazón de nuestros hijos para que entiendan que aunque no están a la altura del estándar de Dios, también Dios está preparado para ofrecer misericordia.

Los padres que son renuentes a mostrar misericordia hacia sus hijos están corriendo el peligro de crear un ambiente hogareño que no solo es rudo para el hijo, sino antagónico para el evangelio. J. C. Ryle lo explica así: «Es una cosa peligrosa hacer que sus hijos le tengan miedo. El miedo le pone fin a la franqueza. El temor conduce a los ocultamientos. El miedo siembra la semilla de mucha hipocresía, y conduce a muchos a la mentira».[1]

Tal como Pablo cuidó con ternura de sus hijos espirituales, así los padres deben ser tiernos con sus hijos (1 Tesalonicenses 2.7).

De seguro, la disciplina piadosa es un aspecto integral de fiel crianza de los hijos (Proverbios 23.13–14; Hebreos 12.4–11). Pero la disciplina se debe practicar en un ambiente compasivo y misericordioso. Para un entendimiento más profundo de la disciplina por parte de los padres, le recomiendo *Cómo pastorear el corazón de su hijo* por Tedd Tripp.[2]

El ánimo

Tal como una flor no abre bajo cielos sombríos, del mismo modo el corazón de un hijo no se abrirá bajo condiciones severas. Nuestros hijos necesitan el afecto, el cuidado y el ánimo para lograr el valor que les haga salir adelante. Usted quiere que el suelo del corazón de su hijo sea ricamente fertilizado por el ánimo frecuente y que exalte a Cristo, el cual muestra amor de una forma poderosa. Pablo resalta el significado del ánimo por los padres en su ministerio cuando escribe: «Sabéis de qué modo, como el padre a sus hijos, exhortábamos y consolábamos a cada uno de vosotros» (1 Tesalonicenses 2.11).

Considere Colosenses 3.12–13: «Vestíos, pues, como escogidos de Dios, santos y amados, de entrañable misericordia, de benignidad, de humildad, de mansedumbre, de paciencia; soportándoos unos a otros, y perdonándoos unos a otros si alguno tuviere queja contra otro». Aquí Pablo le pone manos y pies a la noción de ánimo. Ese es el tipo de ánimo que debería llenar los hogares cristianos como un aroma agradable, porque la generosidad y el amor son motivadores poderosos. Edifique sobre lo positivo. Los hijos responden de una manera poderosa a la afirmación, así que ámeles alentándoles.

Ryle está en lo correcto cuando señala que «los niños deben ser tratados con amabilidad, si su atención es ser siempre un ganador... Solo así se debe establecer ante sus hijos sus deberes, pero mandar, amenazar, castigar, razonar, pero sin afecto, su trabajo será en vano».[3] Entonces, como indica Ryle, es importante animar a sus hijos con entusiasmo y alegría.

La humildad

El orgullo es un inhibidor del crecimiento del evangelio en el corazón de su hijo y una ruta segura a la destrucción. Es lo opuesto de la ruta segura a la salvación (Proverbios 16.18), porque Dios resiste a la persona orgullosa (1 Pedro 5.5) pero atiende al humilde (Salmo 138.6). Sabiendo esto, quizá la sola forma en que puede preparar el terreno del corazón de sus hijos es demostrando humildad.

Jesús nos proveyó ese ejemplo. En Mateo 11.29 dijo: «Llevad mi yugo sobre vosotros, y aprended de mí, que soy manso y humilde de corazón; y hallaréis descanso para vuestras almas». Notablemente, esta es la única vez en los Evangelios que Jesús se autodefine con adjetivos. El Maestro manso y humilde nos ordena que aprendamos de Él expresamente porque Él es humilde. Deberíamos seguir su ejemplo y enseñar a nuestros hijos con humildad, deseando que ellos «recib[an] con mansedumbre la palabra implantada, la cual puede salvar [sus] almas» (Santiago 1.21).

La humildad solo se puede cultivar dando pasos deliberados. A continuación hay cuatro ejemplos de acciones que pueden demostrar humildad como una manera de preparar el corazón de su hijo para que comprenda el evangelio:

1. Encuentre a un cristiano más maduro para que lo discipule. Si quiere mostrar a sus hijos cuánto necesitan sabiduría, muéstreles cuánta sabiduría necesita usted humillando su corazón y buscando a un mentor que le enseñe.
2. Admita cuando está equivocado y busque perdón cuando peca contra su familia, incluyendo a sus hijos.
3. Medite acerca del arrepentimiento, la humildad, el quebrantamiento, el hambre espiritual y la dependencia. El libro de C. J. Mahaney *Humildad* es un gran recurso para conocer más sobre estos temas.[4]
4. Demuestre su dependencia de la santa Palabra de Dios. Isaías 66.2 nos enseña una verdad importante: «Pero miraré a aquel que es pobre y humilde de espíritu, y que tiembla a mi palabra». Sus hijos le deberían ver leyendo la Biblia y hablando de ella a otros.

Cuando los padres muestran con sus hechos estos comportamientos a sus hijos, de hecho están demostrando humildad. De esta manera los están enseñando a sus hijos que hay un límite para la sabiduría humana y que la sabiduría divina viene cuando se busca con un corazón humilde. Esto prepara a sus hijos para darse cuenta de que la sabiduría de Dios es más elevada que la propia comprensión limitada de ellos.

El disfrute

Cristo disfrutó de la presencia de los niños (Mateo 18.1–6; 19.13–15). ¿Puede imaginárselo bendiciéndolos con los labios y el ceño fruncidos? No. A Él le agradaba la presencia de los niños.

La crianza de los hijos debería ser entretenida. Si se deleita siendo un padre o una madre, usted está preparando el suelo del corazón de su hijo al demostrar el gozo que Dios da a los que le obedecen.

¿Qué quiere decir disfrutar de la crianza de los hijos? Quiere decir divertirse con ellos. Tírese en el piso con ellos cuando son pequeños. Únaseles en sus áreas de interés cuando son jóvenes. Regocíjense juntos en su mundo, muestre entusiasmo ante sus actividades y juegos.

Preparar el terreno es trascendental para la futura fructificación. Los padres evangelizadores deberían fertilizar el terreno del corazón de su hijo con la disciplina, el ánimo, la humildad y el disfrute. Toda esta ardua preparación está diseñada para crear el mejor ambiente posible para la semilla de la verdad.

Plante semillas del evangelio

El aspecto más importante de labrar la tierra es la semilla que elige para plantar. Si siembra semillas de durazno, nunca cosechará ciruelas, no importa lo que usted haga. Los agricultores exitosos tienen gran cuidado con las semillas. Con mayor razón deberíamos ser cuidadosos con la semilla del evangelio. Hay dos formas principales para plantar semillas del evangelio en el corazón de un hijo: Hablar con palabras de integridad bíblica y vivir una vida de credibilidad.

Palabras de integridad bíblica

En Gálatas 6.8 se nos enseña un principio evidente y poderoso: «Porque el que siembra para su carne, de la carne segará corrupción; mas el que siembra para el Espíritu, del Espíritu segará vida eterna».

Este pasaje bíblico sugiere que todos los cristianos llevamos dos bolsas de semillas y debemos asegurarnos de usar semillas del Espíritu y no de la carne. La última cosa que nuestros hijos necesitan es que nosotros diseminemos semillas para la carne en sus vidas. Demasiadas cosas en las vidas de nuestros hijos, incluso sus corazones rebeldes y el mundo, siembran semillas para su carne. Como padres, somos llamados por Dios a proteger la arboleda de sus vidas y plantar y cultivar árboles buenos. Cuando actuamos de una manera consecuentemente carnal, ¿qué esperanza tienen ellos de obtener una cosecha de santidad? ¿De dónde van a conseguir semillas del Espíritu a menos que nosotros esparzamos esas semillas en abundancia en sus vidas? Charles Spurgeon dijo: «Ustedes que enseñan niños, pongan atención en qué les enseñan... ¡Cuidado con lo que persiguen!.... Es el alma de un niño la que usted está templando... Si es malo inducir al error a un adulto anciano, debe ser mucho más apartar los pies de los jóvenes hacia la senda del error, en el cual ellos pueden andar para siempre».[5]

Cuando explicamos el evangelio a nuestros hijos, estamos sembrando semillas. Esto incluye todo, desde las conversaciones largas, pacientes y cabales hasta los breves comentarios de cada día. Cada referencia al evangelio es semilla que se siembra. Esta semilla se corrobora entonces por medio de las acciones.

Es importante buscar ocasiones para explicarles el evangelio. Estas conversaciones pueden ser habituales, como un devocional cada noche o un tiempo en familia una vez por semana, o pueden ser espontáneas, por medio del curso normal de la vida.

Los padres no deberían tratar de incluir todos los elementos del evangelio en una sola conversación, porque están preparando a sus hijos para toda la vida. Si tienen una proyección a largo plazo, pueden profundizar en elementos específicos (como la cruz, la resurrección, el arrepentimiento, el pecado, la naturaleza de Dios, la humanidad de Cristo y otros temas) según sea necesario. Los padres tienen toda la vida del hijo, así que profundizando, con el tiempo cubrirán todo lo que significa el evangelio.

Con este enfoque, no hay necesidad de diluir o minimizar el mensaje hacia ellos. Obviamente, debemos usar la terminología apropiada para cada edad. Sin embargo, cuando las Escrituras hablan de enseñar a los hijos la verdad espiritual, el énfasis está en la minuciosidad: «Y estas palabras que yo te mando hoy, estarán sobre tu corazón; y las repetirás a tus hijos, y hablarás de ellas estando en tu casa, y andando por el camino, y al acostarte, y cuando te levantes» (Deuteronomio 6.6–7).

El simplismo es más peligroso que dar demasiados detalles. No suavice las partes que son desagradables, como la muerte de Cristo, la expiación o los efectos de pecado en la vida de una persona. Pero tómese el tiempo cuidadosamente para explicar cómo estos elementos se relacionan con el evangelio, mientras que de manera constante les recuerda a sus hijos la centralidad del señorío de Cristo sobre el mundo.

Cuando un padre toma decisiones importantes en la vida, debería explicarles a sus hijos cómo influyó el evangelio en esa decisión. Utilice las diferencias entre su familia y otras para exponer el evangelio. Aclare por qué no compra ciertas cosas, hace ciertas cosas o desea ciertas otras, y constantemente señale al evangelio como la motivación para actuar así. Cuando vea noticias preocupantes en la televisión o se vea enfrentado con el sufrimiento, aproveche esas oportunidades para explicar el pecado y el perdón. Esencialmente, los padres están todo el tiempo alerta a las ocasiones propicias para enseñar a sus hijos acerca del evangelio. Todas estas conversaciones son formas de esparcir la semilla.

Vivir vidas de credibilidad

Una vez que esparcimos las semillas de Dios, las debemos regar con oración y con las palabras y obras de Dios. Debemos cultivar el suelo con cuidado bíblico, amor y amistad. Ya que la semilla es la cosa más crítica, necesitamos saber lo que es y cómo distinguir entre la buena y la mala semilla. En otras palabras, necesitamos convertirnos en expertos en el evangelio.

Si queremos enseñar a nuestros hijos fielmente, debemos dominar el plan de estudio. Porque no podemos enseñar bien lo que no sabemos bien, necesitamos ser expertos en el evangelio. Puesto que tanto cristianos como no cristianos necesitan el evangelio, nuestros hijos deberían oír los temas del evangelio regularmente. Estudie el evangelio y confíe en su poder (Romanos 1.16).

Hablar palabras de integridad bíblica es solo la mitad de la ecuación del evangelio. Por eso es que 1 Timoteo 4.16 ordena: «Ten cuidado de ti mismo y de la doctrina; persiste en ello, pues haciendo esto, te salvarás a ti mismo y a los que te oyeren».

Pablo da una promesa asombrosa: Si nuestros labios predican el evangelio con exactitud teológica y nuestras vidas están llenas de integridad, otras personas serán atraídas a Cristo. Las palabras del evangelio y vidas piadosas coherentes es la mejor fórmula en la evangelización. Si nuestros hijos pueden comprender la verdad del evangelio mediante una explicación clara, precisa y amorosa y pueden ver el poder del evangelio en nuestro deseo fervoroso, devoto y promovido por el Espíritu de imitar a Cristo, habremos cumplido con fidelidad nuestro deber de sembrar en sllos la semilla del evangelio.

Recuerde que nuestra responsabilidad es hacer todo lo que podamos para preparar el suelo de sus corazones. Proverbios 21.31 afirma: «El caballo se alista para el día de la batalla; mas Jehová es el que da la victoria». Durante sus batallas, Israel era responsable de depender completamente de Dios y hacer todo lo que pudieran para estar listos para batalla. Del mismo modo, nuestra responsabilidad como padres es hacer todo lo que podamos para convertirnos en expertos del evangelio, no solo para beneficio de nosotros mismos y de las personas a las que les predicamos sino también para beneficio de nuestros hijos. Necesitamos vivir vidas de credibilidad del evangelio, especialmente ante los jóvenes que nos ven a cada momento.

Ore y proteja lo que Dios hace crecer

En la agricultura, después que el terreno está preparado y se ha echado la semilla, hay mucho por delante. La época de esperar que Dios dé el crecimiento, sin embargo, no es un tiempo de inacción sino de gran esfuerzo.

Recuerde que hay siempre trabajo para hacer en el suelo del corazón de un hijo. Mientras continúa construyendo una relación de amor y enfatiza el evangelio en cada oportunidad, hay también algunas acciones más que un fiel y correctamente motivado agricultor necesita hacer. Un agricultor espera el crecimiento atento a la aparición de la maleza, regando las plantas y cuidando de los campos. Después de plantadas, un padre espera orando por las semillas que han sido plantadas, protegiéndolas y alimentándolas.

Ore

La oración es nuestra más importante responsabilidad y a menudo es la más descuidada. Tal como Samuel consideró un pecado no orar por Israel, no orar por nuestros hijos y con ellos es renunciar a nuestra responsabilidad como padres (1 Samuel 12.23). Al orar con y por ellos, los estamos llevando ante la presencia de Dios y los dejamos allí para que Dios realice su obra en ellos. Nuestra confianza debe estar solamente en el que puede realizar el milagro del nuevo nacimiento espiritual. Pídale a Dios que cambie los corazones de sus hijos y los lleve a Él.

Usted puede hacer esto orando con ellos diariamente. Anímelos a orar. Déles ideas sobre qué orar y ayúdelos a expresar necesidades, fracasos y pecados a Dios. Ore con su cónyuge por las necesidades espirituales de sus hijos. Dígales cómo usted ora por ellos y cómo observa al Señor contestándole esas oraciones en sus vidas.

Proteja

A la vez que confiamos en el Señor, queremos proteger a nuestros hijos de malas hierbas que puedan crecer y asfixiar a la nueva planta en crecimiento. En la parábola de las tierras, Jesús enseñó que la semilla que cayó entre malas hierbas crece muy de prisa, pero la cizaña del afán de este mundo y las riquezas la ahogan (Mateo 13.22). Como agricultores diligentes debemos tener cuidado con las malas hierbas que quitarán los nutrientes de la tierra, evitarán que la semilla reciba los rayos del sol y matarán la nueva planta.

Para determinar amenazas a la fe de sus hijos pregúntese: (1) ¿Qué es lo que quieren hacer sobre todo? (2) ¿Qué circunstancias hacen que respondan pecaminosamente? (3) ¿Se enojan cuando algo se les quita o se les interrumpe en alguna actividad? Especialmente en estas áreas, los padres deberían tener cuidado con la indulgencia y el excesivo infantilismo.

Cuando hablamos de defenderlos contra las malas hierbas de la idolatría, necesitamos tener una relación estrecha con ellos. Debemos encontrarnos a gusto relacionándonos con ellos a nivel del corazón, de modo que cuando los ídolos intenten traspasar los límites, podamos intervenir con verdad, empatía y amor. Esta protección es esencial.

Como cualquier padre sabe, no podremos proteger a nuestros hijos para siempre. En conclusión, confiar en el poder de Dios es determinante para el buen juicio en la crianza de los hijos. Debemos confiar en Dios para su obra maestra de salvación.

Alimente

Una de las preguntas más comunes que recibía como pastor de niños era: ¿Cómo debería un padre responder a la profesión de fe de su hijo? Los padres cristianos desean que sus hijos se conviertan a Cristo pero necesitan tener cuidado con las falsas profesiones de fe. De modo que adopte el siguiente modelo para responder a la profesión de fe de su hijo:

1. Proteja a su hijo contra la seguridad falsa.
2. Renueve el interés de su hijo con ánimo.
3. Observe los frutos de su hijo.
4. Espere fruto maduro de árboles maduros.

Proteja

Proteja a sus hijos contra la seguridad falsa enseñándoles la naturaleza de la salvación verdadera. John MacArthur escribe:

> Ciertamente no podemos suponer que cada profesión de fe refleja una obra genuina de Dios en el corazón, y esto es particularmente cierto en los niños. Ellos a menudo responden positivamente a las invitaciones del evangelio por una gran cantidad de razones. Muchas de estas razones no tienen relación alguna con cualquier conciencia de

pecado ni de cualquier comprensión real de la verdad espiritual. Si empujamos a los niños a «creer» mediante presión externa, la «conversión» de ellos será falsa.[6]

La salvación no se logra por repetir una oración (o por cualquier otro acto humano). La salvación es la obra de Dios en el corazón de hombre y da como resultado un viaje de por vida de compromiso fructífero con Cristo. Muchos sectores del evangelicalismo estadounidense aceptan sin reservas una mera profesión de fe. Sin embargo, Jesús enseñó: «No todo el que me dice: Señor, Señor, entrará en el reino de los cielos» (Mateo 7.21). Por consiguiente, los padres sabios no darán por sentado que un niño que simplemente le ha pedido a Cristo que venga a su corazón quiere decir que hs nacido de nuevo.

Recuerde que los niños son propensos a seguir lo que hacen sus padres e imitar su fe sin comprender el evangelio. Ya que naturalmente quieren complacer a sus padres, algunos niños de forma natural quieren tomar una decisión por Cristo. Como consecuencia, es espiritualmente peligroso darles seguridad de salvación sobre la base de una oración. Nuestra herencia evangélica ha hecho un daño grande al pedirles a los niños que «reciban a Cristo en su corazón». Es común que los obreros de jóvenes guíen a los jóvenes a hacer la Oración del pecador. Como padres, necesitamos comprender la evangelización hasta el grado que podamos velar por el árbol joven de fe. Es mucho mejor pensar acerca de la salvación como un compromiso de por vida en vez de una decisión momentánea.

Acerca de esto, MacArthur escribe: «Enséñeles a los niños el evangelio, todo el evangelio, pero comprenda que usted puede estar plantando las semillas para una cosecha que quizá no madure en muchos años. Si usted siega un campo tan pronto como brotan las plantitas nunca tendrá una cosecha plena».[7]

Renueve

Alentar a sus hijos es una forma de renovar el interés de ellos en el evangelio. Cuídese de no desalentar en ellos el interés por las cosas de

Cristo. No rompa la relación entre una profesión de fe y subsiguientes acciones diciendo cosas como: «Si fueras un cristiano no dirías eso» o «Si de verdad fueras nacido de nuevo tendrías una actitud diferente». Además, a menudo no es productivo decir: «No eres un cristiano» a un niño pequeño que todavía está en su etapa de desarrollo. No desaliente su interés en el cristianismo. Cuando el niño dice que quiere aceptar a Cristo en su corazón, piense más en lo que Dios está comenzando a hacer en su corazón y menos en la exactitud bíblica de sus palabras. Corrija la teología de sus hijos e infórmeles con respecto a la salvación bíblica, pero sea positivo. De modo que si quiere cultivar la fe de ellos, póngase en guardia contra la profesión falsa y renueve el interés con ánimo.

Observe

Examine cuán fructíferos son sus hijos. Nuestro máximo deseo es que glorifiquen a Dios llevando mucho fruto espiritual (Juan 15.8). Si profesan ser cristianos, 2 Corintios 13.5 se aplica a ellos: «Examinaos a vosotros mismos si estáis en la fe; probaos a vosotros mismos». También la advertencia de nuestro Salvador se aplica a todos los que profesan ser cristianos: «Por sus frutos los conoceréis» (Mateo 7.20). No dé a sus hijos una fórmula para la salvación. Si les da una fórmula enfocada en obras o una receta como «arrepiéntanse y crean», aunque sea la fórmula bíblica, es posible que pongan el énfasis en alcanzar la meta sin pasar por los asuntos vitales del corazón. De manera constante señale hacia el fruto de la salvación (el amor por la Palabra de Dios, el sacrificio gozoso por otros, la pasión por Cristo, y otros) a fin de que puedan evaluar su progreso.

Espere

Hay una consideración más en estimular la profesión de fe de sus hijos y es esperar. Los padres cristianos no deberían esperar fruto maduro de árboles jóvenes, sino que deberían esperar que el árbol madure para que produzca el fruto de la mejor calidad. No evalúe un árbol joven por los estándares del árbol maduro. Sí, inspeccione el fruto de la profesión de sus hijos. Sí, mantenga la vista fija en la prueba espiritual. Pero no espere que un árbol joven y sano produzca frutos maduros.

Los agricultores fieles esperan que Dios obre el milagro del crecimiento. «No nos cansemos, pues, de hacer bien; porque a su tiempo segaremos, si no desmayamos» (Gálatas 6.9). Dennis Gundersen añade:

> El hecho es que, por lo general, un niño es un producto sin acabar. Desde el punto de vista bíblico, la infancia es una etapa en la cual los padres pacientemente cultivan las personas en que sus hijos han de convertirse. La infancia es un tiempo de preparación, no un tiempo de terminación; de inmadurez, no de madurez; de plantar semilla, no de recoger fruto. Mirar estas cosas de otra manera confunde nuestro pensamiento acerca de los niños y la evangelización.[8]

Dios es el actor en la salvación. Él es el que nos salva. Él nos dio vida cuando estábamos muertos, y es por causa de su obra que los creyentes estamos en Cristo (1 Corintios 1.30). Necesitamos trabajar mientras esperamos que Dios haga su obra. Como padres, de nuevo nos encontramos en una posición de humilde confianza, esperando en que Dios obre su milagroso poder de salvación.

La cosecha por venir

En la gran tarea de la crianza de los hijos, Dios prepara a sus padres evangelizadores para que dispongan el suelo y siembren la semilla. Luego, les permite orar y proteger el árbol joven. Mediante esta obra, Dios a menudo elige hacer crecer la semilla y realizar su acción milagrosa de la regeneración. Ryle amonesta a los padres diciendo:

> Muy valiosa, sin duda, es esta gente menuda ante sus ojos; pero si usted los ama, no deje de pensar en sus almas. Ningún interés debería ser más importante para usted como sus intereses eternos. Ninguna parte de ellos debería ser tan valiosa para usted como esa parte que nunca morirá. El mundo, con toda su gloria, pasará; los montes se derretirán; los cielos serán envueltos como un rollo; el sol dejará de brillar. Pero el espíritu que mora en esas criaturitas que usted ama

> tanto sobrevivirá y que sea en la felicidad o el sufrimiento (hablando como hombre) dependerá de usted.[9]

Lo que dice Ryle es cierto. El gran esfuerzo para los padres cristianos es sembrar el evangelio en las almas de nuestros hijos. De manera que, padres cristianos, preparen el terreno, planten la semilla pura del evangelio, oren con confianza a Dios y protejan la plantita contra las malas hierbas de este mundo. Quizá entonces se podrá decir de nuestros hijos: «Serán llamados árboles de justicia, plantío de Jehová, para gloria suya» (Isaías 61.3). Es nuestro deseo mirar los campos de nuestras familias y ver grandes árboles robustamente fructíferos para el Señor Jesucristo.

15

El pastor de jóvenes como evangelista: La evangelización más fructífera de la iglesia

Austin Duncan

El ministerio de jóvenes es a menudo relegado como un ministerio suplementario. Los pastores de jóvenes son estereotipados como anfitriones de «diversión y juegos» que les agradan los estudiantes, pero que principalmente sirven como entretenedores que evitan que los muchachos de la iglesia se metan en problemas. Las caricaturas de un mundano, hedonista, vano y dinámico grupo de jóvenes es a menudo garantía de que los ministerios de jóvenes no operan con una filosofía bíblica de ministerio. De hecho, estos seudos ministerios en verdad dañan la causa de la evangelización. Correctamente entendido, el pastor de jóvenes es en primer lugar y sobre todo un evangelista.

Hubo un joven que provenía de una familia sin ninguna clase de fe religiosa. En la segunda enseñanza era un estudiante bastante popular, futbolista y adicto a la marihuana. Salía con una chica mormona y desperdiciaba su vida. Nunca había oído el evangelio. Su entrenador de fútbol era un trabajador voluntario de jóvenes en una iglesia. El entrenador compartió el evangelio verdadero con el joven y lo invitó a asistir al ministerio de jóvenes de la iglesia donde oyó el mensaje de Cristo por primera vez. Dios abrió el corazón de este joven para que creyera y su vida cambió de forma radical. Dejó a la chica mormona, dejó de parrandear y se convirtió en un devoto seguidor de Cristo. Pero el cambio no se detuvo allí. Su vida transformada fue tan atrayente y su testimonio del evangelio tan convincente que en un plazo de algunos años sus padres y su hermana también recibieron a Cristo.

Hubo otro joven cuya madre iba a la iglesia, pero las calles le habían estado dando la bienvenida a su hijo. Su rebelión contra la fe de su madre era obvia. Perturbaba al grupo de jóvenes con su desdén constante y obvio hacia cualquier cosa relacionada con la iglesia. Se unió a pandillas en uno de los barrios más peligrosos de Los Ángeles. Pero su vida comenzó a sufrir una crisis. Sus amigos de la pandilla se volvieron contra él dejándolo completamente solo. Uno de los líderes del grupo de jóvenes se dio cuenta que el joven había comenzado a saborear el trago amargo del pecado por lo que le recordó que si no se arrepentía su vida seguiría trayéndole dolor y descontento, y finalmente la ira de Dios caería sobre él. Arruinado por el pecado, el joven clamó a Jesucristo por perdón. Se reconcilió con su madre, se convirtió en un miembro activo de la iglesia y hoy es un evangelista que aspira a participar de misiones en otros países.

Cuando el ministerio de jóvenes es manejado con convicciones bíblicas y eclesiásticas, se convierte en uno de los focos evangelísticos más convincentes de la iglesia. Es obvio que los adolescentes de hoy están creciendo en una sociedad que simplemente no es cristiana. Se encuentran en un bastión de hedonismo y relativismo en el que la iglesia cristiana se levanta como un faro de esperanza. Por esta razón, un ministro de jóvenes eficaz debe ser un evangelista de corazón. En lugar de construir un grupo de jóvenes que sea una versión aguada del culto principal expresado en el lenguaje popular actual y la cultura de los jóvenes, un pastor de jóvenes necesita tener una filosofía bíblica del ministerio.

Un ministro de jóvenes puede ser un creador competente de programas, puede ser un experto en dirigir campamentos, puede tener gran liderazgo sobre un personal de voluntarios, pero si no está siendo fiel en la evangelización no está cumpliendo con su ministerio (2 Timoteo 4.5). Debe darse cuenta de que una de las formas en que es más útil para su iglesia es siendo un evangelizador.

Una encuesta superficial del ministerio moderno de jóvenes quizás revele que en vez de la evangelización y el discipulado, la mayoría de los ministerios para adolescentes se caracterizan por el alboroto publicitario y la deserción. El alboroto publicitario rodea sus actividades interminables y la deserción caracteriza sus resultados. No solo no estamos ganando a la juventud para Cristo, sino que estamos perdiendo a los jóvenes que tenemos. La tasa cada vez menor de retención de adolescentes que van a la iglesia es alarmante y admitida por todos. Aunque rara vez se reconoce que esos que dejan la iglesia es porque nunca fueron realmente parte de ella. El apóstol Juan escribe: «Salieron de nosotros, pero no eran de nosotros; porque si hubiesen sido de nosotros, habrían permanecido con nosotros» (1 Juan 2.19).

En otras palabras, el hecho de que la mayor parte de los estudiantes de grupos de jóvenes abandonan la iglesia cuando llegan a la universidad es prueba de que no son salvos. Esto quiere decir que uno de los papeles principales de un pastor de jóvenes es el de evangelizador.

A pesar de esta necesidad urgente, el estereotipo del pastor evangélico de jóvenes típico es el de un director de campamento y coordinador de eventos. Se espera que dé algo que hacer a los estudiantes de la iglesia y su éxito se mide por el número de personas que asiste a los eventos sociales. Pero la evangelización verdadera, el ministerio real y verdadero no es cosa de llenar sillas vacías. El enfoque de la evangelización verdadera debería estar en las almas, no en los asientos.

Cuando veo a los líderes de grupos de jóvenes enardecidos con un fervor casi misionero suplicando que más personas se alisten en una noche de entretenimiento, mi corazón se hace pedazos. Lo que se necesita es que ese mismo fervor se aplique al evangelio. Lograr que los estudiantes asistan no es la meta; más bien, la meta es proclamar clara y fielmente el mensaje de la cruz.

En términos sencillos, lo que hace bueno un ministerio de jóvenes es lo que debería hacer bueno un ministerio de adultos: La presentación precisa y persuasiva del evangelio. Pero los ministerios promotores de eventos tienden resueltamente a ocultarles a sus jóvenes el fuerte llamado, las duras verdades y las francas exigencias de Jesucristo. Los líderes del ministerio de jóvenes tratan de enmascarar sus servicios con la cultura popular para mostrar a una multitud de incrédulos que se sentirán tan cómodos en la iglesia como sea posible. En lugar de aprovechar al máximo estos años formativos para la instrucción espiritual, disminuyen el conocimiento de las Escrituras y corren a la diversión, los juegos, las luces y los premios. Los adolescentes quedan con la impresión de que seguir a Cristo es fácil, que la santidad es optativa y que la iglesia siempre debería ser divertida y de acuerdo con nuestras preferencias. No es extraño que demasiados hijos que crecen con una mentalidad de ministerio de jóvenes de diversión y juegos vayan en busca de las iglesias pastoreadas por anfitriones de espectáculos de juegos glorificados.

El resultado de este enfoque equivocado para el ministerio de jóvenes es una generación de alumnos de secundaria que no tienen concepto alguno del señorío de Cristo, mucho menos una comprensión del discipulado. Cuando esos estudiantes van a la universidad están mal preparados para resistir el asalto que tendrá lugar contra su fe. Ellos nunca se integraron del todo en la comunidad adulta de la iglesia. Asistir a las funciones de jóvenes no es lo mismo que comprometerse con Jesucristo. Este punto es obvio y ni el pastor de jóvenes más pragmático estaría en desacuerdo. El ministerio que se enfoca en un mensaje simple y mundano y en juegos divertidos, y se esfuerza por la asistencia es en verdad el enemigo de la evangelización. La evangelización verdadera no se enfoca en tales actividades sino que se proyecta hacia la proclamación del evangelio.

Un ministerio convincente de estudiantes no ha hecho su trabajo si los estudiantes pueden egresar del ministerio sin alguna vez haber sido confrontados con las exigencias que Jesucristo tiene para sus vidas.

Cuando el evangelio se presenta con claridad, la respuesta es un llamado. Muchos estudiantes han hecho falsas profesiones de fe porque recibieron un evangelio falso. Se les dijo que si creían en Cristo ellos irían al cielo. Fueron inducidos a creer que las verdades a medias que les presentaron en el grupo de jóvenes eran el verdadero asunto. Pero ya que nunca se apartaron de su pecado, nunca aprendieron a atesorar a Jesucristo por encima de todo lo demás en el mundo. El resultado es el mismo tanto en adolescentes como en adultos; finalmente el deseo de vivir para ellos mismos es más fuerte que la seguridad que obtuvieron de la Oración del pecador.

Pero cuando se presenta el evangelio completo, que incluye el llamado al arrepentimiento, el discipulado, la santificación y el precio de amar más a Cristo que a este mundo, los estudiantes se verán en la necesidad de dar una respuesta. Los que no se salven se alejarán como las multitudes en Juan 6. Los que respondan a los reclamos de Cristo no necesitarán que los pastores de jóvenes les mimen y aíslen del cuerpo de la iglesia; necesitarán ser bautizados y aceptados como miembros en nuestras iglesias. Ellos necesitan ser pastoreados y discipulados. Necesitan que se les involucre en el ministerio, demostrando su amor hacia Dios al poner en práctica los dones que Dios les ha dado (Efesios 4.12). Todo esto es posible cuando el pastor de jóvenes se centra en la evangelización.

No todo el mundo cree que es posible tener un ministerio de jóvenes que produce cristianos fuertes, teólogos y evangelistas apasionados. Los escépticos más grandes de un ministerio cabal y profundo de jóvenes no son los estudiantes sino que a menudo son los mismos pastores de jóvenes. Teniendo un ministerio basado en juegos que conciente con el mínimo común denominador de una cultura fugaz de jóvenes, los alumnos de enseñanza secundaria en la iglesia son moldeados para la capitulación en lugar de para vivir el cristianismo.

Es mi privilegio y gozo ministrar a estudiantes y es mi meta, por la gracia de Dios, animar y guiar a los obreros que colaboran hacia el ministerio de estudiantes que sea bíblicamente motivado, teológicamente sano y abrumadoramente evangelístico. Si un alumno de enseñanza secundaria puede ser ganado para Cristo, entonces su vida puede ser un ejemplo brillante de fidelidad. Quiero ver a los adolescentes que son cristianos demostrando esa realidad mediante vidas dedicadas a Cristo, su Palabra y su iglesia. Este capítulo esbozará algunos principios prácticos para construir un ministerio de jóvenes que tenga un enfoque evangelístico, y que produzca adolescentes maduros y piadosos.

Edifique sobre la Escritura

La pregunta de cómo alcanzar mejor a un joven con el evangelio es en verdad una pregunta muy antigua: «¿Con qué limpiará el joven su camino? Con guardar tu palabra» (Salmo 119.9).

La respuesta suena simple. Si un joven quiere mantener puro su camino, debe meditar, leer y estudiar la Biblia. Si un pastor de jóvenes quiere servir a sus estudiantes, lo único que tiene que hacer es enseñarles a amar la Palabra de Dios. Así de fácil. El elemento más importante de un ministerio fuerte de jóvenes será su enseñanza de la Biblia. Deseo que los pastores de jóvenes abandonen el programa en vídeo, dejen de desperdiciar el dinero de la iglesia en lecciones enriquecedoras gráficas para jóvenes y dejen de destruir su materia gris intentando sacar en claro cuál tema podría discutirse después. En lugar de eso, si les enseñaran a los estudiantes la suficiencia de la Palabra mostrada en su ministerio, el efecto sería profundo.

Las Escrituras mismas son la herramienta más importante para el pastor de jóvenes. No hay otra forma para que una persona llegue a Cristo excepto mediante la predicación del evangelio, y no hay ningún lugar donde el evangelio sea presentado con más claridad que en las Escrituras. Cuando un ministerio de jóvenes se edifica sobre la enseñanza versículo por versículo de la Biblia, los estudiantes aprenden cómo vivir y qué creer. Como un efecto secundario decretado por Dios, los estudiantes también aprenden a estudiar e interpretar la Biblia por ellos mismos al observar las Escrituras correctamente divididas y explicadas de manera apropiada.

El sermón del pastor debería ilustrar que el evangelio es noticias, no consejos. Jesucristo, el Hijo de Dios, murió en la cruz como sustituto por los pecados. Resucitó al tercer día, mostrando la aceptación de Dios de su sacrificio, probando que su vida y sus palabras eran ciertas y para ser justificado ante Dios, usted debe arrepentirse de sus pecados y confiar solamente en Cristo para salvación. Este es el evangelio y debe ser predicado consecuentemente.

Los adolescentes en el grupo de jóvenes necesitan este mensaje. No necesitan relevancia cultural, y ciertamente no necesitan a un líder de jóvenes que en verdad «los consiga». Necesitan a un ministro que les explique que no llegarán al cielo gracias al cristianismo de sus padres, que Dios aborrece el pecado y que el asunto más importante en el universo no es si van a integrar el equipo de fútbol, sino si están reconciliados con Dios. ¿Se han apartado del pecado y vueltos al Salvador? ¿Han aceptado con fe el sacrificio perfecto del amado Hijo de Dios? ¿Viven la vida de Cristo?

Más allá del evangelio, un pastor eficaz de jóvenes debe enseñar teología profunda. Los estudiantes deberían aprender más acerca de la justificación, la santificación, la elección y la Trinidad que lo que necesitan saber acerca de la cultura o los peligros del sexo. La meta del ministerio de jóvenes no es producir «moralidad», promesas de abstinencia o buenas notas escolares. Dios tiene algo mejor para los jóvenes, a saber: un compromiso radical con la verdad de Dios. Por esta razón, usar la Biblia para enseñar lecciones morales superficiales simplemente no es suficiente. La respuesta a la superficialidad de la cultura de jóvenes tendiente a estar de aquí para allá no es juegos y un grupo agradable de jóvenes; es la profunda e invariable teología de la Biblia. Si un pastor de jóvenes se niega a enseñar teología, pone en ridículo su llamado y deja pasar su oportunidad. A largo plazo está fracasando en preparar a los estudiantes para que respondan a las filosofías mundanas que les enseñarán en la universidad.

Si los estudiantes egresan de la escuela secundaria y han sido enfrentados con las verdades profundas del evangelio completo, y si han sido consecuentemente expuestos a las enseñanzas teológicas de la Biblia, irán a la universidad teniendo por entendido que las Escrituras tienen las respuestas a los dilemas éticos y morales a los que estarán expuestos. Al enseñar teología y mostrar de manera clara la suficiencia de las Escrituras, el pastor de jóvenes les da a los adolescentes una alternativa a la tentación del pecado, y esta alternativa es intrínsecamente evangelística. Esta clase de ministerio de jóvenes prepara a los santos y se convierte en una luz para los no creyentes.

Edifique dentro de la iglesia

La eclesiología falta tristemente en la teología de demasiados pastores de jóvenes. La iglesia es tan preciosa para Cristo que la llama su novia. Él ha ordenado que la iglesia sea la forma primaria para el avance de su reino en la tierra. Los peligros de las organizaciones paraeclesiales usurpando el papel de la iglesia son quizá más claros en el ministerio de jóvenes. Para el pastor de jóvenes, el peligro real es construir un ministerio de jóvenes que esencialmente funcione como una organización paraeclesial, excepto en que se reúne en su iglesia. No debería ser posible que los estudiantes participen fielmente de un ministerio de jóvenes pero no participen en la iglesia. Una de las metas principales de un programa de jóvenes es preparar a los estudiantes para que vivan vidas comprometidas con la iglesia.

La juventud debe involucrarse con los adultos en el servicio misionero, en participar en el alcance del vecindario y en visitar a las personas de edad. Sobre todo, deberían ser una parte del todo como iglesia en la adoración, el compañerismo y el servicio. Una de las razones por las que los jóvenes se van de la iglesia es porque crecen sin saber qué tiene la iglesia que ofrecerles. Finalmente, se cansarán de los juegos y representaciones, y buscarán algo más profundo. Una clave para el ministerio de estudiantes, para un ministerio de estudiantes duradero debe ser involucrar a los jóvenes en la iglesia porque ellos aprecian el evangelio. Entonces, si dejan la iglesia, estarán abandonando una parte integral de sus vidas. La iglesia ya no es un lugar que les sirve, sino un lugar al que ellos pertenecen.

Aislar a nuestros adolescentes del resto del cuerpo de la iglesia es malo para todos. Tal como el pie no puede decir a la mano que no es parte del cuerpo, así el joven no puede decir que no es parte del cuerpo de creyentes (1 Corintios 12.15). Los cristianos son llamados a usar los dones que Dios les ha dado en el servicio a la iglesia, de esta manera hacen patente el mandato del Nuevo Testamento de amarse los unos a los otros. Se les debe enseñar a los adolescentes a amar la iglesia, a preocuparse por sus necesidades y a dedicarse a su bienestar y crecimiento.

La oportunidad sin impedimentos es el sello de ser joven y soltero. El capítulo 7 de Primera Corintios es un capítulo paradigmático con respecto al ministerio de jóvenes. Aunque es primordialmente conocido por su enseñanza en cuanto al matrimonio y la soltería, es un hecho que el joven en nuestros ministerios de estudiantes está generalmente soltero. Como solteros, tienen dos ventajas sobre las personas casadas. Tienen la oportunidad sin impedimentos (v. 32) y la devoción sin distracciones hacia el Señor (v. 35). Esto no quiere decir que los jóvenes no se distraigan, sino que a causa de su soltería, energía y fortaleza, su devoción personal a Cristo puede ser mayor que en otras etapas de sus vidas. A estas alturas en la vida, hay pocas cosas que compitan con Jesucristo por el amor de ellos. Una relación genuina y en desarrollo con el Señor durante los años de adolescente puede ser buen fundamento para lo que será una vida de ministerio y devoción en los años posteriores.

La juventud no tiene cónyuges, hipotecas, niños, cuentas que pagar o jornadas completas de trabajo, de modo que muy pocas cosas le impide que sea el brazo más activo del cuerpo de Cristo. Sus preocupaciones e intereses no están tan divididos como lo estarán cuando se casen. La mayor parte de ellos va a la escuela donde hay miles de oportunidades de evangelizar y ministrar en el nombre de Cristo. Las actividades deportivas y extracurriculares son invitaciones para «que anunciéis las virtudes de aquel que os llamó de las tinieblas a su luz admirable» (1 Pedro 2.9). Descuidamos un enorme campo misionero si no ayudamos a nuestros jóvenes a alcanzar sus campuses para Cristo.

Los ministros de jóvenes son a menudo considerados como los suplementarios del ministerio verdadero. Tristemente su papel se ve como el de mantener ocupados y distraídos a los adolescentes. Esto es trágico porque comunica que los adolescentes quizá sean la iglesia del mañana, pero no son la iglesia de hoy. Una alternativa es alentar a los adolescentes, si son salvos, a usar sus dones para el beneficio del cuerpo de la iglesia y para la gloria de Dios. Este es ministerio de jóvenes hecho con convicción eclesiástica.

Edifique con liderazgo calificado

Pablo escribió: «para que si tardo, sepas cómo debes conducirte en la casa de Dios, que es la iglesia del Dios viviente, columna y baluarte de la verdad» (1 Timoteo 3.15). Este versículo nos recuerda que la Biblia no queda en silencio ante quién debería ministrar en la iglesia. El contexto de 1 Timoteo 3 es el liderazgo. Pablo acababa de explicar con precisión qué clase de persona él quería que guiara a la iglesia.

Para alentar correctamente a nuestra juventud en la evangelización, debemos cultivar y manifestar un liderazgo bíblico ejemplar. Los voluntarios en nuestros departamentos de jóvenes deberían estar bíblicamente capacitados como líderes siervos. Necesitamos ser selectivos en cuanto a quién permitimos que trabaje con los jóvenes, porque no todo el que quiere ayudar está bíblicamente capacitado para hacerlo. El ministerio de jóvenes ofrece oportunidades para que los estudiantes inviertan tiempo con líderes espirituales maduros que puedan establecer relaciones personales con ellos. Los adultos que trabajan con jóvenes se deben dedicar a involucrarse en las vidas de nuestros estudiantes porque sabemos que el discipulado es más eficaz cuando es más personal e individual. Nuestros voluntarios calificados necesitan ser modelos vivientes de lo que deseamos que sean nuestros estudiantes. Es mejor tener pocos líderes que muchos que no estén bíblicamente calificados.[1]

Los jóvenes son fáciles de influir. Si un líder es débil teológicamente o transige en la santidad, esos mismos defectos pronto se verán reflejados en los estudiantes bajo su liderazgo. A la inversa, si un líder vive apasionado por el evangelio y hacia los perdidos, este punto fuerte será imitado por los jóvenes. Evangelismo es hacer discípulos, lo cual implica enseñarles por medio de la imitación directa (Mateo 28.19–20). Los obreros de jóvenes son hacedores de discípulos y deberían modelar qué es pastorear, no qué es socializar.

Una de las áreas clave de madurez que debería ser evidente en la vida de cualquier voluntario es la evangelización. Si el grupo de jóvenes se vuelve un refugio para líderes introspectivos o tímidos, entonces la evangelización será suprimida. Esto se ve en dos formas. En primer lugar, los líderes del ministerio de jóvenes necesitan saber cómo hablar con los estudiantes acerca del evangelio; necesitan conocer la condición espiritual de sus estudiantes y deben poder cultivar relaciones que permitan conversaciones directas acerca de la realidad personal del evangelio. En segundo lugar, los líderes necesitan poder comunicarse con los visitantes no cristianos, familia y amigos de los estudiantes en el grupo de jóvenes. Necesitan saber cómo aprovechar las oportunidades para dar el evangelio en forma clara y concisa a las personas que quizá nunca más vuelvan a ver. Necesitan hacer esto con tacto o los estudiantes se avergonzarán de invitar a sus amigos, pero necesitan hacerlo claramente o los estudiantes no tendrán razón para invitar a sus amigos. Nuestro liderazgo debe ser competente como evangelizadores y consejeros bíblicos. Los líderes necesitan mostrar a los estudiantes que la Palabra de Dios es suficiente para todos los asuntos que afrontarán en la vida.

Me alegra tomar parte en el mismo ministerio de Pablo cuando busco influir en los adolescentes para que sigan a Jesucristo. Pablo recomendó a los corintios que fueran «imitadores de mí, así como yo de Cristo» (1 Corintios 11.1). El gozo se encuentra en ver cómo los estudiantes comienzan a imitar a Cristo. No solo se convierten en buenos seguidores de sus líderes, sino que ellos mismos se convierten en personas que influyen en los estudiantes que los rodean. El liderazgo es influencia y los líderes de jóvenes deben recordar que sus vidas y palabras están siendo observadas y seguidas. Esta es una responsabilidad significativa ante Dios.

Edifique mediante la evangelización

El ministro de jóvenes sabio es un evangelizador de corazón y desea ver a los jóvenes de ambos sexos entregar sus vidas a Cristo. Los estudiantes en nuestras iglesias presentan una tremenda oportunidad como campo misionero. Hay adolescentes que son del barrio que no han sido criados en un hogar cristiano y no conocen a Cristo. Hay también los que se han criado en la iglesia, quienes no son salvos y viven una fe que no es suya. Los niños de la iglesia necesitan también a Jesucristo. Estas realidades me motivan a cumplir con la Gran Comisión, específicamente a nivel de los jóvenes. Si descuidamos ministrar a los estudiantes perdemos una oportunidad de predicar el evangelio.

Un ejemplo de cómo el papel del pastor de jóvenes como predominantemente evangelístico es útil es el asunto de la seguridad. Los alumnos de enseñanza secundaria luchan con la seguridad. Si usted no puede declarar que Dios le ha salvado, ¿entonces cómo puede exponer los misterios de Dios en la evangelización a otro? A menudo los adolescentes están inseguros y es vital hacerles comprender su seguridad de la salvación. Los adolescentes que han crecido como «cristianos» y se encuentran más cerca de una edad de independencia comienzan a dudar si su fe es válida o solo un producto de la influencia de sus padres. Se preguntan: «¿Es mi fe mía? ¿Voy a la iglesia para complacer a mis padres o a mi Señor?» Estas preguntas son buenas y los pastores sabios ayudarán a los jóvenes a poner rumbo a esta tarea de examen propio.

Crecer como cristiano tiene beneficios y peligros. La familiaridad no debe engendrar desprecio hacia las cosas espirituales. Los dos extremos en el ministerio de jóvenes son los estudiantes que están seguros de que son salvos pero en realidad no lo son. Por otro lado están los que cuestionan su salvación pero malentienden la gracia. Ayudar a los estudiantes a explorar 2 Corintios 13.5 es prácticamente una tarea semanal: «Examinaos a vosotros mismos si estáis en la fe».

Si un pastor de jóvenes se ve a sí mismo como un evangelista, tiene una tarea abrumadora ante sí. Sus estudiantes se dispersan durante la semana por distintas escuelas secundarias y la mayoría de ellos estarán rodeados por miles de incrédulos. La única esperanza para el pastor de tener un testimonio coherente del evangelio en la comunidad es enseñarles a sus estudiantes a ser evangelizadores.

Al ser cristianos, somos embajadores de Cristo (2 Corintios 5.20). Los estudiantes que son cristianos también son embajadores tal como lo son los santos de más edad. No importa la edad de una persona, todas deben ser adiestradas para hacer discípulos. Los estudiantes se deberían hacer dos preguntas vitales. La primera: ¿Soy salvo? La segunda: ¿Estoy aprovechando mis oportunidades para evangelizar a otros?

A los adolescentes se les deben recordar las verdades encontradas en otras partes de este libro. Se les debe enseñar que vivimos para la gloria de Dios y nada glorifica tanto a Dios como un pecador que se aparta del mundo y se vuelve a Cristo. La juventud debe entender que tienen el privilegio de llevar las buenas nuevas de Jesucristo a sus amigos, muchos de los cuales nunca antes las han oído.

Si les hablamos a nuestros estudiantes de estas cosas, entonces podemos prepararlos para que sean evangelizadores. Les podemos enseñar cómo evangelizar, qué decir y darles consejos en cuanto a cuándo hacerlo. Los podemos preparar orando por ellos, alentándolos y predicándoles mensajes evangelísticos. También le podemos recordar al grupo de jóvenes como nada inutiliza la evangelización más rápido que los mensajeros hipócritas, y podemos usar esas discusiones como oportunidades para que los estudiantes evalúen su propia fe y testimonio.

Cuando predicamos teológicamente y nuestra esperanza es que nuestros estudiantes vivan evangélicamente, entonces les preparamos apologéticamente. El apóstol Pedro declara: «Santificad a Dios el Señor en vuestros corazones, y estad siempre preparados para presentar defensa con mansedumbre y reverencia ante todo el que os demande razón de la esperanza que hay en vosotros» (1 Pedro 3.15). Como pastores, necesitamos preparar a nuestros jóvenes para que puedan defender el evangelio, para que con claridad puedan expresar por qué las buenas nuevas son tan buenas.

Esto es especialmente cierto para nuestros alumnos de enseñanza secundaria que diariamente tienen la oportunidad de dar razón de su esperanza. Viven en un ambiente propicio para la evangelización. En nuestro ministerio en la escuela secundaria tuvimos un seminario en la tarde por varias semanas que se enfocó en la evangelización. Fue uno de nuestros eventos de mayor asistencia y los estudiantes se quedaron después de la iglesia por horas haciendo preguntas. Nos percatamos por el entusiasmo de los estudiantes de cómo tan hambrientos adolescentes debían ser preparados evangelísticamente. La salvación del perdido y la defensa de su fe eran preocupaciones urgentes para ellos.

También podemos preparar a nuestros estudiantes para la evangelización orando por ellos con fe y enseñándoles a tener pasión por la oración. Un pastor de jóvenes evangelístico orará regular y específicamente por su grupo y por los estudiantes que desea ver volverse a Cristo. Enseñará a sus estudiantes a recurrir a Dios en oración para que la evangelización de ellos sea poderosa y a suplicarle al Señor que salve a sus amigos perdidos de la escuela. Al destacar la oración personal, demostramos que la oración no se limita a los domingos por la mañana o a las reuniones de oración alrededor del asta de la bandera. Les enseñamos que orar es una disciplina y no un acontecimiento (1 Tesalonicenses 5.17). Cuando ellos cultivan la relación íntima con Dios que solo se puede obtener mediante la oración, no solo crecen en su madurez y su humildad, sino que también se convierten en más evangelísticos.

La oración es el combustible y el trabajo de las misiones. Aliente a los estudiantes a orar por los incrédulos que conocen y a que sean específicos al orar. Haga que pidan específicamente por los individuos y por una oportunidad para presentarles el evangelio. Ayúdelos a aprender la tensión en las Escrituras entre nuestras oraciones y nuestras acciones, aliéntelos a orar por otros y luego ir y llevarles el evangelio a esas mismas personas.

El gozo del ministerio de jóvenes

Colosenses 1.28–29 dice: «A quien anunciamos, amonestando a todo hombre, y enseñando a todo hombre en toda sabiduría, a fin de presentar perfecto en Cristo Jesús a todo hombre; para lo cual también trabajo, luchando según la potencia de él, la cual actúa poderosamente en mí». Este versículo es quizá mi mayor ánimo como pastor de jóvenes. Me lleva a ministrar a los estudiantes de tal manera que el progreso espiritual se lleve a cabo en sus vidas. Me encanta observar la obra de maduración y santificación de Cristo en los adolescentes cuyas vidas están dedicadas a Cristo. Nuestra meta es la misma para toda persona en la iglesia sin tener en cuenta su edad. Hay gran gozo al ver que el pueblo de Dios crece en su semejanza con nuestro Señor.

Específicamente me agrada el ministerio de jóvenes porque me encanta pensar en la potencialidad de los jóvenes. Alegra mi corazón ministrar a los que serán los miembros, ministros, diáconos y ancianos de nuestra iglesia. Miro los rostros de los jóvenes en nuestro servicio de la escuela secundaria los domingos y veo que ante ellos están las más grandes bendiciones y retos de la vida. Pruebas, tentaciones, batallas y alegrías les esperan. Este es el comienzo del andar con Cristo para ellos. En estos años iniciales tienen la oportunidad de aprender disciplinas espirituales que les beneficiarán por el resto de sus vidas.

Como pastores de la iglesia de Jesucristo, tenemos la responsabilidad de ser buenos administradores de los dones espirituales que se nos han dado, las personas confiadas a nuestro cuidado y los recursos que el Señor ha provisto para que hagamos el ministerio. Nuestras metas para el ministerio de jóvenes no se deberían ver por el número de asistentes, la complejidad de los eventos o lo «estupendo» que es el pastor de jóvenes. Nuestro estándar debe ser bíblico y se ve mediante la salvación y santificación de nuestro pueblo. Es entonces que un pastor de jóvenes cumple con su llamado como evangelizador.

16

Fuérzalos a entrar: Cómo testificar a los que tienen necesidades especiales

Rick McLean

Al encontrarse con los que tienen necesidades especiales, aun el evangelizador más experimentado puede vacilar, ponerse nervioso o evitarlos por la inseguridad. ¿Cómo se debería predicar el evangelio a estas personas especiales? A menudo la respuesta es piedad, no por la condición espiritual, sino física. Entender que en un mundo lleno de pecado «la normalidad» no existe, pero que cada ser humano tiene la misma necesidad esencial, provoca que el evangelizador venza la barrera evidente que existe para alcanzar a los que tienen necesidades especiales.

La historia del tratamiento de los que tienen incapacidades no es agradable. En las diferentes eras a menudo han sido abandonados al nacer, apartados de la sociedad, usados como bufones de la corte, ahogados y quemados durante la Inquisición, asfixiados en la Alemania Nazi, segregados, internados, torturados en nombre del buen comportamiento, maltratados, violados, sometidos a la eutanasia y asesinados.[1]

La comunidad cristiana debe reconocer su responsabilidad en alcanzar a los que tienen incapacidades, especialmente a consecuencia de algo en un espeluznante pasado. Los que tienen incapacidades necesitan oír las buenas nuevas. Necesitan saber que Jesucristo les ofrece tanta esperanza a ellos como a cualquiera otra persona en la sociedad. Requieren compasión y amor, no piedad.

Las personas con incapacidades son vistas de diversos modos, pero raras veces son vistas como «normales». A causa de las diferencias, a menudo nos encontramos en apuros cuando vemos a alguien que tiene una incapacidad y le calificamos como «anormal». El punto de vista de que las personas con incapacidades son anormales ha sido la justificación para muchos años de abuso.

Sin embargo, no miremos la historia para que sea nuestro ejemplo, sino más bien a Jesucristo. Él tuvo una compasión profunda para los que estaban quebrantados y perdidos. Muy a menudo muchas iglesias dejan de cumplir a plenitud con su obligación de evangelizar y discipular a las personas con incapacidades. Pero si queremos tener una iglesia que honre a Cristo entonces debemos seguir el ejemplo de Cristo.

Una perspectiva bíblica de las incapacidades

Para ministrar eficazmente a la comunidad con incapacidades es importante entender por qué algunas personas nacen con incapacidades y por qué Dios permite que otras las desarrollen con el paso de los años. El punto de partida es la comprensión de que, originalmente, antes de que el pecado entrara al mundo, no había imperfecciones. En Génesis 1.27 leemos: «Y creó Dios al hombre a su imagen, a imagen de Dios lo creó; varón y hembra los creó». Entonces en el versículo 31 afirma: «Y vio Dios todo lo que había hecho, y he aquí que era bueno en gran manera».

Los humanos fuimos creados a semejanza de Dios. Él nos creó con la capacidad para decidir, amar, razonar, relacionarnos y más importante aún, obedecerle. Cuando Dios terminó su creación allí no había dolor, violencia, lucha, conflicto, ni muerte. Era perfecta. Debido a que nuestro mundo está tan cargado de dolor e imperfección es difícil imaginarse el gozo y la bondad prevaleciente en ese mundo antes de la caída.

La Biblia deja bien claro que la causa del dolor y el sufrimiento en el mundo es el pecado. Sí, fuimos hechos a imagen de Dios, pero nos convertimos en criaturas caídas. Adán y Eva, los primeros dos humanos que Dios creó, le desobedecieron. En Génesis 2.16–17 Dios hizo entender a Adán y Eva que podían comer libremente de cualquier árbol del huerto excepto de un árbol, y ese era el árbol del conocimiento del bien y del mal. Dios le dijo a Adán que si comía de ese árbol seguramente moriría. Pero Eva, engañada por Satanás, desobedeció a Dios y comió del árbol. Adán siguió su ejemplo y la decadencia y la muerte comenzaron a controlar la creación. Adán y Eva nunca pudieron predecir el impacto global de su pecado.

Después de su desobediencia, se escondieron de Dios. Por primera vez tuvieron malos pensamientos y conciencia de su propia culpabilidad. Por su pecado Dios juzgó al hombre, a la mujer y aun a la tierra, trayendo mucho dolor en la maternidad, pesar, trabajo duro, desasosiego, enfermedad y muerte que infestaron a toda la creación. El pecado aumentaba y su reinado nunca se detendría en este mundo.

El pecado de Adán y Eva afectó toda la creación. Pablo declara en Romanos 8.20: «Porque la creación fue sujetada a vanidad, no por su propia voluntad, sino por causa del que la sujetó en esperanza». La desobediencia de Adán y Eva dio lugar a que el mundo se volviera anormal. Por primera vez, el quebranto y el sufrimiento entraron al mundo. Este quebrantamiento afectaría a los humanos en lo espiritual, físico, intelectual, emocional, psicológico y social. Esta corrupción está todavía vigente hoy y afecta todas las áreas de nuestra vida. Pablo afirma en Romanos 8.22: «Porque sabemos que toda la creación gime a una, y a una está con dolores de parto hasta ahora».

La rebelión de Adán y Eva causó que el mundo perfecto se volviera imperfecto con todo su dolor, caos, lucha, conflicto y muerte. Dios nos creó a su imagen con un propósito, pero todos nosotros sufrimos en esta vida los efectos debilitantes del pecado.

Por la caída todos nacemos con alguna clase de incapacidad. Las incapacidades de algunas personas se ven con facilidad, mientras que otras no son visibles al ojo humano. No obstante, a causa del mundo pecaminoso en que vivimos, tenemos que darnos cuenta de que no hay tal cosa como «normalidad» o «anormalidad». Todos los humanos han sido incapacitados por el pecado y un día todos experimentaremos la muerte. De modo que, desde la perspectiva de Dios, toda la humanidad ha sido incapacitada y solo tiene una esperanza: el evangelio de Jesucristo.

Las dificultades que enfrenta la comunidad de incapacitados

A los que no padecen una incapacidad a veces se les olvida cuán difíciles pueden ser las actividades de cada día porque las luchas diarias son a menudo de muy poca importancia. La mayoría de nosotros no tiene idea de qué clase de luchas diarias enfrenta una persona con incapacidades (o sus familia y sus amigos), y esta ignorancia puede conducir a una falta de compasión. La familia de una persona con incapacidades será puesta a prueba en formas que nunca esperaron. Para una familia cuyo hijo ha sido diagnosticado con una incapacidad de nacimiento o en una edad joven, las noticias pueden ser devastadoras. La familia ahora tendrá que tratar con profesionales médicos, dudas, sueños desbaratados y un montón de otros problemas.

Las tensiones económicas y emocionales en la familia pueden ser abrumadoras. Joni Eareckson Tada dijo en una ocasión:

> En los treinta años de estar incapacitada he gastado más de 43.800 horas en el hospital o en cama a causa de los dolores, decenas de miles de dólares en gastos médicos relacionados, y 262 000 horas en las rutinas diarias de cuidado. Estos asuntos médicos toman tiempo, energía y dinero que de otra manera se pudiera invertir en relaciones.[2]

Entretanto, esos incapacitados más tarde en la vida quizá tengan familias que los apoyen a ajustarse a las circunstancias.

Las dificultades para relacionarse

Al igual que con la mayoría de la gente, las amistades pueden tener mucha importancia para los incapacitados y, como el resto del mundo, desean ser aceptados por lo que son. Pero muchos de ellos encuentran difícil relacionarse con otras personas porque estas huyen de ellos. ¿Qué causa tal incomodidad? ¿Por qué huimos de tener amistad con una persona con incapacidades? A menudo, las personas sienten timidez si una persona con incapacidades tiene una apariencia diferente, las facciones distintas o un cuerpo torcido, o solo actúa de forma diferente. La incomodidad también proviene del miedo, lo cual es debido a una falta de comprensión de cómo acercarse y llevarse bien con estos individuos.

Mucha de nuestra incomodidad y nuestro miedo provienen de suposiciones incorrectas. Cuando vemos a alguien que tiene ya sea incapacidades físicas o mentales, a menudo asumimos que la persona es sorda o muda. No nos damos cuenta de que la habilidad cognitiva de una persona no está relacionada con su apariencia externa. Conozco a un hombre en nuestra iglesia que tiene parálisis cerebral aguda. El primer año que asistió, yo asumí que era mentalmente incoherente y no podría hablar, pero un domingo se me acercó para hablarme acerca del sermón. Me quedé desconcertado que estuviera mentalmente alerta y pudiera hablar con claridad acerca de lo que se predicó esa mañana.

Otro concepto equivocado es que las personas con incapacidades no pueden comprender el evangelio. Me he dado cuenta de que saben más de lo que nos percatamos. Muchos no pueden claramente explicar su fe, pero entienden mucho más de lo que creemos.

Desafortunadamente, hay muchas iglesias hoy que creen que Dios quiere que una persona con incapacidades se sane. Algunas van más allá y aun le dicen a esta persona que si la incapacidad no es sanada es porque la persona tiene una fe débil. Este tipo de enseñanza agrava los problemas de relacionarse de una persona con incapacidades.

Estos principios se pueden resumir en un tema principal: Necesitamos pensar y tratar a los que tienen incapacidades del mismo modo que nos gustaría que se nos tratara a nosotros. La esencia de la persona es la misma para todos los hijos de Dios que han pecado y necesitan la salvación de Dios. Una persona con incapacidades es todavía una persona en toda la plenitud de la palabra.

El propósito del ministerio a las personas con incapacidades

Si las personas con incapacidades son todavía personas en toda su plenitud, ¿por qué deberíamos ministrarles de manera especial? ¿Qué nos enseña la Biblia acerca de estas personas?

En su ministerio, Jesús demostró amor y cuidado hacia los que tenían incapacidades. Dio el ejemplo de amarlos y alcanzarlos. La inmensa mayoría de los milagros de Jesús fue recibida por alguien que tenía incapacidades mentales o físicas. Jesús sanó a los ciegos, sordos, paralíticos y enfermos mentales. Se acercó a los ciegos con bondad. Ministró a niños que luchaban contra las enfermedades. A Jesús le gustaba salirse del camino para atender a sordos y paralíticos.

Marcos 10.46–52 nos dice que Jesús se comunicó con un ciego llamado Bartimeo. La ceguera era un problema común en el tiempo de Cristo. Muchos venían a las ciudades esperando encontrar una cura. Las numerosas enfermedades en el siglo primero contribuían a la ceguera y muchos eran ciegos de nacimiento.[3]

Bartimeo vivía de mendigar. Un día cuando Jesús pasaba por allí, Bartimeo comenzó a gritar de forma angustiada: «¡Jesús, Hijo de David, ten misericordia de mí!» (Marcos 10.47). Este era un hombre desesperado. Se acogió completamente a la misericordia de Jesús. Seguramente había oído del gran poder de Jesús para sanar.

Bartimeo dio un paso de fe y clamó a Jesús. Muchos en la multitud, incluso los discípulos, lo reprendieron por gritar tan alto y de forma tan exigente. Le dijeron que se callara (v. 48). La multitud mostró muy poca compasión hacia este ciego. De algún modo, ellos demuestran cómo tratamos a veces a los que son diferentes en acciones y palabras.

¿De qué manera respondió Jesús a este hombre? Jesús se detuvo y «mandó llamarle» (v. 49). Jesús instruyó a la multitud a guardar silencio y traerle al ciego. La multitud dejó de criticar y le dijo al hombre que Jesús lo llamaba. Bartimeo estaba tan emocionado, que echó a un lado su capa y fue a Jesús (v. 50). Este hombre tuvo gran fe y en realidad creyó que Jesús le podía sanar. Pero más importante aún es que Jesús estaba usando esto como una oportunidad para enseñar a las multitudes la importancia de la compasión, el amor y el cuidado de los que tienen incapacidades. Los discípulos vieron la prioridad de Jesús para ministrar a los incapacitados. Jesús no solo sanó sus ojos físicos sino que también abrió sus ojos espirituales (v. 52). El ejemplo de Jesús deja claro que deberíamos alcanzar a los que tienen incapacidades mentales o físicas.

Se nos manda a alcanzar a los que tienen incapacidades. En Mateo 25.34–40, Jesús describe el fruto de una persona que es salva. Él no habla de hacer buenas obras para salvarse, sino que estas obras muestran que una persona vive para Cristo. Jesús describe a seis grupos de personas que tienen necesidades: Los hambrientos, los sedientos, los forasteros, los desnudos, los enfermos y los presos. Esto representa lo doliente y necesitado en la iglesia y ciertamente incluye a los incapacitados.

En Santiago 1.27a leemos: «La religión pura y sin mácula delante de Dios el Padre es esta: Visitar a los huérfanos y a las viudas en sus tribulaciones». Las viudas y los huérfanos son personas que pueden estar en soledad, ser explotadas o en profunda angustia. Estos dos grupos representan dos paradigmas de los necesitados y desposeídos en la sociedad.[4] La palabra que aquí se traduce como «visitar» no quiere decir «visitar» en el sentido ocasional. No se nos manda a detenernos ante estas personas y saludarlas. Más bien la palabra literalmente significa «cuidar, proteger o ayudar».[5] Desde la perspectiva de Santiago, es fundamental para la «religión pura y sin mácula» amar y cuidar del oprimido.

En Marcos 2.15–17 Jesús aclaró por qué debe ser así. Al participar en una comida en casa de Mateo, los escribas y los fariseos se disgustaron con Jesús por comer con pecadores. Jesús contestó a sus críticas diciendo: «Los sanos no tienen necesidad de médico, sino los enfermos. No he venido a llamar a justos, sino a pecadores» (v. 17b). En Lucas 19.10 Jesús dijo: «Porque el Hijo del Hombre vino a buscar y a salvar lo que se había perdido». Cristo vino a la tierra para salvar a los heridos y perdidos.

Deberíamos buscar oportunidades para alcanzar a alguien que tenga una incapacidad. Desarrolle una amistad con esa persona. Sáquela a almorzar o provéasele de transporte. Esfuércese en conseguir a alguien que tenga una incapacidad a fin de que pueda averiguar cuáles son sus necesidades. No tenga temor de preguntarle a la persona cómo puede serle útil. Aliente a otros a hacer lo mismo.

También debemos llevar las buenas nuevas de salvación a los que tienen incapacidades. Cuando Jesús sanó a los incapacitados Él se preocupó tanto por sus almas como por sus cuerpos. En Marcos 5.25–34 sanó a una mujer que había estado sangrando por muchos años. A causa de esa enfermedad era tratada como una persona inmunda. Para la sociedad era una indeseada, despreciada y desechada. Pero tuvo tal fe en Jesús que vino por detrás de Él entre una multitud de personas, tocó su manto y quedó sana. Jesús estaba tan asombrado que miró alrededor para ver quién era esta mujer que se había agarrado de su manto. Al identificarla, le dijo: «Hija, tu fe te ha hecho salva» (v. 34).

Hay más de 516 millones personas en el mundo que tienen incapacidades.[6] Estas personas necesitan que se les proclame el evangelio. Porque solo en Cristo pueden las personas con incapacidades ser amadas y tratadas con respeto y valía. El evangelio debe ser accesible para todos, incluso para una persona que tenga una incapacidad aguda.

Es importante que las personas con incapacidades reciban el evangelio correcto. Solamente porque tienen incapacidades no les dan un boleto gratis para el cielo. Ellos son pecadores, pero Cristo vino al mundo para morir en la cruz por sus pecados. Si salvadoramente creen el evangelio, pueden recibir perdón de sus pecados y la esperanza de vida eterna en el futuro. El evangelio es el único mensaje que une a los que están paralíticos, sordos, ciegos, a los que ven, a los intelectualmente capaces y a los que tienen incapacidades mentales.

Tristemente, hay muchos que les dan falsas esperanzas a los que tienen incapacidades. Les dicen que si entregan su vida a Cristo serán físicamente curados. Sin embargo, la sanidad física no es el mensaje que necesitan oír; el mensaje que necesitan es que pueden ser espiritualmente sanados, con la esperanza del cielo después de la muerte donde entonces tendrán un cuerpo nuevo (Filipenses 3.20–21).

Al desarrollar relaciones, no tema predicar el evangelio. Tenga conversaciones honestas acerca del evangelio y hable de las bendiciones de ser un cristiano y de las exigencias del discipulado. A menudo encontrará que una persona que ha perdido las esperanzas en este mundo está más que preparada para encontrar esperanza en el venidero.

Si queremos ministrar eficazmente a los que tienen incapacidades debemos aprender a comunicarnos con ellos. La comunicación a veces puede ser un reto y requiere paciencia y voluntad para aprender. Debe ir despacio. Podría luchar para comprender lo que alguien le dice o la persona podría luchar para comprenderlo a usted. Sería fácil solo dejarla y no hacer el esfuerzo que se requiere. Los primeros meses de servicio en la Grace Community Church en el ministerio a personas con incapacidades fue un reto para mí. Aquí estaba yo, el nuevo pastor, y todavía me sentía muy incómodo hablando con muchos de nuestros amigos. Luché por comprender a algunos de ellos. Pero lo que me ayudó fue aprender a ser paciente y persistente y a no tener temor de hacer preguntas.

Por más de treinta años hemos tenido un programa de alcance llamado Grace Club. El propósito de este programa es compartir el evangelio con adultos con incapacidades del desarrollo. Durante el año escolar nos reunimos cada martes por la tarde. Se comienza con juegos en el gimnasio por treinta minutos; luego, nos reunimos en otra habitación donde tenemos un tiempo de adoración y oración, y damos un corto mensaje que siempre incluye la presentación del evangelio. Los últimos quince minutos nos dividimos en grupos pequeños para una interacción más íntima. También tenemos un ministerio para adultos con incapacidades físicas llamado Grace on Wheels (Gracia en ruedas) donde hacemos viajes los sábados que dan la oportunidad a las personas con incapacidades de ir a los parques, los museos, las ferias, las playas y tener atracciones temáticas. El propósito de todo esto es desarrollar amistades y también compartir el evangelio. El evangelio es compartido sin lástima, pero con esperanza. Es importante que recordemos que ninguna condición física o mental está fuera del poder transformador del evangelio.

Los que tienen incapacidades son una parte indispensable de la iglesia. Si verdaderamente seguimos el ejemplo de Jesucristo, será imposible que los ignoremos. En 1 Corintios 12.22–24, Pablo detalla la importancia de los miembros más débiles para el cuerpo de la iglesia. Este pasaje habla de los sufridos, los frágiles, los vulnerables, los débiles y los solitarios en la iglesia. Pablo espera que la iglesia alcance a estas personas y también les provea oportunidades para que sirvan en la iglesia. Porque tienen dones y necesitamos alentarlas a conocer y poner en práctica esos dones en la iglesia. No queremos dejar que sus incapacidades estorben el servicio de ellas a la iglesia.

Maneras de cultivar un ministerio eficaz para personas con incapacidades

Hay varias cosas que su iglesia puede hacer para cultivar un ministerio eficaz para los incapacitados.

¿Qué debería hacer la iglesia?

En primer lugar, el equipo pastoral necesita crear una visión para la iglesia. El pastor podría predicar un mensaje alentando a los hermanos a alcanzar a los que tienen incapacidades o usar alguna otra forma para animar a su congregación a ser fieles en esta área. En segundo lugar, la iglesia debería informarles a los que tienen incapacidades que son bienvenidos en la iglesia y que tienen un programa para ellos.

¿Qué quiere decir esto?

Provéase baños con acceso para personas con incapacidades. Identifique un lugar para sillas de ruedas que tenga acceso completo al lugar de adoración. Busque consejo para el ministerio de la iglesia de amigos que tienen incapacidades. Desarrolle un ministerio de transportación para las personas con necesidades especiales (en Grace Community Church recogemos casi a treinta personas cada semana en furgoneta y autobús). Busque a personas adiestradas profesionalmente en su congregación que sean expertas en enfermería, educación especial o en terapia física u ocupacional. Puede ser de ayuda buscar el aporte y consejo de ellas. Haga conocer a su iglesia que no tiene que ser instruido o tener experiencia para servir. Usted necesita a personas que amen a Dios y que tengan un corazón para servir a los que sufren.

A través de los años la Grace Community Church ha desarrollado clases de escuela dominical para personas que tienen incapacidades del desarrollo. A las clases asisten los que les es difícil comprender la enseñanza de nuestro culto principal de adoración o de las clases tradicionales de la escuela dominical. La enseñanza para estas clases es simple, con muchas ayudas visuales que enfatizan las lecciones. Las clases como estas proporcionan una atención más individual mientras procuramos que la Palabra de Dios obre en sus corazones.

Alcance a amigos y familiares

Un aspecto de suma importancia al ministrar a personas con incapacidades es alcanzar a sus familiares y amigos que pueden estar mental y físicamente bajo estrés y exhaustos. La asistencia de ellos a la iglesia puede sentirse afectada. La iglesia necesita conocer a la familia y a los amigos y sus necesidades. La iglesia tiene la oportunidad de ser las manos y los pies de Jesús para los que batallan por proveer cuidado a los incapacitados.

En Lucas 14.15–24, Jesús narra la historia de un hombre que convidó a muchos invitados a un banquete. Invitó a amigos y personas influyentes. Pero estos amigos dieron excusas para no asistir. Tenían que arar un campo, probar unos bueyes o acababan de casarse y necesitaban estar con la esposa. Esto enojó tanto al amo que le ordenó al criado: «Vé pronto por las plazas y las calles de la ciudad, y trae acá a los pobres, los mancos, los cojos y los ciegos... y fuérzalos a entrar, para que se llene mi casa» (vv. 21b, 23). Jesús afirmó que todos estos corazones podían ser receptivos a Él.

Evangelizar a los que tienen incapacidades es un asunto de oportunidad y obediencia. Los cristianos tienen la oportunidad de evangelizar a un gran segmento de nuestra población que es crónicamente descuidado. Hoy hay un enfoque en alcanzar a artistas, atletas, hombres de negocios y otros considerados importantes en la sociedad. Pero muchas de tales personas son semejantes a las personas influyentes en Lucas 14 a las que no les interesa el evangelio. Espero que los cristianos hoy sigamos más a menudo el ejemplo del criado en Lucas 14 y busquemos a los que escucharán, a muchos de los cuales nadie les habla, y los forcemos a entrar.

17

Alcanzar a los adictos: Cómo evangelizar a las víctimas de adicciones

Bill Shannon

Las adicciones pueden hacer que parezca imposible la tarea del evangelizador. ¿Cómo le da esperanzas a alguien cuando esa persona ni puede pensar claramente y no parece que tiene control sobre sus propias acciones? Aunque todo pecado conduce a la muerte, las consecuencias de la adicción son a menudo más inmediatas y destructivas. En esencia, la adicción es una forma de idolatría. La comprensión de cómo la adicción funciona ayudará al evangelizador a darle esperanzas al adicto, y esa es una esperanza que se encuentra solo en el evangelio.

Pocos pecados son más destructivos que los que provienen de las adicciones. Mientras que todo pecado conduce a la muerte, las adicciones en particular tienen el poder de arruinar las vidas y devastar a las familias. Las adicciones a las drogas pueden terminar con las metas para la vida. Las adicciones al alcohol pueden separar a las familias. Las adicciones de cualquier clase rápidamente pueden descontrolar la vida de una persona y a veces más allá de la compasión de la familia y los amigos. Pero a pesar de la naturaleza feroz de la adicción, nada es más fuerte que el poder transformador del evangelio. Por esta razón el evangelio puede dar salvación de la esclavitud de estos pecados que dominan la vida.

Estos pecados controlan de tal modo que puede parecer como si un poder demoníaco ha alcanzado al adicto. Aun así, las adicciones no son distintas de otros pecados; después de todo, cada pecado, en su nivel más básico, es una forma de rebelión contra Dios. El pecado revela el verdadero deseo del pecador: Ser independiente de Dios y sus mandatos. De este modo, las adicciones no son diferentes al primer pecado de Adán y Eva en el Huerto de Edén.

Qué es y qué no es la adicción

Ya sea la adicción a drogas, comida, sexo, vídeo juegos, alcohol, pornografía o a cualquier sustancia o situación que controle la vida, es consecuencia de decisiones pecaminosas. Cuando el deseo produce acción, y esa acción va en contra de las leyes de Dios, entonces esa acción es pecaminosa, sea o no etiquetada como una adicción. Esta verdad es a menudo oscurecida por la confusión que cubre la comprensión contemporánea de qué significa la palabra *adicción*.

Adicción se ha convertido en una palabra popular que se usa para describir o disculpar cualquier comportamiento repetitivo que parece compulsivo. Estos males del alma son mejor comprendidos como tendencias esclavizantes o aflicciones. Es imprescindible recordar que todas estas tendencias y aflicciones (al menos inicialmente) se manifiestan en conformidad con la voluntad de una persona. Aunque ciertamente pueden haber componentes biológicos para muchas adicciones, en última instancia, las acciones que violan las leyes de Dios son pecado. En otras palabras, los factores biológicos pueden contribuir a una adicción, pero no causan una adicción y no se pueden usar como chivos expiatorios para negar la responsabilidad por las adicciones. La ley de Dios es quebrantada por actos de la voluntad, no por reacciones químicas en el cuerpo.

Esto es imprescindible entender porque para muchos hay ansias de etiquetar el comportamiento pecaminoso y destructivo de una persona como una *adicción*. Esta ansia refleja el concepto de adicción del mundo que provee una excusa, de modo que este concepto de adicción elimina la culpabilidad por el pecado que la persona comete. Es nuestra opinión en Grace Community Church que esta etiqueta es problemática porque si el pecado de una persona es considerado meramente una adicción, se supone que se curará mediante terapia o medicamentos psicotrópicos. Esta noción equivocada que propugna que lo que se etiqueta como *adicción* necesita terapia o medicamentos con la esperanza de ser libre, fracasa en comprender la suficiencia de las Escrituras, el poder del Espíritu Santo y el compañerismo de los creyentes como los recursos de la gracia para liberar a las personas de sus pecados.

Ed Welch, en su libro *Addictions: A Banquet in the Grave,* define *adicción* de la siguiente manera: «La adicción es esclavitud por el control de una sustancia, actividad o estado de ánimo, lo cual se convierte entonces en el centro de la vida, defendiéndose a sí mismo de la verdad a fin de que aun las malas consecuencias no lleven al arrepentimiento, e induciendo a fomentar el distanciamiento de Dios».[1] Cualquier cosa que ocupe el centro en la vida de una persona, aun buenas cosas, se puede considerar una forma de esclavitud o adicción.

Esta esclavitud puede ser poderosa porque a menudo la indulgencia de ciertos deseos puede causar sentimientos de euforia y alegría. Cuando una persona depende de cosas como drogas, alcohol, sexo, comida, o aun del ejercicio físico para esos sentimientos, entonces ha comenzado el proceso de esclavitud. Algunas indulgencias causan un sentido de paz y bienestar, como jugar vídeo juegos, comer o mirar televisión. Algunos pueden causar una experiencia de energía, como la cafeína, la nicotina, el azúcar o el chocolate. Aún otras acciones pueden dar lugar a un sentido de satisfacción como el sexo, el levantar pesas, el correr, el auto complacerse o la pornografía. Estos efectos constituyen el fundamento de una adicción. Las personas desarrollan adicciones porque el comportamiento es una forma de cambiar cómo se sienten. Quieren sentir placer, aceptación y bienestar, y cuando una actividad en particular les ofrece tal satisfacción temporal, regresarán a esa actividad una y otra vez. La Biblia describe esta clase de persona como descontrolada, siendo controlada por el mundo y las cosas del mundo (1 Juan 2.15–17).

Proverbios 23.29–35 da un cuadro de cómo se ve esta adicción al alcohol. Lo atractivo del alcohol es resultado de su habilidad para crear felicidad artificial y un sentido de despreocupación. Cuando estas sustancias son consumidas de forma reiterada, se crean ansias que parecen irresistibles. El hecho de que no hay consecuencias negativas cada vez que se embriaga hace que el borracho no cambie de parecer. La persona puede experimentar resacas o perder su trabajo y su reputación, pero ninguna de ellas es causa suficiente para que el borracho se vuelva del pecado. En este contexto, el borracho es una vívida representación de una persona esclavizada por el pecado. A pesar de las consecuencias de las acciones del borracho y una trayectoria de fracaso, la persona todavía mantiene la esperanza de que el vicio específico le traerá satisfacción en cierta forma.

La adicción como una forma de idolatría

Los adictos buscan con vehemencia su vicio, de tal modo que es como si adoraran el objeto de su adicción. Se vuelven a él en busca de placer y paz, y es en este sentido que la adicción es una forma de idolatría. En realidad, la adoración de un verdadero ídolo (como los israelitas fueron propensos a hacer tres mil años atrás) no es sustancialmente diferente al comportamiento del adicto moderno. En ambos casos el idólatra no quiere ser regido por Dios y en lugar de eso, deja a los ídolos asumir el control de su vida. El idólatra se consume en la búsqueda del gozo y sus deseos permitiéndose comportamientos que satisfarán estas ansias. Mientras más tiempo el idólatra dedica a su búsqueda de ganar significado y alegría de un ídolo, lo más renuente que la persona se vuelve en reconocer que es impotente para librarse. Los hábitos se forman, los cuerpos son maltratados y las vidas se arruinan como resultado de esta idolatría pecaminosa y rebelde.

La idolatría no se limita a los que son adictos a las drogas, al alcohol o aun a los que han sido diagnosticados como adictos sexuales. Esta idolatría se ve aun en el deseo permisivo en comportamientos legales y al parecer «normales», en particular cuando ese deseo se convierte en una fuente de satisfacción o placer. Personalmente he aconsejado a personas que son adoradores de ídolos en forma de enojo, amor, levantamiento de pesas, dormir, nicotina, dolor, televisión, auto complacencia, ejercicio, juegos de azar, Facebook, trabajo, deportes, azúcar, relaciones, conversaciones, sexo, vídeo juegos, cafeína, robo en tiendas, chocolate, riesgo, éxito, navegar por la Internet y pornografía. Estos pecados a veces son llamados adicciones por la fuerza con que pueden tomar el control de la vida de una persona. Pero como la idolatría, el pecado tiene poder solo porque la persona se aferra a él, anhelando felicidad, satisfacción o algún sentimiento que venga aparejado.

Este anhelo hace de la meta de la adicción la fuerza motriz de adoración. El deseo del sentimiento asociado con la adicción se vuelve devorador y se eleva al nivel de adoración. Las drogas y el sexo son los modernos becerros de oro erigidos por los adictos para encontrar significado, poder o placer aparte de Dios. Los adictos a menudo creen que han encontrado las vidas más felices, pero la retribución es breve y no dulce. Se ciegan y están pronto fuera de control. Se convierten en víctimas de su lujuria y en un ejemplo de la idolatría de hoy día.

El poder de la adicción

Para comprender por qué las adicciones son tan poderosas y también por qué el evangelio puede dar liberación, es de ayuda comprender la fuente de las adicciones. Las personas son dependientes por naturaleza. Dios no diseñó a los humanos para que fueran suficientes por sí mismos, sino que nos creó para que viviéramos en dependencia de Él. Por lo tanto, una persona no puede ser verdaderamente feliz o estar completamente satisfecha si no vive en obediencia a la Palabra de Dios.

Porque Dios es el creador, Él es la fuente de la vida y por eso una vida feliz es vivida en dependencia de Dios (véase Colosenses 1.16b–18). Pero cuando una persona rechaza el señorío de Cristo y rechaza el reclamo que Dios tiene sobre su vida, esa persona se ve forzada a suprimir la verdad acerca de Dios (Romanos 1.18; 3.10–12). Una persona no puede llevar una vida dependiente de Dios y al mismo tiempo suprimir la verdad acerca de Él. Cuando se niega a vivir en obediencia a Dios, se volverá dependiente del cumplimiento de sus propios deseos, aunque sean destructivos y pecaminosos. Una persona caída se sentirá en conflicto. Por un lado, fue creada para adorar a Dios, pero por el otro, al consentir en los deseos pecaminosos estará desechando de forma activa adorar a Dios. Cuando este es el caso, el no cristiano es atrapado por la egolatría y el bienestar personal. Esta búsqueda fútil de placer aparte de Cristo es lo que controla al hombre o a la mujer no regenerado espiritualmente.

Una vez evangelicé a un adicto a la heroína que me dijo que la razón por la que todavía tomaba heroína era porque se consumía por el deseo de reproducir lo que había sentido la primera vez que se drogó, diecisiete años antes de que le conociera. Este placer iluso se convirtió en su ídolo y él se consumía en su búsqueda. Esta búsqueda se convirtió en esclavitud, y esta esclavitud se convirtió en adicción. Porque este hombre no pensó que el verdadero gozo podía venir del Dios que le creó, había desperdiciado diecisiete años de su vida buscando un dios de placer. El adicto cree la mentira de que hay algo en el mundo que satisface más que Dios. Esta es la misma mentira que Eva enfrentó en el Huerto de Edén. Es una mentira que hace al adicto un ególatra, un idólatra e irónicamente, incapaz para adorar al único que puede traer significado y alegría verdadera a la vida. Como la adicción pone a Dios fuera de la vida del adicto, la persona se consume por la búsqueda pecaminosa de la satisfacción y cree la mentira de Satanás que Dios no satisface por completo. Esta mentira perpetúa la manera de pensar del adicto.

Dios creó a las personas para que le adoren y cuando se niegan a adorarle, se enfocarán en algo diferente. De este modo, los adictos son como cualquier otra clase de pecadores: han rechazado a Dios y sirven a algo diferente en su lugar. Sin embargo, en el caso del adicto, esta búsqueda se enfoca en un comportamiento poderoso, consumidor y usualmente autodestructivo. Esta adoración fracasa y en lugar de producir satisfacción esclaviza al adicto.

La adicción como esclavitud autodestructiva

La adicción puede hacer que el verdadero arrepentimiento parezca imposible. He trabajado con individuos que estuvieron en mi oficina sollozando y quebrantados por lo lejos que se encontraban de Dios, por como habían maltratado a sus familias y por como habían deshonrado a la iglesia. Pero a menudo, tan pronto como nuestra cita terminaba, dejaban mi oficina y antes de salir del estacionamiento de la iglesia ya estaban usando droga otra vez. A menudo el adicto subestima el poder de la esclavitud del pecado; piensa que puede dejar el hábito cuando en realidad el hábito lo tiene esclavizado.

Una de las razones por las que estos pecados son tan destructivos es porque causan que los adictos se enfoquen en un deseo de satisfacción de corto plazo. El adicto quiere sentirse bien inmediatamente. Cuando una persona es tan enfocada en algo de corto plazo y en el éxito etéreo provisto por una emoción o una experiencia breve, esa persona está dispuesta a hacer cosas que a largo plazo serán destructivas. Un adicto a las drogas no se preocupa de cómo afectarán sus acciones inmediatas su trabajo mañana. El adicto está cautivado por el momento. Por esto la analogía de la esclavitud es tan apropiada. El vicio ha consumido al usuario, y el usuario parece haber perdido su propia voluntad. Las acciones del adicto dan certeza a la expresión común: «No es él, sino las drogas». Cuando un adicto es controlado por el deseo hasta el grado que sacrifique a la familia, el empleo, los amigos y aun ignore su conciencia personal, el poder del pecado del adicto queda al descubierto.

Las drogas, el alcohol, los deseos sexuales y otros pecados similares que dominan la vida no contribuyen a nada bueno. Se aprovechan del pecador y se fundamentan en estos hechos:

1. Las personas fueron hechas para adorar a Dios, pero rechazar a Dios da lugar a que una persona le reemplace con algo diferente.
2. Cuando una persona reemplaza la adoración a Dios por la búsqueda de placer en algo diferente, el reemplazo es incapaz de cumplir lo prometido.

3. No obstante, mientras más una persona continúa buscando el placer de un vicio específico, más dependiente se convierte de ese breve sentimiento de gozo, satisfacción, contentamiento o realización.
4. Esta dependencia es tanto una forma de adoración como de esclavitud.

Segunda de Pedro 2.19 provee un cuadro de esta esclavitud: «Porque el que es vencido por alguno es hecho esclavo del que lo venció». Cuando la persona sirve a su adicción, su vida se vuelve dominada por el pecado, y el pecado invariablemente trae resultados destructivos. La paga del pecado es muerte y las adicciones no solo pasan la factura sino que, además, ciegan a la persona en cuanto a la forma de pago. Mientras tanto, la vida del adicto se destruye, los amigos se pierden y la persona se siente atrapada en un ciclo de desesperanza.

Las personas que luchan en contra de estas clases de pecados a menudo viven en un mundo de culpabilidad y vergüenza. Drogas, alcohol o cualquiera que sea su vicio pueden funcionar como escape y asi perpetuar el ciclo. En vez de enfrentar sus problemas bíblicamente, recurren a una salida pecaminosa en busca de paz. Esta acción lleva a la culpabilidad y para ocuparse de esa culpabilidad regresan al mismo pecado. Mientras el ciclo continúa, la vida se descontrola; Dios es olvidado y ellos son bruscamente esclavizados y se sienten sin esperanzas. El punto clave de este asunto es la pérdida de confianza en Dios. Los adictos no creen que solamente Dios pueda darles paz.

En algunos casos a los adictos les mueve el temor a fracasar y las drogas aletargan el dolor después de los chascos. Además, se forman patrones y hábitos a los que se aferran aun cuando el comportamiento no les proporciona ningún placer o alivio, sino tal vez en verdad les trae dolor y desasosiego. Tienen la impresión de que están en esclavitud porque creen que no tienen libertad para hacer cualquier otra cosa. Además, esta esclavitud se agrava por el hecho de que los adictos a menudo no se ven como que tienen un problema. Pueden volverse tan cegados por sus deseos que no pueden ver que sus vidas se deshacen. A veces incluso se niegan a aceptar la envergadura de su esclavitud a pecar. Pueden pedir ayuda, pueden hacer profesiones de fe quizá con intenciones buenas y nobles, pero tan pronto como sus deseos vuelven también lo hace su esclavitud. Esto puede dar un sentido de desesperanza no solo para los que están esclavizados, sino también para los que les rodean. Es como si nada pudiera liberar al adicto de los lazos del pecado y la vergüenza.

Solo hay esperanza en el evangelio

La fuente última de la adicción no está en la sustancia misma, sino en el corazón de la persona. Cuando una persona toma la decisión de usar una droga o actuar de cierta manera habitual, esa persona demuestra que la adicción fluye de adentro no desde afuera. Es por eso que solo el evangelio puede ofrecer esperanza, solo el evangelio puede transformar el corazón, el cual entonces transforma los deseos. Sin este cambio no puede haber libertad duradera de la esclavitud del pecado.

Es nuestra opinión que si una persona deposita su confianza en la terapia o en los recursos médicos para su liberación de la adicción, o si designa su comportamiento como una enfermedad, esa esperanza de la persona es insuficiente. Las enfermedades que tienen origen físico (como la genética o la infección) se pueden tratar con recursos físicos. Si la causa es física, el tratamiento puede ser físico. Pero con la adicción, donde el origen es el deseo del corazón de rebelarse contra Dios, solo lo espiritual provee esperanza verdadera y duradera.

En última instancia, simplemente vencer la adicción no es la meta. Es posible que una persona pase a través de un programa secular, encuentre responsabilidad en una estructura de grupo o tenga un cambio en la vida en que la adicción pueda ser controlada. Pero si esto ocurre sin el evangelio, quizá la persona quede limpia de drogas pero permanece siendo enemiga de Dios.

El evangelizador que trata con una persona esclavizada por el pecado tiene la importante y difícil tarea de descubrir la situación interna del adicto. ¿Qué está pasando en la vida de la persona? ¿Qué piensa el adicto? ¿Qué no le gusta a la persona de lo que Dios está haciendo? ¿Qué problemas o presiones el adicto está enfrentando en la vida diaria? ¿Qué quiere de Dios, de la vida o de otras personas? Las respuestas a este tipo de preguntas quizá revelen lo que la persona en verdad adora. También probablemente muestre que la persona tiene una visión inexacta de sí misma; el adicto podría esperar mejores cosas y tratamiento del que actualmente recibe. Porque no comprende el pecado, o la santidad de Dios, el adicto no se da cuenta de que merece el infierno. Este envanecido punto de vista de sí misma lleva a una persona a buscar satisfacción mediante ídolos que pueden llegar a dominar su vida.

La verdad es que Jesús vino para ser el Salvador de los pecadores. Ya que solo el evangelio puede tomar un corazón que ama el pecado y aborrece a Dios y llevarlo a amar a Dios y aborrecer el pecado, el evangelio puede proveer salvación para aun el caso más desesperado. Cuando Jesús dijo: «Los sanos no tienen necesidad de médico, sino los enfermos» (Mateo 9.12), en verdad les estaba dando buenas nuevas a los esclavizados por pecados que dominan la vida. Jesús no vino a la tierra para salvar a las personas normales con buenas vidas y un futuro esperanzador. Él vino a la tierra para hallar al rechazado, al enfermo, a los que sufren y a los que enfrentan asuntos serios. Él vino a buscar y a salvar al perdido y quizá nadie está más perdido que un adicto.

La evangelización y los adictos

Entonces, ¿cómo se le lleva el evangelio a una persona que está esclavizada de este modo? En primer lugar, comprenda que para que una persona verdaderamente se arrepienta del pecado y confíe en el evangelio, debe reconocer la esclavitud del pecado. El adicto debe aceptar el hecho de que su vida está siendo gastada en la búsqueda de placeres pecaminosos. La persona debe entender que su pecado es incapaz de proveerle satisfacción duradera. Si el evangelizador puede mostrar al incrédulo la manera en que está en busca de deseos pecaminosos y cómo esa búsqueda ofende a un Dios santo, entonces la persona tiene mayor probabilidad de expresar arrepentimiento genuino en lugar de meramente un sentido de culpa.

Los evangelizadores están para convencer al esclavizado para que entienda cuan destructivos son los placeres del mundo y cuan radiante es la gloria de Dios en el evangelio. Por ejemplo, Pablo describe a los que gastan sus vidas en busca de estos pecados esclavizantes como aquellos «cuyo dios es el vientre, y cuya gloria es su vergüenza; que solo piensan en lo terrenal» (Filipenses 3.19). Se les ha adiestrado a satisfacerse a ellos mismos sin pensar en las consecuencias de sus acciones en general o en la eternidad en particular. El aquí y el ahora, los placeres de este mundo y la búsqueda de la alegría, estos son los que esclavizan al adicto.

Pero aquí es donde la evangelización hacia los adictos es quizá incluso más fácil que presentarle el evangelio a un pecador común. El promedio de los no cristianos quizá esté bajo la ilusión de que la vida que llevan está bien y por eso tal vez no están interesados en escuchar del Salvador del pecado. Por lo general, el adicto no cae dentro de esta categoría. Mientras hay muchos adictos que se niegan a aceptar que sus vidas están deshechas, no es siempre este el caso. Algunos han tocado fondo y lo han perdido todo: sus trabajos, sus familias y sus amigos. Cuando esto ocurre, a menudo estas personas pueden reconocer que sus vidas están deshechas y se sienten desvalidas para enfrentar su pecado. Si el cristiano les puede señalar las consecuencias de obediencia continuada a los deseos pecaminosos, los adictos pueden ser advertidos de la destrucción que les aguarda. Al mostrar el juicio que Dios traerá sobre los que rechazan su voluntad e insisten en vivir en pecado, el evangelizador puede advertir a los adictos del juicio.

Juan 3.36b dice: «El que rehúsa creer en el Hijo no verá la vida, sino que la ira de Dios está sobre él». Para muchas personas, este versículo podría parecer imposible al extremo y excesivamente rudo. Pero para el adicto, el concepto de juicio poderoso por el pecado puede parecer posible y hasta razonable. Cuando una persona conoce de primera mano la destrucción y la maldad que el pecado puede traer a una vida, el juicio severo de Dios por el pecado no parece inverosímil. A menudo el adicto está preparado para darse cuenta de que hay consecuencias eternas por el pecado y especialmente por el pecado particular que le esclaviza. Este reconocimiento puede preparar a la persona para que reciba las buenas nuevas del evangelio.

El juicio por el pecado parece razonable y la oportunidad para la salvación parece muy valiosa si la persona se da cuenta de la esclavitud de la humanidad por el pecado. Por esto, es esencial una presentación clara del evangelio. Cuando una persona se da cuenta de que no hay esperanza en esta vida, entonces entenderá que está espiritualmente muerta.

La situación del adicto se debe examinar para verdaderamente ayudarlo a superar las tentaciones diversas que se le presentarán. Por tanto, haga preguntas para enterarse de la naturaleza del pecado de la persona. ¿Qué está pasando en su vida? ¿Cuáles son la dinámica familiar, los asuntos de trabajo y las relaciones de la iglesia que quizá lo abruman? ¿Hay algo en su vida que procura evitar? Revise para ver qué creencias falsas tiene el adicto acerca de Dios. ¿Vive la persona de manera diferente entre amigos que entre desconocidos? ¿Cree el adicto en la omnisciencia de Dios? ¿Le importa Dios de algún modo al adicto?

Por lo general, las personas creen que son mejores de lo que realmente son. Al afirmar que la adicción es una forma de esclavitud al pecado, se puede construir el puente para explicarle el evangelio. Resalte el hecho de que Jesús murió para dar libertad a los adictos y que se levantó de la tumba porque derrotó a la muerte. Si Cristo tiene poder sobre la muerte, entonces ciertamente tiene poder sobre los pecados que mantienen en cautiverio a las personas. Si el pecador se siente sin esperanzas y desvalido, explique cómo el evangelio es la única cosa en el mundo que le puede dar esperanza duradera al verdaderamente desvalido. Reitere que Jesucristo invita al pecador a que venga a Él y ayude a la persona a entender que el evangelio cambia vidas. Pídale a la persona que abandone su pecado y acepte el evangelio, que incluso significa rechazar el pecado y la anterior vida. Anime al adicto a que acepte los reclamos integrales que el evangelio hace en la vida de un pecador.

El llamado a conquistar un pecado que domina la vida no es un requisito previo para creer en el evangelio. Las Escrituras no dicen a los que están dominados por el pecado que luchen contra él con sus propias fuerzas. No quiere decir que un pecado se debe derrotar, la tentación ignorar y los hábitos malos abandonar antes de que el evangelio se pueda creer. De hecho, lo contrario es cierto: creer en el evangelio provee el poder y la motivación para pelear contra el pecado. El control de sí mismo es fruto del creer, no a la inversa. Las personas pueden ser animadas al saber que no tienen que ser perfectas para ser cristianas; solo tienen que aborrecer el pecado y creer que Jesucristo murió y resucitó para librarlas del poder del pecado.

El evangelizador debe tener cuidado de no restarle importancia a la gravedad del pecado y ni predicar una salvación basada en obras. Este balance se logra mediante la oración y la dependencia de frases bíblicas para la evangelización. Haga énfasis en que el evangelio justifica al impío (Romanos 4.5) porque Cristo vino a salvar aun al peor de los pecadores (1 Timoteo 1.15). Al mismo tiempo, es bueno calcular el costo de venir a Cristo (Lucas 14.28) porque requiere huir de la idolatría de este mundo (1 Corintios 10.14). En algún sentido esta es la tensión inherente en toda evangelización: El evangelio es gratis, pero le costará todo (Mateo 10.38; 11.30). La presencia de pecados que dominan la vida simplemente hace esta tensión más aguda y obvia.

Los pecadores pueden encontrar esperanza y la relación con Dios se puede restaurar mediante el poder del evangelio. Una de las muchas razones que hace que un individuo languidezca bajo el peso del pecado es que no conoce a Dios y el acceso a Dios le ha sido bloqueado por el poder del pecado. Pero cuando Jesús vino a la tierra, vino a sufrir por los pecados de los injustos a fin de que Él los pudiese traer de vuelta a Dios (1 Pedro 3.18). Cuando una persona no es salva, pelea sola contra el pecado y está condenada al desastre. Pero en Cristo, el poder de la oración y la esperanza de la santificación le pueden dar nueva vida para pelear contra el pecado.

Recuerde, cuando el evangelizador invita a alguien a creer en Cristo, en realidad le está invitando a una nueva vida, con nueva esperanza, nuevo poder y la realidad de convertirse en una nueva creación.

Después de la conversión

El adicto arrepentido necesita comprender la dinámica de la relación del ídolo. Debe darse cuenta de que la adicción era en realidad un problema de adoración y como un nuevo creyente necesita activamente volverle la espalda a las anteriores cosas que solía aferrar como ídolos. (Levítico 19.4 y Deuteronomio 11.16 explican esto refiriéndose a ídolos reales de madera.) El recién convertido debe arrepentirse a nivel del corazón y de la mente. Debe confesar todas las transgresiones. Debe hacerse responsable de la renovación diaria mediante la oración y las Escrituras. El individuo conscientemente debe llevar cautivo a Cristo cada pensamiento e imaginación (2 Corintios 10.5). Tito 2.12 le ordena al creyente que renuncie «a la impiedad y a los deseos mundanos». Cuando el adicto siente el deseo o le vienen imágenes de su anterior pecado, debe recurrir a la Palabra de Dios en busca de aliento y esperanza en la batalla contra la carne y el viejo yo.

Es muy probable que la persona tenga que ocuparse de la idolatría en otros aspectos de la vida más allá de lo que se imaginaba al principio. En otras palabras, habrá necesidad de una reestructuración total de la vida. El adicto debe comenzar un proceso de renovación de vida mediante una nueva manera de pensar para que el pecado que dominaba su vida no se produzca de nuevo en el corazón. En l Corintios 6.12 se le dice al creyente que no se deje dominar por cualquier cosa. El pecado se debe reconocer como un ladrón de la alegría, de la felicidad, del bienestar, de la paz y de la cordura. En la vida del nuevo creyente, el pecado es un intruso; un ladrón que ha forzado la entrada de una casa que ya no le pertenece.

El nuevo creyente debe entender que el cambio permanente es un proceso doble de olvidarse de los hábitos y de pensar en la vida anterior y adquirir nuevas formas de pensar que ahora puedan darle la gloria a Dios (Efesios 4.22–24). Este es un tiempo de adiestramiento que debe ocurrirle al nuevo creyente para que aprenda sobre la piedad (1 Timoteo 4.7b–8). Al ser tentados, los nuevos creyentes necesitan recordar que ahora están apartados para los propósitos divinos y que ya no están dominados por el pecado.

Hay un cierto ritual que ha sido formulado en esos esclavizados y es donde el peligro de pecar les acecha más de cerca. Un nuevo creyente temerá reincidir en la adicción si los comportamientos, actitudes y patrones permanecen iguales. Estos hábitos pueden hacer que evitar el pecado parezca imposible. Proverbios 7.8 revela que la proximidad trae tentación: «El cual pasaba por la calle, junto a la esquina, e iba camino a la casa de ella». Si el trabajo de alguien o la rutina le llevan cerca del centro de tentación, consiga un mapa y ayude a la persona a encontrar nuevas vías de ir de la casa al trabajo o a hacer diligencias. Usted debe explicarle la clase de cambios necesarios para evitar la tentación.

El adicto recién salvado debe estar dispuesto a experimentar una amputación radical y ocuparse fuertemente del pecado implementando un nuevo enfoque para las pruebas de la vida (Mateo 5.29–30). Necesita hacer una reestructuración total de la vida. Ya que en el previo estilo de vida son probablemente muchas las personas a las que les robó o lastimó de maneras significativas, la restitución se debería hacer si es posible. Entretanto, las cosas que fueron iniciadores del pecado necesitan desecharse. Algunas amistades serán peligrosas mantenerlas porque la tentación puede venir con ellas. Una persona que usa drogas, es alcohólica, adicta sexual y una jugadora de apuestas podría necesitar alejarse de amigos o de lugares que le recuerden su anterior relación con la sustancia o la actividad. En 1 Corintios 15.33 se nos recuerda que «las malas conversaciones [compañías] corrompen las buenas costumbres». Otras amistades podrían proveer tierra fértil para la evangelización. Todo esto debería explicarse y enfocarse con oración y sabiduría.

Cualquier nuevo convertido debería estar involucrado en el ministerio de la iglesia local pero los que previamente estuvieron esclavizados por pecados que dominan la vida deben ser responsables ante el compañerismo en la iglesia local de una forma particular (Gálatas 6.1–2). Las buenas noticias son que las adicciones no solo ocurren. Son el producto de deseos y afectos que estimulan imaginaciones y lujurias. Así que pueden combatirse con deseos y afectos nuevos. Ya que la naturaleza de su viejo pecado es la idolatría, en Cristo los adictos tienen esperanza porque ahora, por primera vez, su adoración está en el lugar adecuado, en el Dios que los creó.

En Romanos 6.16–19 se presenta un cuadro claro de cómo las lujurias que dominan la vida se cambian en Cristo. A causa de la obra de Jesucristo en la salvación, el poder interior del Espíritu Santo y la obra de Dios, los que una vez eran esclavos del pecado ahora son esclavos de Cristo. Romanos 6.22 dice: «Mas ahora que habéis sido libertados del pecado y hechos siervos de Dios, tenéis por vuestro fruto la santificación, y como fin, la vida eterna». Las Escrituras dan tal ánimo maravilloso porque presentan a Dios como uno que está listo para ayudar a vencer las lujurias diversas o los deseos que hacen pecar a las personas.

En Colosenses 3.5 se describe a los creyentes como muertos a los pecados de «fornicación, impureza, pasiones desordenadas, malos deseos y avaricia». Esta es una experiencia del pasado para el verdadero creyente. La Biblia entiende que la esclavitud a pecar o a las adicciones pueden vencerse por el poder del Espíritu Santo y la verdad del evangelio. Esta es la esperanza que el evangelizador tiene que llevar a los que están esclavizados. No es una llamada frívola a cambiar, sino una oferta fervorosa para que la persona esclavizada se reconcilie con Dios, evite el infierno y escape de la trampa del pecado. No será fácil, pero es la senda a la vida eterna y al cambio duradero.

18

Cuando las naciones vienen a nosotros: Una orden para alcanzar al inmigrante

Michael Mahoney

La década pasada ha traído un cambio en las misiones por las nuevas tendencias en la inmigración mundial. Al inundar los inmigrantes naciones con un testimonio fuertemente cristiano, existe la potencialidad de adiestrar un ejército de misioneros nativos para alcanzar a este grupo. Ya las misiones no se limitan a enviar personas a tierras extranjeras porque en muchos lugares las naciones llegan a nosotros. Este capítulo ayudará a los pastores a pensar detenidamente cómo aprovechar mejor esta nueva oportunidad para la evangelización global.

«¡Joven, siéntese, siéntese! Usted es un entusiasta. Cuando Dios quiera convertir al pagano, Él lo hará sin consultarnos a usted o a mí».[1] Estas fueron las palabras que William Carey escuchó después de que manifestó que la iglesia aún tenía la responsabilidad de cumplir con el mandato de Cristo de ir «por todo el mundo». Pero el calvinismo extremo extendido entre las iglesias bautistas de Inglaterra durante el siglo dieciocho no era el único obstáculo que Carey enfrentó antes de que pudiera prepararse para ir a la India.

Antes de que hubiera centenares de organizaciones misioneras, antes de que las iglesias tuvieran comités de alcance y los mapas murales en los corredores señalando dónde estaban sus misioneros y antes de que las iglesias escucharan de misioneros venidos de todas partes del planeta, Carey estaba tratando de calcular cómo un joven de pueblo y muy pobre podría conseguir la ayuda necesaria para cruzar hasta la otra mitad del planeta para ser misionero.

La solución de Carey fue un folleto, *Enquiry*, que finalmente convenció a las iglesias a asociarse con él en lo que nunca antes se había hecho en la historia de las misiones: Trabajar juntos para ayudar a iglesias pequeñas a recaudar una cantidad de dinero, que parecía imposible de alcanzar, para enviar a un misionero alrededor del mundo.[2]

Pero Carey y su socio, John Thomas, no tenían idea de que otra tarea al parecer imposible estaba todavía ante ellos. Reunir el dinero y determinar dónde ir era una cosa, pero otra muy distinta era en verdad poder encontrar la manera de llegar allá. La East India Company no permitía que ningún europeo pisara suelo indio sin licencias especiales, las cuales serían imposibles de obtener por misioneros bautistas aventureros.

Concibieron la idea de ir como polizones en un barco capitaneado por un amigo de Thomas. El capitán estuvo de acuerdo, pero momentos antes de salir, él recibió una carta dándole a conocer las consecuencias legales de su plan. Con ojos llenos de lágrimas, Carey observó como el prospecto de ser un misionero literalmente navegaba en la distancia.

Finalmente, encontraron un barco danés que aceptó llevarlos a bordo. Con la confianza de la protección de los misioneros por el capitán, por fin los sueños de Carey de alcanzar al mundo perdido y moribundo con el evangelio parecieron hacerse realidad.

Sin embargo, los problemas continuaron una vez que Carey y su familia estuvieron a bordo del *Krön Princessa.* Carey y Thomas se encontraron embarcándose en un viaje peligroso de cinco meses. Fueron golpeados por corrientes inclementes que los llevaron a través de la costa de Brasil; regresaron a rodear África donde una tormenta a media noche casi los hizo zozobrar. Fueron necesarios once días para reparar el maltrecho barco para que finalmente lograra llegar al puerto indio de Bengala.[3]

Al sumar todos los retrasos, vemos que a Carey le tomó casi diez años encontrar iglesias que se asociaran a él y alcanzar los fondos necesarios para ir a la India, dos años más para encontrar la forma de llegar allí y cinco meses más para hacerlo.

Hoy una persona puede ir de Londres a cualquier país en el mundo en veinticuatro horas. Esto no quiere decir que los misioneros todavía hoy no enfrentan grandes obstáculos. Más bien lo que revolucionó las misiones en el último siglo no ha sido simplemente la facilidad de viajar. Lo que ha cambiado todo el enfoque de la evangelización mundial es que ahora, además de enviarle a William Carey a las naciones, las naciones están llegando a donde nosotros estamos.

Este cambio afecta radicalmente nuestro enfoque de las misiones. Con centros urbanos por todo el mundo inundados con inmigrantes, las características demográficas del mundo están cambiando. Aunque la inmigración ciertamente existió antes, lo que hace hoy distinta es la frecuencia en la cual ocurre. Las personas pueden venir de todas partes del mundo a trabajar y pueden viajar de regreso a sus países varias veces al año. La realidad es que si un inmigrante se salva y pasa a formar parte de una iglesia bíblicamente fundamentada, esa persona se convierte en un misionero en la práctica. Al ser discipulados y adiestrados lo hacen con la posibilidad de regresar al país de origen y compartir el evangelio con sus amigos y sus familiares allí.

Las posibilidades para la evangelización mundial que están relacionadas con este flujo de inmigración exigen una respuesta apasionada y urgente para alcanzar a aquellos que viven en las ciudades donde ministramos. Ya no es posible para nosotros pensar en misiones como solo una extensión de ultramar de nuestra iglesia. Es ahora imperativo que el corazón de la iglesia palpite fuertemente para alcanzar a los que Dios ha colocado dentro del radio de nuestra iglesia e influir en ellos sin tener en cuenta el contexto étnico de la comunidad.

Sin embargo, ya que muchos inmigrantes nuevos tienen poco conocimiento del inglés, es irrazonable esperar que quien no hable inglés asista a un culto en inglés.[4] Por eso, además de adiestrar a nuestros miembros para la evangelización, los pastores deberían estar a la caza de oportunidades para iniciar alcances y aun iglesias que se centren en personas que no hablan inglés. Este enfoque puede parecer novedoso o hasta innecesario para muchas personas. Pero la realidad es que el posible fruto de esta clase de ministerio es simplemente demasiado genial para descuidarlo. Las naciones están llegando a nosotros y si respondemos de forma evangelística, tenemos la oportunidad de crear una generación de misioneros que hablan el idioma y estén bien fundamentados, listos para regresar a sus propios países con el evangelio.

Desde su principio, la iglesia ha luchado con cómo cumplir con su tarea de evangelismo global. Tan temprano como en el año 115 d.C., Ignacio de Antioquía registra cómo la iglesia primitiva elaboraba una estrategia para enviar misioneros a todo el mundo.[5] Queda claro en su correspondencia que el asunto de la evangelización global había captado la atención de la iglesia primitiva. La ciudad natal de Ignacio, Antioquía, es donde los seguidores de Jesucristo fueron llamados «cristianos» por primera vez (Hechos 11.26). Es en este marco que en el segundo siglo se enfocó la lucha continua por llevar el evangelio a todas las naciones.

La lucha que la iglesia enfrentó vino de los cristianos judíos que quisieron conservar al creyente judío y al gentil separados uno del otro. Pablo, quien se vio envuelto en la lucha, escribió su carta a los gálatas desde Antioquía, donde este problema tuvo un impacto serio en la iglesia.[6] Cuando Pedro vino por primera vez a Antioquía gustosamente aceptó a los gentiles, aun llegando al punto de comer con ellos. Pero cuando los legalistas de Jerusalén llegaron, Pedro se acobardó y se retractó de su aceptación de los creyentes gentiles. Entonces el apóstol Pablo lo confrontó «cara a cara» (Gálatas 2.11). Ninguna cantidad de intimidación debería haber movido a Pedro a dejar de aceptar a los cristianos gentiles. Este patético encuentro fue el presagio de las luchas que la iglesia continuaría teniendo al ser enfrentada con la realidad de la Gran Comisión.

Tal como Pablo, Pedro e Ignacio fueron retados en cómo debería aceptar la iglesia la tarea de alcanzar a todas las naciones con el evangelio, nosotros, quienes les seguimos, nos encontramos comprometidos en el reto igualmente absorbente de cómo podemos cumplir con eficacia la Gran Comisión hoy.

En la época de Pedro, el asunto era cómo deberían los judíos alcanzar a los gentiles. En la de Carey, el asunto era si los del occidente les deberían predicar a los del oriente. En nuestro día, el nuevo asunto es cómo les deberían predicar los cristianos en Estados Unidos a los que llegan a nosotros. El campo misionero ha llegado a nuestra puerta y necesita de nuestra seria atención.

Solamente en Los Ángeles las estadísticas son asombrosas. Según la Oficina del Censo en el año 2000, el 58 por ciento de Los Ángeles habla un idioma que no es el inglés. El diez por ciento de los residentes de Los Ángeles nacieron en Asia. En el código postal donde está la Grace Community Church, hay cuarenta idiomas distintos listados como el primer idioma que se habla en el hogar. En Estados Unidos como un todo, estos números son más bajos pero aún son notables; el 18 por ciento de la población habla un idioma distinto al inglés en el hogar. Esta nueva faceta de misiones es una realidad y la iglesia debe comprender sus implicaciones.

El reto es claro y la necesidad es grande

Por lo general, solo un pequeño número de cristianos sienten el llamado para dejarlo todo e ir a otro país, aprender otro idioma, adoptar otra cultura y llevar el evangelio a extranjeros. Pero hoy, de repente el llamado a evangelizar al mundo ha perdido su romanticismo y es ahora tangible para casi todos los cristianos norteamericanos.

Una respuesta para esta tremenda oportunidad es que las iglesias inicien ministerios particulares dirigidos a alcanzar a las personas con un idioma diferente. Estos grupos deberían llevarse a cabo en el idioma primario del auditorio. Deberían ser evangelísticos con el fin de llevar el evangelio a las personas que no hablan inglés, invitarlos a la fe, discipularlos y entonces usarlos para alcanzar a sus familias y paisanos.

Antes de ir más allá en el desarrollo del concepto de alcanzar al inmigrante, quiero aclarar algo: No abogo a favor de que las iglesias excluyan a personas de otros contextos culturales. La iglesia debería estar formada por personas de culturas, idiomas y naciones diferentes (véase Hechos 2). El deseo de Dios es claramente que las naciones se unan mediante la iglesia (véase Mateo 28.19–20; Apocalipsis 21.24). Mientras más diversa sea una iglesia, más gloria recibe Dios, porque el evangelio es la causa de la unidad en Cristo. En la diversidad se manifiesta la naturaleza trascendente del evangelio.

Aunque una iglesia que se dirige solamente a una cultura específica ciertamente muestra una falta de comprensión del poder del evangelio, una iglesia que descuida las oportunidades para alcanzar a grupos que hablan otros idiomas, en especial cuando esos grupos están en su propio vecindario, muestra un fracaso en darse cuenta de la potencialidad de esta oportunidad. Hay implicaciones prácticas relacionadas con la habilidad de hablar otro idioma. Ya que la fe viene por escuchar el evangelio, una persona que no habla el idioma del mensajero no puede creer el mensaje. El flujo de personas que no hablan inglés necesita un esfuerzo común de las iglesias para alcanzar a los grupos que hablan otros idiomas. Si fallamos en hacer esto no cumplimos con la Gran Comisión.

La preparación para la misión

Para llevar adelante con éxito esta clase de ministerio específico en otro idioma se necesita un enfoque deliberado del liderazgo de la iglesia. La congregación debe tener al hombre correcto para dirigir este ministerio. Debe hablar con fluidez el idioma del grupo al que quiere alcanzar, así como ser capaz de comunicarse claramente con otros ancianos de la iglesia. Si tiene éxito y las personas son ganadas para Cristo, ellas le verán como su pastor.

Un ministerio dirigido hacia grupos étnicos o con un idioma específico solo será tan fuerte como los líderes espirituales que lo supervisan. Si está considerando uno de estos ministerios, es sabio prestarle atención a las advertencias dadas por Pablo a Tito y a Timoteo en cuanto a líderes bien calificados dentro de la iglesia. Un punto que es importante en particular para el ministerio étnico es el consejo de encontrar a un líder que sea respetado dentro de la iglesia. Si el líder no tiene credibilidad dentro de la iglesia existente en idioma inglés, pondrá en duda la viabilidad de cualquier alcance.

Básicamente, este capítulo es un llamado a los pastores a que busquen hombres capacitados en su congregación que sean bilingües y los usen para esta clase de alcance. Si hay un creyente nuevo que es bilingüe, discipúlelo con la meta de tenerlo listo para que pueda alcanzar a otros que hablan su mismo idioma. El líder del ministerio de inmigrantes no debería estar solo en esta tarea; el resto de liderazgo de la iglesia tiene la responsabilidad de mostrarle solidaridad en apoyar la nueva obra. A veces esto aun puede implicar enseñarles a los miembros que hablan inglés la importancia de la Gran Comisión para su comunidad local. Pero antes de que cualquier alcance a otro grupo de inmigrante pueda tener éxito, hay cualidades esenciales que deben ser su fundamento.

El apoyo de toda la iglesia

Antes de iniciar un ministerio de inmigrantes, el pastor principal y el liderazgo de la iglesia deben apoyarlo sólidamente. Ellos serán responsables de educar al resto de los miembros de la iglesia acerca de las necesidades de la comunidad y proveerán visión y ánimo continuados. Esta clase de alcance nunca será efectiva sin el apoyo del liderazgo de la iglesia. El pastor principal debe ser el catalizador que permite al pueblo de Dios llevar a cabo la misión de Dios de alcanzar a la comunidad para Cristo. Si el pastor hace suya esta nueva obra, las personas comprenderán su importancia. Una iglesia que se apasiona en su alcance tendrá un liderazgo que ejemplifica el fuerte compromiso con la evangelización.

Desde el personal hasta toda la congregación, cada parte de la iglesia debe trabajar en establecer relaciones con la comunidad inmigrante. El cuerpo de la iglesia debe aceptar y abrazar este alcance nuevo. Si la iglesia en inglés no apoya el trabajo, ciertamente la división se manifestará en el cuerpo. Sería devastador para una iglesia tener nuevos creyentes aceptando a Cristo pero que nunca sean tratados con respeto o con un sentido de hermandad por el resto de la congregación.

Alex Montoya, un profesor para iniciar iglesias en *The Master's Seminary*, comparó este esfuerzo a un transplante de órgano: «Así como en cualquier transplante, a menos que el cuerpo esté dispuesto a acoger el órgano, todo está perdido».[7] La responsabilidad del ministerio de inmigrantes no se puede delegar en manos de unos pocos. La congregación entera debe ser motivada a involucrarse en la evangelización del campo misionero que está en su puerta. Todos los miembros de la iglesia, sin tener en cuenta su habilidad para los idiomas, deberían tener mucho entusiasmo por este empeño.

Oración

En cualquier esfuerzo para iniciar un alcance evangelístico, se debe recordar que solo Dios puede bendecir el trabajo. La oración siempre debe saturar el ministerio y el cuerpo como un todo debe demostrar la seriedad de tal tarea. Un ministerio eficaz a los extranjeros no ocurre por casualidad. Las personas involucradas en el ministerio deben estar unidas al pedirle a Dios que haga crecer tal obra. C. H. Spurgeon nos da un recordatorio pertinente sobre la importancia de la oración: «Sé que no hay mejor termómetro para la temperatura espiritual que la medida de la intensidad de su oración».[8] El apoyo de la oración para tal alcance se debe enfatizar y reforzar de manera continua.

Teología

La iglesia en inglés y la congregación de inmigrantes deben compartir la misma teología y la misma declaración de fe. El pastor y los líderes del nuevo ministerio deben ser responsables de supervisar la traducción de la declaración doctrinal de la iglesia en el idioma del grupo que evangeliza. Esto es importante porque tener la misma declaración doctrinal confirma aún más la unidad entre el ministerio en inglés y en otro idioma. Se refuerza el estándar doctrinal de la iglesia y se evita cualquier sorpresa en el ministerio de la enseñanza. También establece los fundamentos para la enseñanza de la disciplina de la iglesia y el lugar de las mujeres en el ministerio, entre otros.

El método de la misión

Cuando la iglesia reconoce la necesidad del alcance a las comunidades de inmigrantes, tiene un liderazgo calificado y se da cuenta del deseo para responder a la necesidad, la tarea primaria del liderazgo es poner todo dentro de un plan de acción. Este plan necesita abordar cuál será el método (considere estudios bíblicos, eventos de alcance, interpretación de los mensajes del domingo en el otro idioma o un culto paralelo en la iglesia). Las preguntas básicas acerca de la filosofía de trabajo deberían tratarse a estas alturas. Hay un número de opciones que explorar y no hay simplemente una solución. A continuación hay algunas de las opciones clave que el liderazgo de la iglesia debería considerar al enfrentar el reto de establecer un ministerio de inmigrantes.

Cultos de adoración separados

El enfoque más obvio, y también el más complejo para esta clase de alcance es tener dos cultos separados dentro de la misma iglesia. Esto es probablemente el enfoque más común para alcanzar a otro grupo con distinto idioma, pero esto tiene sus inconvenientes. Esté consciente de que tener cultos de adoración separados puede producir el sentir de que dos iglesias se reúnen en el mismo edificio.[9]

Si una iglesia decide tener dos servicios de adoración en diferentes idiomas, mientras más se relacionen un ministerio con el otro será mejor. Por ejemplo, los pastores y los ancianos de ambos ministerios deberían ser miembros de la misma junta de ancianos. Los miembros de ambos grupos deberían ser miembros de la misma iglesia. Las finanzas deberían ser puestas en un fondo común. Todo esto ayuda a prevenir que se sienta como que hay «dos iglesias».

Hay también otras dificultades posibles. Si el nuevo alcance es relegado a una instalación inferior o un horario inadecuado, no espere que esto funcione. Las historias de intentos fallidos de alcances de inmigrantes abundan por este error. Escuché de una iglesia que intentó iniciar un ministerio tailandés en su sótano, sin aire acondicionado, a la una de la tarde. Lo que colmó el vaso fue cuando la iglesia le pidió al ministerio tailandés que suspendiera sus actividades por una semana porque necesitaba el sótano para almacenar suministros para un campamento de jóvenes la siguiente semana. Obviamente, si el enfoque de una iglesia al emprender un programa de alcance en otro idioma le da a la nueva obra un sentido de inferioridad, rápidamente este se convertirá en degradante e inútil.

Estudios bíblicos

Una manera más fácil y menos intensa de alcanzar es teniendo un estudio bíblico en el otro idioma. En vez de iniciar un culto completo en la iglesia, es una solución asequible comenzar una reunión pequeña guiada por un anciano o un maestro que les enseñe evangelísticamente la Biblia. En la Grace Community Church actualmente tenemos nueve estudios bíblicos distintos para los internacionales enseñados en los idiomas diversos de los asistentes. Muchos de estos miembros también asisten al culto dominical matutino en inglés. Si este puede ser más difícil para ellos, tienen la comodidad de que se les enseñe más tarde durante la semana en su propio idioma.

Es probable que la manera más práctica para comenzar la mayoría de los ministerios de inmigrantes sea con un estudio de la Biblia. Muchos ministerios no tienen bastantes personas ni el liderazgo para manejar un culto de adoración completo en otro idioma.

Las posibles dificultades

Así como en cualquier iglesia, hay peligros y riesgos que se deben evitar. Son las mismas trampas al establecer su ministerio, estudio bíblico o iglesia de inmigrantes. Solo porque su iglesia puede marchar bien y tiene un buen liderazgo no quiere decir que estos peligros se desvanecerán. Por el contrario, se hacen más evidentes y las consecuencias y su secuela más trágicas.

Los asuntos financieros

Sabemos que nuestra ofrenda le pertenece a Dios, pero cuando los platos de ofrenda han sido recogidos, ¿dónde va el dinero? ¿Va a la iglesia como un todo o debería quedarse dentro del ministerio que la recogió? Una fuente posible de conflicto con esta clase de ministerio es la idea de dependencia financiera. Si la meta de las ofrendas es satisfacer las necesidades de ambas congregaciones en inglés y en otro idioma, entonces es lo mejor, por lo general, mantener todo el dinero junto. El dinero dado por cualquiera en la iglesia debería ir a parar al ministerio de la iglesia como un todo, lo cual incluye ambos grupos.

En esto es donde la unidad entre el liderazgo del ministerio de inmigrantes y la iglesia en inglés es decisivo. Ayuda a asegurar que las necesidades del ministerio en otro idioma sean claramente representadas y no relegadas a una condición de segunda categoría. El presupuesto del nuevo ministerio se debería enviar a la junta de ancianos y ser aprobado como cualquiera de los otros ministerios de la iglesia. Las ofrendas del ministerio de inmigrantes deben ir hacia este presupuesto, pero en especial en sus comienzos, la congregación en inglés debe suplementar donde haya necesidad en el nuevo ministerio.

El estilo de la música

Por supuesto, la música puede ser una fuente de disputa en cualquier iglesia, pero es importante recordar que de la misma manera que los ministerios en inglés tienen sus preferencias en cuanto a estilo y forma de música, así también las tienen los ministerios en otros idiomas. Es importante que el ministerio en inglés no trate de imponer sus preferencias al ministerio de inmigrantes. Si han puesto a ancianos y líderes capacitados en la dirección del ministerio, denles la autonomía para tomar decisiones basadas en las preferencias de su audiencia y sean tardos en criticar.

Siempre debe recordarse que el contenido es mucho más importante que el estilo. Los estilos van y vienen. Aun dentro de la misma comunidad étnica los estilos variarán, pero el contenido siempre debería llevar al ministerio de música a ceñirse a la correcta predicación de la Palabra de Dios. Lo más importante de la música es que comunique la verdad bíblica de tal manera que motive a las personas a adorar a Dios. Cuando un estilo se convierte en el foco que impulsa un ministerio, fácilmente puede socavar el compromiso al elevado estándar de la proclamación de la verdad bíblica.

El prejuicio

Las personas son intrínsecamente egocéntricas. En esta era de exactitud política, es fácil asumir que no nos rebajamos a la intolerancia extrema, pero a menudo este simplemente no es el caso. Desafortunadamente, aun los cristianos se encuentran sucumbiendo ante este pecado. Hay una gran necesidad de poner en práctica las palabras de Pablo en Gálatas 3.28: «Ya no hay judío ni griego; no hay esclavo ni libre; no hay varón ni mujer; porque todos vosotros sois uno en Cristo Jesús».

Por ejemplo, los inmigrantes ilegales han recibido una gran cantidad de odio. Hay un debate acalorado en muchos países acerca de cómo las iglesias deberían responder ante este asunto. Tenga cuidado que su iglesia no esté dividida sobre este tema. Si inician un ministerio de inmigrantes estén preparados a tener una respuesta para este problema. Recientemente, el equipo pastoral de la Grace Community Church se ocupó de este asunto con el deseo de pastorear un número creciente de quienes luchan con su status migratorio.[10] Es pertinente que el liderazgo de su iglesia tenga una respuesta a los que, por el prejuicio o la política, quieren mantener a los inmigrantes ilegales fuera de la iglesia, así como a los que tienen preguntas razonables acerca de cómo el estatus de ciudadanía de alguien tiene que ver con la relación de la iglesia con autoridades de gobierno.

El pastor y el liderazgo no solo deben mostrar solidaridad hacia el ministerio de inmigrantes y su liderazgo, sino que de forma sutil también deben comenzar a reafirmar la verdad bíblica que todos somos creados a imagen de Dios y no debería haber distinción entre etnias. Adviertan que en algunas localidades usted y su liderazgo pueden volverse impopulares por asociarse con comunidades particulares de inmigrantes, pero no permitan que esto les impida el cumplimiento de la orden dada por Dios de predicar el evangelio a todos los hombres, esclavos o libres, ilegales o legales.

Las expectativas poco realistas

El ministerio fundamentado en otros idiomas puede ser más difícil de lo que muchas personas se percatan. Muchos inmigrantes vienen de países donde su religión está estrechamente relacionada con su nacionalidad. La idea de ir a una iglesia que no es de la religión de su país de origen es demasiado radical para algunas personas que hacerlo ni tan siquiera pasa por sus mentes. El éxito debería medirse en términos de años, no de meses. Puede tomar años desarrollar una reputación como una iglesia a la que en verdad le importan los inmigrantes. Por esta razón, la paciencia es absolutamente necesaria. Creen expectativas que sean tanto bíblicas como que estén acordes para el liderazgo del ministerio de inmigrantes. No enfoquen la atención en los «números», sino destaquen la calidad del ministerio que se está proveyendo.

El recordatorio más importante que se les puede dar es que sigan las instrucciones de Efesios 5.1–2: «Sed, pues, imitadores de Dios como hijos amados. Y andad en amor, como también Cristo nos amó, y se entregó a sí mismo por nosotros, ofrenda y sacrificio a Dios en olor fragante». Con esta como la meta de su liderazgo, cada una de las dificultades antes mencionadas podrían evitarse. Tomará esfuerzo diligente y habrá obstáculos. Pero por la gracia de Dios, podrán llevar a cabo esta tarea vital.

Cómo manejar el éxito

Si inician un ministerio para personas de otras naciones en su iglesia y el grupo comienza a crecer, pronto puede que se den cuenta de que su liderazgo no tendrá suficiente tiempo (y a menudo habilidades con otro idioma) para llevar a cabo la preparación de boletines, los *picnics*, los acontecimientos específicos de la cultura y aun algún tipo de asesoramiento. En este punto serán confrontados con la necesidad de ampliar el liderazgo del ministerio de inmigrantes. La pregunta entonces es cómo podemos hacerlo mejor.

El propósito de emprender un ministerio entre los que vienen de otras naciones debe siempre estar claro: Es para el crecimiento del cuerpo de Cristo. A menos que deseen que se convierta en una iglesia enteramente distinta, es más conveniente no tener un grupo separado de ancianos y líderes. En lugar de eso, el ministerio de inmigrantes debería ser alentado a desarrollar los dones de sus miembros y permitirles que comiencen a funcionar en algunos de esos papeles. Si un miembro particular del ministerio nuevo sobresale como excepcionalmente dotado, enfoquen la atención en él, y adiéstrenle con el propósito de que llegue a formar parte de la junta de ancianos de la iglesia.

Si este alcance atrae a personas bilingües a la iglesia, déjenlas escoger a cuál servicio o ministerio asistirán. No se sientan amenazados si algunos deciden asistir al culto en inglés. Al mismo tiempo, al desarrollar los dones de sus miembros que no hablan inglés, les permiten cumplir con el mandato bíblico de servir a la iglesia y teniendo a más ancianos habrán aumentado la responsabilidad entre el ministerio en otro idioma y el ministerio en inglés.

El plan de Dios siempre ha sido llevar el evangelio a todas las naciones. En el Antiguo Testamento queda claro que el deseo de Dios era que el mundo entero le adorara. Deuteronomio 32.43 afirma: «Alabad, naciones, a su pueblo». En Salmo 117.1 se revela su plan claramente: «Alabad a Jehová, naciones todas; pueblos todos, alabadle».

El Nuevo Testamento continúa esta indicación evidente de que el deseo de Dios es alcanzar a todas las naciones con las buenas nuevas de Jesucristo (Gálatas 3.28). Pablo también resalta que en Cristo nosotros ahora conocemos «el misterio de su voluntad, según su beneplácito, el cual se había propuesto en sí mismo, de reunir todas las cosas en Cristo, en la dispensación del cumplimiento de los tiempos, así las que están en los cielos, como las que están en la tierra» (Efesios 1.9–10). La importancia de la Gran Comisión aparece entretejida a lo largo de toda la Biblia. La iglesia no puede vacilar en su inquebrantable búsqueda de seguir el mandato de alcanzar el mundo para Cristo.

En Hechos 1.8 Dios nos da el poder para cumplir con su llamado a alcanzar el mundo con el evangelio: «Pero recibiréis poder, cuando haya venido sobre vosotros el Espíritu Santo, y me seréis testigos en Jerusalén, en toda Judea, en Samaria, y hasta lo último de la tierra». El programa divino es claro y debemos darnos cuenta de que lo último de la tierra ha llegado a nosotros, y que los inmigrantes de otras naciones están en nuestro umbral.

En el deseo de cumplir con la Gran Comisión, necesitamos una demostración de la presencia del Espíritu en nuestras vidas que produzca un fervor apasionado y ardiente de alcanzar a cada comunidad de inmigrantes dentro del área de nuestro ministerio. Necesitamos una dedicación ferviente y un anhelo fervoroso de Dios para alcanzar a nuestro mundo para Cristo. Ninguna otra cosa transformará más una iglesia, le dará visión y fortalecerá su propósito que un plan de acción determinado para alcanzar a la comunidad de inmigrantes que Dios ha traído al vecindario de su iglesia. Siendo una parte integral del cumplimiento del llamado de Dios a alcanzar a todas las naciones no solo extenderá la gloria de Dios a lo más lejano de la tierra, sino también a las naciones que están justo a nuestras puertas.

19

A uno de estos: Ministerio al marginado social

Mark Tatlock

Hay una tendencia en muchas iglesias a considerar la evangelización de los perdidos como algo en conflicto con los actos de compasión y misericordia hacia los pobres. El hecho de que tantas iglesias con buena teología evitan el ministerio de misericordia es el resultado de coincidencias históricas y no de motivos bíblicos. La Biblia hace de la compasión hacia los pobres una parte esencial del cristianismo y descuidarla es pecar gravemente contra el Señor. La compasión es modelada en Jesús, ordenada por Santiago y evidenciada en la verdad del evangelio.

Por alguna razón, muchos cristianos miran el ministerio a los necesitados y la evangelización como expresiones irreconciliables de amor a los perdidos. El evangelicalismo estadounidense ha permitido que exista un estereotipo que las iglesias que se enfocan en el ministerio a los pobres en cierta forma están descuidando la predicación del evangelio, y viceversa. Pero esto no puede estar más lejos del modelo bíblico, donde el ministerio de misericordia está inseparablemente asociado con la predicación del evangelio. Si los cristianos han sido receptores de la vasta compasión y misericordia de Dios, entonces deberían ser los primeros en demostrar compasión y misericordia hacia otros. Al hacer esto, proveen un ejemplo de la mayor realidad espiritual del corazón de Dios y su voluntad de otorgar misericordia y compasión mediante la redención que ya han recibido ellos mismos.

Para que la evangelización sea tomada en serio en una comunidad es esencial que esté relacionada al testimonio de vidas cambiadas. Si se ha experimentado la misericordia de Dios, es menester en una consideración de la evangelización incluir un punto de vista apropiado de los ministerios de misericordia. Cuando las personas en la iglesia se arrepienten de su mundanalidad y egoísmo, tienen contentamiento en Dios y misericordia hacia otros. Esta santificación es una proclamación pública de la veracidad del evangelio. Desafortunadamente, en la iglesia norteamericana evangélica contemporánea un gran debate ha surgido en lo que se refiere a la legitimidad de los ministerios de misericordia como parte del testimonio de la iglesia.

Una perspectiva histórica del ministerio de misericordia

En 1907 Walter Rauschenbusch, un profesor de historia cristiana en Rochester Theological Seminary, escribió el influyente libro *Christianity and the Social Crisis* [Cristianismo y la crisis social].[1] Como un proponente de la cultura posmilenaria ampliamente aceptada a principios de siglo en Estados Unidos, Rauschenbusch sostuvo que mejorar las condiciones sociales en el mundo era una parte esencial para el pronto establecimiento del reino de Dios en la tierra. Mientras el país experimentaba todos los retos sociales que conllevaba el aumento de la inmigración, la industrialización y el crecimiento urbano, las principales denominaciones fueron atrapadas por el sentir del momento, creyendo la promesa que la ciencia y la tecnología mejorarían la sociedad mediante la eficiencia y el progreso. Entretanto, la promesa de una sociedad más civilizada estaba en contraste bien definido con las realidades de los números asombrosos de huérfanos, viudas, prisioneros y enfermos que eran la fuerza laboral detrás de tal progreso.

Habiendo ministrado en el barrio llamado «La cocina del infierno», en Manhattan, Rauschenbusch conocía al dedillo los aprietos de los pobres. Había trabajado incansablemente para ofrecer ministerio a ellos a través de su iglesia. Este compromiso a cuidar de los pobres dio esperanza para el futuro dentro las hermenéuticamente inadecuadas proposiciones del posmileniarismo. Con la Primera Guerra Mundial en el horizonte, la línea principal de protestantes deseaba aceptar la promesa que el reino de Dios se podría llevar a cabo no en una eternidad futura, sino completa y plenamente en el presente. Estas denominaciones se volvieron cada vez más enfocadas en los asuntos sociales, y el libro de Rauschenbusch se convirtió en el puente que con éxito fusionó el concepto de ministerio de misericordia con la teología liberal creciente de denominaciones que estaban enfocadas en el cambio social en vez de en la predicación del evangelio.[2] Esta teología llegó a conocerse como el Evangelio Social y fue el producto de la aceptación creciente de posmileniarismo en aquel entonces. El Evangelio Social le aplicó el lenguaje de redención a los actos de bondad y les dio implicaciones soteriológicas. En este movimiento, el evangelio se convirtió más acerca de combatir la pobreza como una manera para alcanzar el reino que sobre la salvación de individuo por medio de Cristo.[3]

Mientras muchos cristianos conservadores durante esa era se dedicaron incansablemente a ayudar a los pobres, la asociación final del ministerio de misericordia con las denominaciones principales liberales trajo como consecuencia que el ministerio de misericordia se pusiera en entredicho dentro de la iglesia fundamentalista. El Evangelio Social se convirtió en la antítesis de las costumbres bíblicas sanas de evangelismo, prometiendo que la redención se debería comprender no solo en términos personales de salvación, sino también en términos sociales y estructurales.[4] El lenguaje del reino tomó significados diferentes para protestantes diferentes, y la hostilidad dirigida por los conservadores hacia los liberales llevó finalmente a que la iglesia conservadora evitara tener el alcance social como parte de su estructura eclesiástica.

Los asuntos en el mundo secular también influyeron en esta división. Cuando el presidente Franklin D. Roosevelt implementó una era de mayor participación del gobierno en la vida cívica con el *New Deal*, la nación puso su atención colectiva en la grave situación de los pobres. Al paso del tiempo, responsabilizarse por las necesidades de los pobres llegó a considerarse una obligación del gobierno, lo que se correspondió con una ausencia de ministerios sociales en la iglesia. Con el gobierno proveyendo la vivienda, la comida, el adiestramiento para trabajar, el cuidado de los huérfanos, la asistencia médica y otras muchas cosas, un decreciente sentido de deber llegó a generalizarse en el cristianismo conservador estadoounidense.

Esta ausencia de preocupación por los pobres se acrecentó de manera exponencial por la reubicación de la mayoría de iglesias conservadoras fuera de los centros urbanos. Hacia fines de la Segunda Guerra Mundial, la creación de autos a un precio alcanzable y las casas en zonas residenciales produjo de hecho una iglesia conservadora que fue geográficamente removida de las máximas expresiones de pobreza encontradas dentro de los centros urbanos del país. Entretanto, las iglesias que permanecieron en el contexto urbano fueron característicamente liberales en sus puntos de vista doctrinales.[5]

El hecho extraño de que las iglesias en los centros urbanos tuvieron tendencia a ser liberales es por sí mismo el resultado fascinante de sucesos históricos. En el siglo XIX, la inmigración en Estados Unidos había sido predominantemente de Europa occidental y fue en su mayor parte protestante. Pero a comienzos del siglo XX hubo una entrada masiva de europeos no occidentales. Junto a los efectos de la emancipación de los afroamericanos después de la Guerra Civil, las ciudades comenzaron a diversificarse tanto cultural como religiosamente. Cuando las iglesias conservadoras se mudaron fuera de los centros urbanos, las iglesias principales liberales permanecieron, junto con generaciones de líderes de la iglesia étnicamente distintas que a su vez fueron preparados por los seminarios principales.[6]

Ya que estas iglesias urbanas tuvieron la tendencia a ser más pobres que sus contrapartes en las zonas residenciales, gozaron de más oportunidad y más necesidad de ministrar a los pobres. El resultado fue que las iglesias que eran más activas en el ministerio social fueron también las que se inclinaron a ser liberales. Desde la perspectiva conservadora, esta realidad reafirmó la imagen del ministerio de misericordia siendo afiliada solamente con el liberalismo teológico.[7] El término «Evangelio Social» se convirtió en un eufemismo para el liberalismo y la resultante afiliación fue a menudo utilizada por conservadores, a todo lo largo del siglo veinte, como justificación para no estar activamente involucrado en alcanzar a los pobres.[8]

Esta transición señala un cambio en la historia de la iglesia. Antes del siglo XX, ramas calvinistas y metodistas del protestantismo conservador enfatizaron el ministerio social dentro de sus prioridades eclesiológicas.[9] Ambas tradiciones manifestaron el mismo compromiso compartido de servir a los pobres como una expresión del amor y la misericordia de Dios. Esta historia se perdió rápidamente con el posmileniarismo y el liberalismo se volvió sinónimo del ministerio de misericordia. Por supuesto, hubo muchas iglesias conservadoras que intentaron practicar la compasión y misericordia hacia los pobres, pero pese a este resumen demasiado simplificado de historia exactamente destaca el hecho que, en la mayoría de los casos, las iglesias conservadoras pusieron a un lado el compromiso de ministrar a los oprimidos.

Esta transición tuvo un efecto profundo en las estrategias evangelizadoras de la iglesia evangélica del siglo XX.[10] Para mediados del siglo, las iglesias canalizaron su alcance mediante la distribución de literatura puerta por puerta, las campañas evangelísticas, las visitas a los hogares de quienes venían a la iglesia y la predicación en las calles. Aunque cada una de estas estrategias fielmente proclamó el evangelio, a menudo les faltó la correspondiente demostración del amor de Dios hacia los perdidos a través del ministerio de misericordia.

El ejemplo de Jesús

El efecto neto de todo esto es que en muchas iglesias contemporáneas la compasión de Dios se ha separado de la Gran Comisión. Este es un cambio radical del ejemplo de Jesús, quien combinó perfectamente ambos elementos. Él fue enviado para buscar y salvar a los que estaban perdidos, y Él lo hizo así a diferencia de la cultura predominante viajando de un lado a otro por Israel. Si se hubiera establecido en Capernaum o Nazaret, sus discípulos habrían estado en un aula o en una sinagoga, sentados a sus pies. En lugar de eso, Él eligió vivir de forma simple y andar entre los pobres y necesitados. En las rutas polvorientas y en los caminos principales ministró a los que estaban tanto física como espiritualmente empobrecidos.

De estaba manera Él podría ilustrar lo que la sanidad, el perdón y la misericordia significaban. De hecho, Mateo explica que la compasión de Jesús hacia los pobres fue lo que le motivó a enviar a sus discípulos por todos lados a predicar:

> Recorría Jesús todas las ciudades y aldeas, enseñando en las sinagogas de ellos, y predicando el evangelio del reino, y sanando toda enfermedad y toda dolencia en el pueblo. Y al ver las multitudes, tuvo compasión de ellas; porque estaban desamparadas y dispersas como ovejas que no tienen pastor. Entonces dijo a sus discípulos: A la verdad la mies es mucha, mas los obreros pocos. Rogad, pues, al Señor de la mies, que envíe obreros a su mies. (Mateo 9.35–38)

Así termina Mateo 9, pero en 10.1, Jesús contesta su propia oración enviando a sus discípulos al mundo para «sanar toda enfermedad y toda dolencia». Observe que lo que le motivó a enviar a sus discípulos fue su compasión por los pobres. Esta compasión para la condición empobrecida de ellos produjo como respuesta una mayor compasión por la condición espiritual de ellos, inspirando a nuestro Señor a orar al Padre para que levantara muchos evangelizadores que fueran a los campos a recoger la gran cosecha espiritual.

Este compromiso con los pobres, los desvalidos y los enfermos le dio la maravillosa oportunidad a Jesús de ser una parábola viviente de las mayores promesas de salvación del reino. Es obvio que hubo elementos del ministerio de Jesús y su envío de los discípulos que fueron milagrosos y se asociaron al milagro de la encarnación. Sin embargo, Jesús enseñó a sus discípulos que una señal imperecedera del verdadero ministerio cristiano sería combinar la predicación del evangelio con el ministrar de forma simultánea a los pobres. En su descripción del juicio de las ovejas y las cabras, Él dice que la señal de fe verdadera sería el cuidado de los enfermos, los ciegos, los encarcelados o los hambrientos (Mateo 25.32–40). En verdad, como la descripción del juicio por Jesús continúa, la mera negativa a cuidar de los pobres es la única razón que Él da para enviar a algunos al castigo eterno (Mateo 25.41–46). Es evidente en la vida y ministerio de Jesús que el cuidado compasivo de los pobres no fue tangencial a su mensaje, sino que fue una verificación necesaria y esencial de la verdad de la libertad que él proclamaba.

Las bendiciones de la pobreza

La Epístola de Santiago provee lo que quizá sea la reprimenda más extensa del Nuevo Testamento hacia los que descuidan a los pobres. Es interesante que Santiago se ocupa de la pobreza explicando primero las bendiciones de ella.

Para empezar, dice que Dios ha escogido colocar su electivo amor mayormente en los más pobres de todos. Y pregunta: «¿No ha elegido Dios a los pobres de este mundo?» (Santiago 2.5). Por supuesto que Santiago no dice que todos los pobres serán salvos. Pero la pobreza no coloca a una persona en desventaja espiritual en comparación con los ricos. Es también cierto que la elección de Dios no le da ningún mérito inherente a la pobreza. De hecho, cuando una persona está en pobreza, su falta de esperanza no se puede ocultar. Mientras los ricos tienen la manera de enmascarar temporalmente el dolor de vivir en un mundo caído, los pobres no tienen tal refugio.

El hecho que los pobres no tienen recursos en este mundo (aparte de Dios) proporciona un cuadro de la verdad de Efesios 2.8–9. Allí Pablo explica que las personas no tienen la capacidad para hacer nada que merezca la gracia de Dios. Toda persona está en bancarrota y necesidad espirituales. Cuando Pablo dice en Romanos 5.8 que «siendo aún pecadores, Cristo murió por nosotros», esto implica que nuestros mejores esfuerzos son trapos inmundos e incapaces de ayudarnos a lograr la misericordia de Dios. Esto concuerda con la verdad que fuera de Cristo cada hombre es un individuo verdaderamente pobre que no puede hacer nada para ayudarse a sí mismo y es dependiente de la gracia de Dios para que sustente su vida. Es por esto que la pobreza provee un cuadro tan apropiado de la gracia de Dios para salvación.

Otra bendición de la pobreza se ve en la confianza de los pobres en Dios para el sustento diario. Mientras más pobre es la persona, mayor es la fe que debe tener para confiar en la provisión de Dios para sus necesidades físicas. Esto demuestra la visión contraria a nuestra cultura que tiene el reino de Dios: Mientras el mundo busca riqueza y prosperidad, en su búsqueda desecha el más grande tesoro que se puede encontrar. Al confiar en las riquezas, el mundo rechaza la única manera de tener relación con Dios. Los que tienen grandes riquezas personales puede que vivan sin la experiencia del íntimo conocimiento del Dios que cuida de sus hijos. No tienen que orar por su pan diario y se contentan con lo que les ofrece el mundo.

En la pobreza, los cristianos no solo han encontrado riqueza mediante la fe sino que también se han convertido en «herederos del reino» (Santiago 2.5). Esta promesa no se centra en las bendiciones temporales, sino en la vida escatológica futura. Esto es lo que Pablo quiere decir cuando escribe que los sufrimientos de esta vida presente no son comparables con la gloria futura (Romanos 8.18). Tanto Pablo como Santiago dicen que esta es la base de la esperanza para el creyente en la pobreza (Romanos 8.24–25). Cuando un cristiano vive en la pobreza, tiene una creciente esperanza en el reino futuro de Dios.

Para resumir, la pobreza puede ser una bendición porque Dios ha escogido a los pobres para salvación, porque los creyentes pobres pueden expresar una fe más profunda en Dios para la provisión diaria y porque tienen una esperanza más sincera afirmada en la vida futura.

El ateísmo funcional

Entendiendo la bendición de la pobreza es necesario darse cuenta de la fuerza de lo que Santiago escribe luego: «Pero vosotros habéis afrentado al pobre» (Santiago 2.6). El tratamiento de los pobres de la iglesia fue muy distinto al de Dios. Ellos habían cerrado sus corazones a las necesidades de sus hermanos y hermanas en Cristo, y haciendo esto habían afrentado al mismo grupo de personas que Dios había tratado de honrar mediante la salvación. Las acciones de ellos dejaron traslucir su orgullo y su fracaso en recordar la realidad de su propia pobreza espiritual. Descuidando a los pobres les fallaba al requisito del evangelio de reconocer su propia pobreza espiritual.

Cuando un cristiano deja de mostrarse compasivo para con los pobres, no solo ha dejado el modelo ministerial de Jesús, sino que también demuestra «ateísmo funcional». El ateo funcional profesa seguir a Cristo, pero su estilo de vida contradice el ejemplo de Cristo.

Es irónico cuando un «cristiano» con riquezas ve a su hermano necesitado y cierra su corazón hacia él. Cuando un cristiano se aferra a su abundancia de bienes materiales, desecha a los meros inquilinos de su propia salvación y se rehúsa a confiar en Dios para su provisión. Al cerrar su corazón a los pobres, en verdad cierra su corazón a Dios y actúa como si fuera suficiente por sí mismo para satisfacer sus propias necesidades. Esto es ateísmo funcional y la antítesis del evangelio viviente.

Santiago resalta esta disparidad mediante una imagen sensacional de la pobreza dentro de la iglesia. Él describe a un hermano y a una hermana que son pobres (Santiago 2.15–16). Al utilizar la palabra griega *adelphoi* (ἀδελφοί, hermanos), Santiago muestra que esas personas son parte de la familia cristiana. Además de ser cristianos, ellos se encuentran tan pobremente vestidos que Santiago los describe como «desnudos». Están tan hambrientos que los describe como «sin el alimento para cada día». Y mientras se sientan por allí, fuera de la entrada de la iglesia, los creyentes pasan junto a ellos y les dicen que «vayan en paz, a calentarse y llenarse». Es difícil imaginarse una respuesta más fríamente calculada a un hermano creyente necesitado.

Esta escena insólita la emplea Santiago para animar a los creyentes en el cuidado de los pobres o para que reconozcan lo inútil de la fe que profesan. Al hacer esto, Santiago describe el ministerio a los pobres como una marca de la fe auténtica. Reprende a los cristianos que pasan de largo, diciéndoles que la fe de ellos estaba «muerta» (Santiago 2.17).

Para el cristiano, no puede haber veredicto más aterrador. En esencia, Santiago dice que una persona puede llamarse cristiana todo lo que quiera, pero si su corazón está cerrado hacia un hermano necesitado esto significa que su fe está muerta. Esa persona no es un verdadero cristiano, sino un ateo funcional.

La severidad del descuido

¿Por qué Santiago hace del cuidado de los pobres un asunto tan decisivo? Porque es en la atención a los pobres que la fe en la vida de un creyente se muestra más claramente. Solo quien ha abandonado su postura egoísta y orgullosa ante Dios puede comprender qué significa misericordia verdadera. Al mostrar misericordia, aun en un contexto terrenal y físico, una persona manifiesta su propia transformación. En la misericordia, el amor propio ha sido reemplazado con amor hacia otros, y demuestra el reconocimiento de que el amor de Dios hacia el pecador es inmerecido, aunque de todas maneras existe.

Más temprano en su carta, Santiago había escrito: «La religión pura y sin mácula delante de Dios el Padre es esta: Visitar a los huérfanos y a las viudas en sus tribulaciones, y guardarse sin mancha del mundo» (Santiago 1.27). Esta es la forma de Santiago de decirles a sus lectores cómo ser santos tal como Dios es santo (véase 1 Pedro 1.15). Es un reto dejar a un lado los valores del mundo y vivir según los valores del reino. Tal como los hijos deben reflejar el carácter de sus padres, así los hijos de Dios deben reflejar el carácter de Dios, y Dios tiene cuidado de los pobres. Si un cristiano debe ser un imitador de Dios entonces debe ser un ministro a los pobres.

Detrás de la negativa de una persona, o de una iglesia, a ministrar a los pobres está la negativa a imitar a Dios en este aspecto. La compasión de Dios hacia los pobres es uno de sus atributos comunicables, los cuales (como la bondad, el amor, la misericordia, la paz, la rectitud, la justicia, la veracidad, la paciencia y el perdón) los cristianos tienen la capacidad de reflejar. Todos los atributos comunicables de Dios pueden ser imitados por los creyentes y todos ellos son más claramente exhibidos dentro del contexto de las relaciones humanas. Cuando los creyentes aman a otros, están imitando a su Padre mientras que simultáneamente muestran al mundo el amor de Dios como lo exhibe el evangelio.

Esto es significativo, porque es en el evangelio donde la naturaleza de Dios se hizo más clara. El evangelio es la ilustración activa de la propia revelación de Dios de su imagen, proclamada en su Palabra y mostrada por su Hijo. Dios ama a los creyentes que a su vez se aman y este amor es más claramente demostrado en el sacrificio de Jesús en la cruz. Dios muestra misericordia hacia los creyentes y estos a su vez deben mostrarse misericordia los unos con los otros, y la misericordia de Dios se ve con diáfana claridad en la cruz. Cuán incongruente es cuando los depositarios de la compasión, la gracia y la misericordia de Dios se niegan a demostrar la compasión, la gracia y la misericordia de Dios hacia los que en el mundo las necesitan. La muy antigua acusación de hipocresía, bien conocida por cualquiera que ha tratado regularmente de compartir el evangelio, encuentra su validez en la renuencia o el desinterés de la iglesia en cuidar de sus miembros que están materialmente empobrecidos.

Es por eso que Jesús distingue entre las ovejas y las cabras sobre la base del cuidado a los pobres, y es por eso que Santiago escribe que un llamado cristiano que pasa de largo ante un hermano necesitado tiene una fe muerta. El evangelio hará que una persona salva quiera proclamar el evangelio al mundo y si una persona se niega a mostrar misericordia a los pobres se está negando precisamente a proclamar el evangelio.

Una negativa a ministrar a los pobres es una admisión tácita de que una persona se preocupa más de su abundancia de bienes materiales que en reflejar los atributos de Dios. Cuando una persona pasa de largo ante otros cristianos necesitados, da testimonio de que él no sigue las pisadas de Jesucristo, no siente como Dios siente acerca de los indefensos y en realidad su fe está muerta.

Aplicaciones prácticas

En algunas formas extremas de hinduismo, las personas se rehúsan a ayudar a los pobres. Algunos hindúes creen que los pobres son pobres porque hicieron malas decisiones en las vidas anteriores y necesitan sufrir para purgarse de las consecuencias de esas vidas previas. Ante esa lógica, ayudar a los pobres es en realidad improductivo porque solo significará que ellos tendrán que sufrir de nuevo en la siguiente vida.

Tristemente, esta actitud es a menudo compartida por los cristianos. Considere estas respuestas comunes a la pobreza: «Esas personas experimentan las consecuencias de su pecado», «Se lo merecen» o «Si realmente quisieran cambiar sus vidas podrían hacerlo». Estas actitudes están más cerca del hinduismo que del cristianismo. Estas excusas son una forma cómoda de olvidar este hecho: Las circunstancias reales que rodean la pobreza son generalmente irrelevantes a cómo los creyentes están supuestos a responder.

Los cristianos deben reconocer que todos somos indignos de la ayuda de Dios, pero Dios nos salvó. Sin Cristo estábamos perdidos, hambrientos, culpables y destituidos. Espiritualmente éramos huérfanos y fugitivos. Dios nos hizo responsables por nuestros pecados y aún así experimentamos su amorosa obra de redención. Cuando los cristianos se niegan a ayudar al hermano o a la hermana en necesidad, están aplicando un principio incoherente. El evangelio se fundamenta en la misericordia inmerecida de Dios demostrada hacia los pecadores. Estos últimos, que han sido salvos por misericordia, deben demostrar misericordia hacia los demás.

Este no es un llamado a la transformación cultural; la cual no ocurrirá hasta que Cristo regrese. El mandato a ministrar no es un asunto para el activismo político; tal clase de acción es ineficaz y da a conocer prioridades fuera de lugar. La exigencia de cuidar de los pobres no significa que la iglesia debiera buscar la erradicación de la pobreza; siempre tendremos pobres con nosotros (Marcos 14.7).

Además, este no es un llamado a darle de manera indiscriminada a cualquiera que pida. Permitirle a una persona que deje de trabajar no es solo pobre mayordomía, sino algo pecaminoso. Las Escrituras ordenan: «Si alguno no quiere trabajar, tampoco coma» (2 Tesalonicenses 3.10). La Biblia llama a los cristianos a ser entendidos, no escasos. Si los cristianos cierran sus corazones para los pobres, pecan (1 Juan 3.17). Qué trágico sería si cierran sus corazones basados en suposiciones equivocadas acerca de la necesidad de otros.

Finalmente, hay una orden a responsabilizarse por las necesidades del mundo. Los cristianos son llamados a cuidar en primer lugar de sus familias (1 Timoteo 5.8), luego a otros creyentes (Gálatas 6.10). Si una persona deja a un lado a su hermano o a su hermana necesitados, es un hipócrita y un falto de la compasión de Dios (Santiago 2.15–17; 1 Juan 3.17). La iglesia primitiva no alimentó a cada viuda, sino solo a las viudas mayores que eran miembros de la iglesia y tenían una reputación de buenas obras (1 Timoteo 5.9–16). La Iglesia de Jerusalén no compartió sus necesidades con todo el mundo en la calle, sino unos con otros (Hechos 2.45). Finalmente, después de haber provisto para las necesidades de la familia y los cristianos, se les encarga a los creyentes que muestren amor y compasión hacia el mundo que les rodea.

El meollo del asunto es que Cristo amplió el reino a los gentiles, las prostitutas, los ladrones y los adúlteros. Aun hoy, algo de la evangelización más rica se ve con las personas más pobres. Es más fácil que el pecador pobre acepte la salvación porque no tiene esperanza terrenal. El creyente debería verse más en los lugares donde los pobres se encuentran. Esto es lo opuesto de la estrategia contemporánea de crecimiento de la iglesia. Los pobres no son el grupo principal a alcanzar por nadie.

Las órdenes a mostrar misericordia y predicar el evangelio no compiten entre sí ni son proposiciones que se excluyen mutuamente. Para que el evangelio sea eficaz al máximo, debe tenerse coherencia entre la vida que se vive y el mensaje. Complementar la compasión y la comisión es crítico porque el mandato a tener misericordia equivale al mandato a hacer misiones. Sin la predicación del evangelio, los hombres y mujeres, ricos y pobres, nunca tendrán la oportunidad de experimentar las más grandes riquezas de la misericordia y la gracia de Dios. Alimentar al hambriento, cuidar al enfermo y servir a los pobres no son fines en sí mismos, sino más bien una manera mediante la cual los cristianos encuentran a individuos que necesitan la obra transformadora de Dios. La misericordia no es una manera para producir el reino. La misericordia es la manera para traer la gloria del evangelio al hacer que las personas vengan a Cristo.

20

Las misiones internacionales: Selección, envío y pastoreo de misioneros

Kevin Edwards

Hay un modelo bíblico para las misiones. Implica seleccionar, adiestrar, enviar y apoyar cuidadosamente a los misioneros. Todo el proceso, cuando se hace de forma correcta, es una asociación íntima entre el misionero y la iglesia que lo envía. Esta asociación es la columna vertebral de las misiones, y puede ser una fuente incalculable de ánimo tanto para los misioneros como para las iglesias. Esta asociación hará que el esfuerzo misionero de una iglesia esté más enfocado y lo hará más eficaz en la causa de la evangelización.

A finales del siglo XIX comenzó un movimiento de misiones sin paralelo. Nunca antes ni después una generación de estudiantes mostró tal fervor evangelístico por los perdidos alrededor del mundo. Más de veinte mil hombres y mujeres salieron por todo el mundo como parte del Movimiento Estudiantil Voluntario, mientras más de ochenta mil que los apoyaban les animaron y respaldaron económicamente. Estos estudiantes formaron casi la mitad de la fuerza misionera protestante a principios del siglo XX, muchos de ellos sirviendo en sociedades bien desarrolladas y muchos más en China y la India. Estos estudiantes voluntarios «fueron impulsados por un propósito tan intenso raras veces igualado, y tuvieron el compromiso de evangelizar al mundo sin importar de qué manera».[1]

El Movimiento Estudiantil Voluntario que comenzó en el año 1886 alcanzó su punto máximo en el año 1920 y entonces comenzó a declinar con rapidez. La historia de la disminución de tal intenso fervor misionero sirve como un ejemplo vívido de qué puede ocurrir cuando un empeño misionero se emprende sin seguir el proceso para las misiones que Dios ha diseñado en las Escrituras.

Lecciones tomadas de la historia

Aunque se podrían considerar muchos factores, hay tres causas principales de la decadencia del Movimiento Estudiantil Voluntario. En primer lugar, a pesar del fervor evangelístico de los estudiantes que salieron como misioneros, muchos de ellos tenían un defectuoso fundamento teológico. Su teología difirió de la de sus predecesores en que no nació de una educación centrada en la Biblia.[2] Muy influida por el liberalismo protestante y un interés en las religiones mundiales, el sentir teológico de los estudiantes dio como resultado un ecumenismo comprometedor. «El movimiento tuvo una génesis provechosa pero terminó en un vacío teológico porque los líderes originales tuvieron una filosofía pragmática asociada con un pobre adiestramiento teológico».[3]

En segundo lugar, la iglesia local no fue la base desde la cual los estudiantes eran enviados al campo misionero. El frágil fundamento teológico del Movimiento Estudiantil Voluntario incluyó no solo una eclesiología defectuosa sino también una falta de comprensión del papel que la iglesia local debía jugar en las misiones. Esto conllevó que los misioneros fueran enviados sin la afirmación o la asociación con alguna iglesia local. «Muchos libros se han escrito acerca de la historia del MEV (Movimiento Estudiantil Voluntario), y muy pocos de ellos tienen algún indicio de una preocupación por los líderes del MEV de alentar a los voluntarios a regresar a sus iglesias locales para ser primero acreditados por ellas y luego enviados al campo misionero».[4]

En tercer lugar, el movimiento perdió de vista la misión de la iglesia. Debido a la falta de discernimiento y visión teológicos, el Evangelio Social tomó el control del MEV. En su punto culminante en 1920, el MEV tuvo una convención donde hasta se cuestionó la salvación de los estudiantes participantes. «Hubo más interés en las relaciones raciales, las mejoras económicas y la paz internacional que en compartir el evangelio».[5] La historia del MEV es una historia de cómo el ministerio social reemplazó el llamado a proclamar el poderoso evangelio de salvación en Cristo.

Estas tres lecciones de la historia del MEV demuestran los peligros insospechados que las iglesias comúnmente sufren cuando consideran en qué tipos de movimientos misioneros se involucrarán y qué personas enviarán al campo misionero. Cuando las iglesias escogen a sus asociados para su obra misionera, necesitan escoger de manera cuidadosa a los candidatos a misioneros de organizaciones que tienen una teología firme, se encuentran enfocadas en construir la iglesia local y se centran en el cumplimiento de la Gran Comisión.

Enviar misioneros es una parte de lo que significa ser una iglesia.[6] Si un grupo de creyentes y sus ancianos tratan de crecer en Cristo y se esfuerzan por ser fieles al plan bíblico para la evangelización, serán apasionados acerca de las misiones. La fidelidad al mandato del Señor a hacer discípulos en todas las naciones incluirá un esfuerzo dirigido, sin tomar en cuenta la magnitud, a alcanzar las regiones más allá de cualquier alcance inmediato de una iglesia. La iglesia local tendrá un programa de misiones donde participa en la selección, el envío, el sostenimiento y la intercesión por cristianos especiales que serán enviados fuera de ella para alcanzar a los perdidos en otros lugares.

La iglesia primitiva consideró las misiones como un asunto de extrema importancia (Hechos 13.1–3; 14.27; 15.36–40). No fue un programa secundario o de interés relativo. Los apóstoles sabían que estaban involucrados en un asunto global y monumental dentro del programa redentor de Dios. La Gran Comisión fue dada a los apóstoles por lo menos cinco veces, si no más (Mateo 28.18–20; Marcos 16.15; Lucas 24.46–48; Juan 20.10; Hechos 1.8). Estos hombres lo habían dejado todo para seguir a Cristo y ahora debían darle el mensaje al mundo; luego les pasaron la batuta a otros, quienes a su vez nos la pasaron a nosotros. Por esta razón, cada iglesia, ya sea grande o pequeña, debería tener su propio compromiso en la gran empresa misionera del cuerpo de Cristo.[7]

Hoy hay una colección variada de misioneros y ministerios con los cuales asociarse. Cada semana recibo cartas pidiendo ayuda y que nos asociemos con ministerios deportivos, ministerios de justicia social, campamentos en inglés, alcances de jóvenes, proyectos de construcción, adiestramiento para líderes, alcances de música, iniciación de iglesias, publicaciones, ministerios radiales y cosas por el estilo. Con tantas peticiones, es imprescindible tener una clara comprensión de cuál debería ser la prioridad de la iglesia en las misiones.

Selección de los misioneros

Para la selección de misioneros, las Escrituras exponen tres principios: la selección en oración, la afirmación de la selección y la confirmación de la selección.

La selección en oración

En primer lugar, el liderazgo debe hacer una selección en oración. Los líderes necesitan buscar al Señor para que los dirija. Cuando la Iglesia de Antioquía consideró sus esfuerzos para enviar misioneros, sus líderes se dedicaron a ayunar y a orar (Hechos 13.2–3). La razón por la cual debe seguirse este principio es porque las misiones emanan del carácter y los propósitos del Dios trino. Al Señor debe buscársele porque la extensión del evangelio es la obra del Espíritu soberano que da el crecimiento a la Palabra de Dios alrededor del mundo.

La afirmación de la selección

En segundo lugar, el liderazgo de la iglesia debe afirmar su selección. Esto significa que están escogiendo personas calificadas y dotadas para el ministerio del evangelio.[8] Las cualidades bíblicas para un anciano en una iglesia local, destacadas en Tito 1.5–9 y 1 Timoteo 3.1–7, deberían aplicarse a cualquier misionero.[9] Si un misionero es enviado a proclamar el evangelio y establecer nuevas iglesias locales, entonces debería estar dotado de manera particular para dirigir la tarea de establecer y guiar nuevas iglesias. Los misioneros que están involucrados con esta clase de ministerio deberían tener el mismo estándar de los ancianos de la iglesia local, especialmente con referencia a su don para enseñar la verdad (1 Timoteo 3.2; Tito 1.9). No tiene sentido enviar a una persona no capacitada ni con dones para pastorear una iglesia en su propio país a establecer una iglesia en otro.

En Efesios 4.11–13 queda claro que Dios, quien nos dio la Gran Comisión, también le da a la iglesia la manera para llevar a cabo esa tarea al darles dones a ciertas personas en su iglesia, tales como evangelistas, pastores y maestros. Al seleccionar misioneros, el liderazgo de la iglesia que los envía debe evaluar con cuidado los dones del individuo como los evidencia en su iglesia local. Esto incluye evaluar las capacidades de la persona y su llamado al ministerio. De hecho, cuando la Iglesia de Antioquía envió a Pablo y Bernabé en Hechos 13.1–3, al parecer estos dos hombres eran parte del equipo de maestros de la Iglesia de Antioquía. No eran hombres simplemente dotados que estaban también calificados para el ministerio, sino que también eran parte del equipo de líderes de la iglesia en Antioquía. La Iglesia de Antioquía envió a los mejores hombres que tenía para que predicaran el evangelio.

Tomarse el tiempo que sea necesario para examinar de forma exhaustiva a los posibles misioneros, tanto de carácter como en cuanto a sus dones, evitará dolores de cabeza al final y ayudará a asegurarse que el misionero puede tratar de una forma agradable a Dios con los retos de ministrar en una cultura extranjera. Los misioneros que son enviados deben ser ejemplos a la grey, en particular en las áreas de la santidad, la humildad y la oración. Además, los hombres que son enviados necesitan ser ejemplos de valor, que tienen dones en el ministerio de la Palabra y son capaces de llevar a cabo su ministerio en un contexto de muchos retos nuevos. Sin esto, su liderazgo no será eficaz y se afectará la obra misionera.

Si la iglesia local decide delegar autoridad en el ministerio del misionero y asociarse con una agencia misionera, quizá debido a la experiencia de la agencia o por el nivel de cuidado que una agencia puede ofrecer en un campo misionero en particular, la iglesia no debe dejar que una agencia misionera usurpe el papel de la iglesia local en evaluar los dones y el carácter. Muchas agencias misioneras han reducido este tipo de valoración y la preparación previa al campo misionero a un grupo de pruebas psicológicas y algún adiestramiento rudimentario. El único lugar que prepara eficazmente a un misionero para el servicio está en el contexto de una iglesia local cuyo liderazgo, amorosa e intencionalmente, prepara a hombres para el ministerio.

La confirmación de la selección

En tercer lugar, el proceso de selección culmina al comisionar a los seleccionados. Este paso, a menudo conocido como ordenación, reconoce la obra de Dios de preparar y evidenciar los dones del hombre que será enviado como un ministro del evangelio. Típicamente, el liderazgo de la iglesia confirma su asociación con el que será enviado mediante la imposición de manos (Hechos 13.3), donde la iglesia visualmente demuestra su papel como agencia que envía y es intermediaria de Dios. Es interesante ver que en Hechos 13.3–4 hay un doble envío. En el versículo 3, la Iglesia de Antioquía envía los misioneros. Pero en el versículo 4 leemos que el Espíritu Santo es quien los envía. Mediante la imposición de manos, la iglesia expresa su confirmación de ayuda e identificación con este misionero como representante del Señor. Peters escribe:

> Por la imposición de manos, la iglesia y el misionero individual se vuelven ligados en una unión de propósito común y responsabilidad mutua. No solo esto es un privilegio y un servicio; es también el ejercicio de una autoridad y la aceptación de una tremenda responsabilidad.[10]

La asociación con los misioneros

La relación entre el misionero y la iglesia que lo envía se explica mejor como una asociación. Al mandar un misionero, la iglesia es responsable de una verdadera asociación con el misionero al menos en cuatro formas. Primero, la iglesia que envía está obligada a adiestrar al misionero para su ministerio. Sin tener en cuenta el tipo particular de trabajo en el que estará involucrado, la mayor parte de su adiestramiento debería ser en el ministerio de la Palabra. Ya sea que esté involucrado en iniciar nuevas iglesias o en adiestrar a los líderes nacionales de la iglesia, el misionero a menudo tiene un papel fundamental en la iglesia nacional. Como alguien a quien la iglesia nacional buscará por respuestas, en particular en el adiestramiento de los líderes nacionales de la iglesia, el misionero debe poder explicar la Biblia cuando surgen las preguntas referentes a la vida de la iglesia, el liderazgo bíblico y la teología. Un misionero pobremente adiestrado e inadecuadamente preparado fallará en este punto, y posiblemente conduzca a consecuencias desastrosas.

Tal como podemos aprender del Movimiento Estudiantil Voluntario, un fervor misionero inicial no es la única calificación necesaria para el ministerio. Un fundamento teológico insuficiente o incorrecto dará como resultado que las personas sean alejadas de la Palabra de Dios, a menudo hacia un evangelio pragmático o social. Sin tener en cuenta el ministerio específico para el cual un misionero está señalado, debe adiestrársele y preparársele para emplear acertadamente las Escrituras.

A nivel práctico, esto quiere decir que los misioneros deberían tener un adiestramiento profundo en teología y en la correcta interpretación de la Biblia. Idealmente, sería bueno que estudiaran y explicaran el texto de las Escrituras a partir de los idiomas originales hebreo y griego. Aunque hay ciertamente otros tipos de adiestramientos que un misionero necesita, el fracaso en adiestrar de forma adecuada a un misionero en este aspecto fundamental le impedirá lograr su tarea primordial. La iglesia que envía demuestra su asociación con un misionero al invertir, proporcionar y asegurarse que a los candidatos se les adiestre adecuadamente en el empleo correcto de las Escrituras (2 Timoteo 2.15).

En segundo lugar, la iglesia que envía debe orar por el misionero. En varias ocasiones, el apóstol Pablo buscó que las iglesias se le asociaran mediante la oración. A la iglesia de Éfeso le pidió que orara para que él tuviera valentía (Efesios 6.18–19); a la iglesia de Colosas le pidió que orara para se abriera una puerta y claridad del mensaje (Colosenses 4.2–4); a la iglesia de Roma, que orara por protección (Romanos 15.30–31) y a la iglesia de Tesalónica, que orara para que la Palabra corriera y fuera glorificada, además de protección de hombres malos (2 Tesalonicenses 3.1–2). De modo que una asociación en misiones requiere que los que envían sean guerreros de oración que permanecen conscientes de las necesidades en el campo misionero y fervientemente oran que el Dios Todopoderoso haga lo que solo Él puede hacer.

En tercer lugar, la iglesia debe pastorear al misionero. La sumisión de un misionero al liderazgo nombrado por Dios de su iglesia que le envía no termina cuando se le comisiona al ministerio del evangelio. El regreso de Pablo a la iglesia de Antioquía después de su primer y segundo viajes misioneros (Hechos 14.26–27; 18.22–23) ilustra su sumisión continua a la iglesia que lo envió. Por la asociación de responsabilidad que existe, los misioneros necesitan mantener a las iglesias que les envían informadas de lo que Dios está haciendo en sus ministerios, y deberían llamar al consejo con respecto a planes futuros de ministerio.

Peters también añade que un misionero:

> reconoce la autoridad delegada de la iglesia, se identifica con la iglesia, se somete a la dirección y la disciplina de la iglesia, y se compromete a ser un representante verdadero y responsable de ella. Opera dentro del espíritu y marco doctrinal de la iglesia, consciente de que es un representante de su Señor tanto como de su iglesia, a quien también le da cuenta.[11]

Mientras algunos misioneros pueden iniciar iglesias locales autónomas, el misionero en sí nunca se vuelve autónomo de su iglesia anfitriona. Las decisiones críticas con respecto al ministerio del individuo se deberían exponer ante la iglesia que envía para recibir el aporte de ideas de los líderes.

La relación de responsabilidad entre la iglesia que envía y el misionero funciona en dos vías. La iglesia que envía debe involucrarse activamente en el pastoreo del misionero a través de las dificultades del ministerio en un país extranjero. Debe proveer ánimo y cuidado pastoral. El apóstol Pablo enfrentó grandes desalientos en el ministerio. Además de la oposición y la persecución física, también llevó una carga por el crecimiento de las iglesias que había fundado. A veces, se refiere a sí mismo como deprimido (2 Corintios 7.6) y necesitado de aliento espiritual (1 Corintios 16.18). Si el gran apóstol Pablo era susceptible a estas necesidades y estos retos, ¿cuánto más lo serán los misioneros de hoy? De la misma forma que Pablo a menudo se sentía animado por la visita de otro creyente, también los misioneros de hoy se alientan por los que se asocian con ellos en el evangelio.

En cuarto lugar, la iglesia debería asociarse con el misionero en lo financiero. El misionero necesita saber que en realidad la iglesia se encuentra en completa asociación con él cuando va al campo misionero. El apóstol Juan dijo que los misioneros se deberían enviar «como es digno de su servicio a Dios» (3 Juan 6). Cuando enviamos a nuestros misioneros la gloria de Dios está en juego.

Es el mandato y precedente bíblico que las iglesias participen en el sostenimiento económico de los misioneros. Juan escribió a la iglesia primitiva que los hombres que salen en el Nombre no deberían estar supuesto que tomaran dinero de quienes ministran (3 Juan 7). Además, el apóstol Pablo dio por segura la ayuda económica de la iglesia en Roma en su intento de ir hasta España con el evangelio (Romanos 15.24). Una de las formas principales en que la iglesia filipense expresó su asociación en la evangelización fue mediante el respaldo económico al apóstol Pablo (Filipenses 4.15–16).

En realidad, hay solo dos posibilidades en lo que se refiere al respaldo económico de misioneros. Una iglesia puede mantener a muchos misioneros en niveles pequeños o puede mantener a unos pocos en niveles altos. Si la iglesia que envía es fiel en los primeros tres elementos de su asociación (el adiestramiento, la oración y el pastoreo), hay un límite para a cuantos misioneros puede ayudar en lo económico. Una iglesia que tiene un comité de misiones de cinco personas pero intenta asociarse con veinticinco misioneros, lo más probable es que no pueda involucrarse de una manera completa.

Del mismo modo, asociarse con un misionero tiene que requerir más que una ofrenda mensual. La verdadera asociación misionera implica cuidar de un misionero financieramente como es digno del Señor. Pocas iglesias pueden enfrentar el costo total de enviar un misionero. De hecho, para muchos misioneros (dependiendo de su campo), el costo de ayudarlos sobrepasa lo que se paga al pastor principal de la iglesia. Pero la mayoría de las iglesias que envían pueden y deberían aceptar la responsabilidad económica de cubrir la mayor parte del gasto de mantener a un misionero en el campo.

Por lo general, las iglesias hacen un mayor impacto para el reino de Dios cuando tienen un enfoque específico e involucrado con unos pocos misioneros, en vez de un enfoque general y amplio hacia muchos.. Una iglesia que mantiene a veinte misioneros con el cinco por ciento del nivel de ayuda no está en realidad pastoreando a ningún misionero. Al parecer, las iglesias están más involucradas en la Gran Comisión cuando se comprometen completamente con uno o dos misioneros, en vez de diluir su enfoque y dinero en muchos.

Esto es lo mismo para una iglesia pequeña que en un ministerio más grande. Los ancianos deberían identificar al misionero correcto, quien ha demostrado su fidelidad y sus dones en el contexto de esa iglesia local, entonces comisionarlo, enviarlo, apoyarlo y pastorearlo mientras él ministra. Este enfoque conlleva una inversión sustancial de tiempo y energía por parte de la iglesia.

Los beneficios de esta inversión en el desarrollo de un misionero son grandes tanto para la iglesia como para el misionero. La iglesia provee ánimo en un nivel más profundo y proporciona una responsabilidad y pastoreo más intenso entre la iglesia y el misionero. Esto también le permite a los misioneros que regresan entre términos o asignaciones pasar más tiempo con la iglesia que los envió, no teniendo que cruzar de un lado al otro del país visitando en poco tiempo un número vertiginoso de iglesias que lo ayudan económicamente.[12] De este modo el cuerpo es mejor alentado con informes detallados de cómo el Señor usa a su misionero en hacer discípulos de Cristo y el misionero es mejor preparado, alentado y animado para el posterior servicio eficaz. Las asociaciones poco profundas se pierden esto. Las asociaciones más profundas entre las iglesias que envían y sus misioneros honran mejor al Señor.

El ejemplo de la Grace Community Church

Quiero compartir con usted cómo la Grace Community Church maneja nuestro departamento de misiones. No lo hago porque esta sea la única manera o necesariamente la forma mejor. Sin duda que hay otras iglesias que hacen aspectos de esto mejor que nosotros. Sin embargo, nuestra iglesia ha tratado de poner en práctica los principios bíblicos que este capítulo explica. Además, pone una cantidad significativa de recursos en misiones y también tiene una gran cantidad de misioneros. Espero que nuestro ejemplo sea de ayuda para cuando usted piense en cómo abordar las misiones en su iglesia.

Vemos el proceso de misiones como si tuviera dos partes bien definidas: la selección y el apoyo.

El proceso de enviar de la iglesia comienza con la selección de misioneros. Este proceso no está divorciado del sentido personal de ser llamado por Dios a las misiones en otros países, pero este llamado subjetivo es examinado a la luz de cómo los dones espirituales del candidato están siendo demostrados y desarrollados dentro de la iglesia. Ya que el llamado de Dios a las misiones es un llamado al ministerio de la Palabra, los candidatos son rápidamente eliminados si no tienen cualidades de anciano ni poseen dones para enseñar la Palabra, al menos en un sentido elemental. Todos los empeños del ministerio se cultivan en el contexto y vida de la iglesia. Esto les permite a los ancianos de Grace Community Church seleccionar a personas para misiones que Dios claramente ha dotado como líderes para predicar y enseñar la Palabra.

En nuestra iglesia estos dones son primordialmente manifestados en el contexto de nuestros grupos de compañerismo o lo que algunos llaman clases de escuela dominical. Cada uno de estos grupos tiene estudios bíblicos hogareños múltiples durante la semana, y es en estos grupos pequeños de quince a cuarenta personas donde hombres jóvenes pueden practicar y desarrollar sus capacidades de hacer discípulos de Cristo en el cuerpo. Mediante estos grupos estos hombres pueden también guiar a otros al evangelio en el área del gran Los Ángeles que no conocen a Cristo. Las oportunidades para el ministerio entre culturas son muchas en nuestra iglesia y nuestra comunidad, incluyendo muchos estudios de la Biblia y grupos de alcance a inmigrantes. Aquellos hombres que manifiestan tener dones para enseñar y evangelizar, junto con un llamado evidente de Dios a ejercitar estos dones entre otras culturas, son los que se convierten en candidatos a misioneros.

Ligado estrechamente a la prueba de poseer dones espirituales en un candidato a misionero se encuentra su crecimiento en el adiestramiento de la Palabra. Todos los candidatos a misioneros reciben una rigurosa preparación en cómo estudiar y predicar la Palabra, y los ancianos de la Grace Community Church les deben ver creciendo en su habilidad para enseñar la verdad al ser adiestrados en el empleo más eficaz de las Escrituras. Este adiestramiento se da en el The Master's Seminary que está localizado en las instalaciones de nuestra iglesia. Pocas iglesias tienen tal privilegio a su disposición, pero esencialmente este es un paso obligatorio en el proceso de preparar misioneros de nuestra iglesia para el servicio eficaz. Por consiguiente, la prueba inicial de tener dones se confirma mediante el crecimiento en estos dones por el adiestramiento intensivo en la Palabra.

Una vez que se detecta claramente a una persona dotada en nuestra iglesia, los ancianos comienzan a buscar un campo misionero con oportunidades que se adapten mejor a sus dones. Algunos tienen más dones para ser pastores y otros tienen más dones para enseñar y adiestrar líderes. La realidad es que cualquier hombre en el ministerio de la Palabra, sin importar en qué país ministra, se encontrará involucrado en ambos aspectos del ministerio: el ministerio de primera línea de iniciar iglesias y pastorearlas, y el ministerio tras las cámaras de adiestrar hombres fieles. De este modo los ancianos tratan de colocar al candidato a misionero en un equipo donde sus dones particulares se complementarán mejor con la misión del equipo, ya sea en evangelismo, iniciando iglesias, fortaleciendo iglesias, en el desarrollo de liderazgo o en la traducción de la Biblia.

Otro aspecto importante en la evaluación y preparación para el campo misionero es la capacidad de un candidato de trabajar en equipo. Los misioneros deben poder funcionar en muchos niveles dentro de un equipo, incluso trabajar bajo autoridad, junto con sus compañeros al mismo nivel y como líderes en un contexto de equipo. Repito que los estudios de la Biblia de nuestra iglesia proveen la oportunidad perfecta para la evaluación y el desarrollo de la capacidad de un candidato para trabajar en un equipo de ministerio donde él ministra bajo la supervisión de un grupo fraternal de pastores, trabaja junto con otros del equipo en el estudio de la Biblia y dirige a otras personas en el entendimiento y comprensión de la verdad de Dios.

Decidir adonde enviar a un misionero implica varios aspectos. Escoger un campo y una agencia misionera son decisiones usualmente simultáneas. En la Grace Community Church, la mayor parte de nuestros misioneros salen por la agencia o brazo para enviar misioneros de nuestra iglesia que se llama Grace Ministries International. La decisión principal que afrontamos es adonde deberían ir nuestros misioneros. Algunos, en especial los que tienen un ministerio técnico como la traducción de la Biblia, saldrán bajo otras agencias. Estas otras agencias pueden proveer el adiestramiento y apoyo para el ministerio especializado a la población específica a que se dedicará el misionero. A menudo, un candidato a misionero, junto con los integrantes del equipo de alcance de nuestra iglesia, hará viajes preliminares múltiples antes de escoger una nación. Idealmente, un líder con dones incluso recluta a otros para que vayan con él, ya que su pasión contagia a otros posibles compañeros de equipo con el deseo de llevar el evangelio a esa nación. De este modo, el Señor levanta a un equipo misionero desde dentro de la iglesia, a veces incluyendo a otras personas de iglesias asociadas.

Cuando el Señor reúne a un equipo misionero, el paso final antes de que sea comisionado y enviado es levantar el sostén económico necesario. El proceso de encontrar todo el apoyo económico es una parte importante de adiestramiento misionero. Es en este proceso que los candidatos a misioneros aprenden valiosas lecciones de cómo pacientemente confiar en Dios mientras desarrollan las habilidades de comunicación necesarias para transmitir su pasión por su ministerio. El nuevo misionero reúne su ayuda de personas dentro de nuestra iglesia, así como también de otros individuos e iglesias que él conoce. Para cuando va al campo, el misionero habrá desarrollado un equipo de oración y sostenimiento económico consistente de iglesias e individuos con quienes ha labrado una relación. Al juntar el Señor a sus ayudadores, el candidato a misionero aprende la importancia de fielmente decirles a otros la visión de Dios mediante todas las formas posibles. Aunque nuestra iglesia provee la mayor parte del sostenimiento económico necesitado por nuestros misioneros, no queremos privar ni al misionero ni a los que lo apoyan del gozo de participar en la provisión del Señor para su obra.

La Grace Community Church se asocia en lo económico con nuestros misioneros en tres formas. Primero, todos nuestros misioneros son sostenidos colectivamente a través de las donaciones regulares de nuestros miembros a la iglesia.

En segundo lugar, nuestros misioneros son animados a buscar la ayuda económica de individuos dentro de nuestra iglesia. Esto ocurre primordialmente mediante el grupo de compañerismo y estudio de la Biblia donde un candidato ministra en nuestra iglesia, pero también incluye otros ministerios dentro de la iglesia donde el candidato es bienvenido a compartir acerca de su próximo ministerio. Las personas en estos grupos se entusiasman cuando saben del ministerio del evangelio en una tierra extranjera, e invariablemente quieren dar y orar. Esta buena disposición es el resultado de la devoción obvia de sus pastores al predicarles y animarles acerca de las misiones.

En tercer lugar, nuestra iglesia toma ofrendas especiales regulares para financiar el envío de misioneros al campo misionero y conservarles allí cuando enfrentan contratiempos económicos. Estas tres avenidas de sostenimiento financiero no suministran el ciento por ciento del apoyo económico necesario, pero juntas ascienden a la mayor parte de su sostenimiento. En nuestra iglesia nunca hemos visto al Señor dejar de proveer el apoyo necesario para que un misionero vaya al campo. Alabamos al Señor por su provisión continua para más de sesenta misioneros en seis continentes.

Antes de que un candidato y su familia salgan con destino al campo misionero, él recibe adiestramiento especializado en el idioma del lugar al que va. También experimentará el proceso de ordenación en nuestra iglesia.[13] El paso final antes de la partida es comisionarlo, lo cual usualmente ocurre al final del culto del último domingo antes de que el misionero se vaya para el campo misionero. Los hombres misioneros son comisionados al ministerio del evangelio por la imposición de manos de los ancianos mientras el pastor ora por el misionero. Después de este acto, una recepción se lleva a cabo para celebrar este momento trascendental y darle al cuerpo de la iglesia una oportunidad más de expresar su amor hacia la familia misionera que se dirige a ultramar.

Después que los misioneros salen rumbo al campo, el apoyo de nuestra iglesia hacia ellos se incrementa a un nivel aún más alto. Durante todo el proceso de preparación, nuestra iglesia ha orado fervientemente, pero una vez que salen hay una inigualable oportunidad de orar por sus ministerios en el campo, incluyendo sus alegrías y sus retos. De nuevo, guiados por el ejemplo de nuestro pastor en cuanto a una preocupación genuina y cuidado hacia nuestros misioneros, el cuerpo de la iglesia verdaderamente los sostiene en oración. Cada semana el boletín de la iglesia resalta las necesidades actuales de oración de un equipo misionero distinto. A menudo, tenemos artículos especiales en el boletín de misioneros o de equipos de misioneros de corto plazo que han regresado de prestar servicio junto a nuestros misioneros. Estos artículos destacan sus ministerios y alientan a nuestra iglesia a orar por necesidades específicas que promoverán el adelanto del evangelio alrededor del mundo. Cuando nuestros ancianos se reúnen a orar cada domingo en la mañana, siempre prestan atención a cualquier necesidad especial de oración que tienen nuestros misioneros.

Dos reuniones corporativas cada mes se enfocan solamente en escuchar informes de nuestros misioneros y orar insistentemente por sus necesidades específicas. Una tarde al mes, el cuerpo de la iglesia se reúne para pasar tiempo orando por las necesidades actuales de nuestros misioneros, además de escuchar informes de la obra del Señor tanto de candidatos como de misioneros que están en la ciudad. Además, las mujeres de la iglesia se reúnen semanalmente durante el día con el mismo propósito de orar y escuchar de primera mano los informes misioneros.

Nuestra iglesia reparte cartas de oración, calendarios con fotos de nuestros misioneros, hojas sueltas resaltando a sus familias y necesidades. Nos esforzamos por encontrar formas para recordarle a la iglesia que ore a menudo por ellos. Nuestra asociación también implica su pastoreo cuidadoso, una tarea supervisada primordialmente por los ancianos de la iglesia responsables de su cuidado. Además de las comunicaciones regulares por correo electrónico y por teléfono, nuestros ancianos los visitan según se necesite. Estas visitas tienen el propósito de alentar y ayudar a la familia misionera. A menudo estas visitas se ocupan de una importante decisión en el ministerio que necesita tomarse y donde el consejo del liderazgo de la iglesia es vital. Todos estos factores se suman a una fuerza misionera que es visitada a menudo por nuestro liderazgo de la iglesia.

Cuando los misioneros regresan para informar, descansar o pedir consejo, los ancianos se reúnen con ellos. Los asuntos que con frecuencia surgen se relacionan con vida personal y familiar, las decisiones clave del ministerio que pueden implicar nuevas direcciones en el ministerio, y la búsqueda de más preparación. Nuestros misioneros aprecian y cuentan con la participación activa del liderazgo de nuestra iglesia en sus vidas y ministerios.

Finalmente todos los misioneros regresan al país de donde vinieron. En otros casos no ocurre así y estas personas necesitan ser pastoreadas y cuidadas al buscar el ministerio correcto para ellas. Una iglesia que celebra, les da la bienvenida y pastorea el regreso del campo misionero será una gran ayuda para una familia que se desarraiga y reubica para lo que parece ser ante ellos como un país extranjero.

Estas costumbres se basan en los principios bíblicos descritos en la primera mitad de este capítulo. No son solo para grandes iglesias, sino que se pueden implementar en cualquier iglesia sin importar qué tamaño tenga. Cuando las iglesias perciben la visión del pastoreo y cuidado de sus misioneros, la iglesia se beneficia enormemente, el misionero es servido y adiestrado, y el Señor es glorificado.

Y por supuesto, todo el proceso tiene esta escena como su meta:

> He aquí una gran multitud, la cual nadie podía contar, de todas naciones y tribus y pueblos y lenguas, que estaban delante del trono y en la presencia del Cordero, vestidos de ropas blancas, y con palmas en las manos; y clamaban a gran voz, diciendo: La salvación pertenece a nuestro Dios que está sentado en el trono, y al Cordero. Y todos los ángeles estaban en pie alrededor del trono, y de los ancianos y de los cuatro seres vivientes; y se postraron sobre sus rostros delante del trono, y adoraron a Dios, diciendo: Amén. La bendición y la gloria y la sabiduría y la acción de gracias y la honra y el poder y la fortaleza, sean a nuestro Dios por los siglos de los siglos. Amén. (Apocalipsis 7.9–12)

21

Las misiones de corto plazo: Apoyo a los enviados

Clint Archer

La nueva moda en misiones de la iglesia es reemplazar a los misioneros de largo plazo con equipos misioneros de corto plazo (MCP). Muchos de estos equipos no son preparados ni adiestrados, y finalmente no son útiles. Esto es una lástima, porque los equipos de *MCP* pueden ser una parte tan valiosa del enfoque misionero de una iglesia. Este capítulo explica qué papel deberían jugar estos viajes de corto plazo en el intento de una iglesia de cumplir a plenitud la Gran Comisión.

Cuando William Carey, considerado por muchos como el padre de las misiones modernas, se ofreció como voluntario para su misión pionera a la India, a menudo comparaba su partida con una subida peligrosa sobre una mina muy profunda. «Me aventuraré a descender», dijo Carey a sus socios más cercanos del ministerio al despedirse de ellos. «Pero recuerden que ustedes debe sujetar la cuerda».[1] Ellos continuaron sujetando esas cuerdas por cuarenta años hasta la muerte de Carey en la India.

El eco de este reto se escucha todavía hoy. Es un llamado a las iglesias a apoyar a los que envían al campo misionero. Carey estaba dispuesto a dejar su país, sus seres queridos y todo lo que le era familiar. Lo que él pidió a cambio fue que las iglesias que lo enviaron lo apoyaran. Este llamado es el que lleva a las iglesias a continuamente explorar maneras más eficaces de alentar y ayudar a sus misioneros. Utilizar los viajes misioneros de corto plazo es una forma significativa de asir fuertemente su iglesia a las cuerdas del apoyo misionero.

La mera frase «corto plazo» puede evocar imágenes de ideas mal concebidas, metas sin visión e impresiones superficiales. Sin embargo, los viajes misioneros de corto plazo reflejan el empeño eterno de Dios de extender su fama a todos los grupos étnicos de la tierra. El efecto de un corto desbordamiento de ministerio puede durar por toda la eternidad. El poder de una bala no se mide por el tiempo invertido en el vuelo, sino por el impacto hecho en el blanco. Los MCPs demuestran que la eficacia del ministerio nunca se puede medir por un cronómetro, sino que se ve en el ánimo de los misioneros de largo plazo en el campo de trabajo.

Los conceptos equivocados de los MCPs

Quizá nada obstaculiza más la eficacia de los MCPs como las ideas equivocadas acerca del propósito de estos viajes. Las ideas de los viajes de MCP son tan abundantes como que el pastor de jóvenes lo que quiere es un boleto gratis para una aventura de ultramar. Pero comprender lo que estos viajes son y no son, puede ayudar a forjar una estrategia eficaz de alcance para su iglesia y puede hacer que un corto estallido de energía resuene con resultados duraderos para el reino de Dios.

En primer lugar, los MCPs no sustituyen a los misioneros de largo plazo. Un visita anual de dos a seis semanas al extranjero no tiene el mismo efecto como la de toda la vida de un misionero. El concepto equivocado que un viaje misionero de corto plazo es lo mismo que apoyar misiones de largo plazo conduce a las iglesias a pensar falsamente que están haciendo trabajo misionero. Como pastor en África veo no pocas iglesias en Estados Unidos sin misioneros de tiempo completo pero que piensan que están activas en la obra misionera porque envían a un grupo de personas a ultramar por algunas semanas al año. Aun he escuchado a un pastor decirme que su iglesia envía más misioneros que cualquiera otra en su ciudad porque envían docenas de viajes misioneros de corto plazo al extranjero. Pero estos viajes misioneros no son trabajos misioneros.

Los trabajos misioneros ocurren cuando los cristianos llamados, adiestrados y comisionados, junto a sus familias, se desarraigan de sus propios hogares aquí y son trasplantados en suelo extranjero. Ellos sacrifican la comodidad, la familiaridad y la seguridad que disfrutan aquí por un propósito: Llevar adelante la empresa del evangelio de Cristo para alcanzar otras partes del globo. Llamar a un viaje de tres semanas para cavar un pozo en un pueblo un «viaje misionero» es subestimar el sacrificio de aquellos que han «dejado casas, o hermanos, o hermanas, o padre, o madre, o mujer, o hijos, o tierras» por Cristo (Mateo 19.29). Esto no quiere decir que los viajes misioneros de corto plazo no tengan relación con la obra misionera. Aunque no vivimos en «el pozo» de Carey con los misioneros, podemos sostener las «cuerdas» del apoyo económico, la oración ferviente y la ayuda material.

En segundo lugar, los viajes misioneros de corto plazo no son una forma válida de iniciar iglesias. El empeño del viaje misionero de corto plazo nunca se puede separar de la iglesia local. Separar el trabajo de un equipo de misiones de corto plazo de una iglesia local en el campo misionero puede conducir a que se esparzan los maestros falsos y los convertidos falaces haciendo más daño que bien. Sin la presencia de creyentes experimentados en el campo ayudando a los visitantes, la potencialidad de crear malentendidos culturales, ofender a los pocos creyentes que en verdad pueden estar allí y causar daño a largo plazo al testimonio del evangelio son posibilidades reales. Ni la agencia que envía ni el grupo que recibe deberían ser libres de la cuidadosa supervisión de una iglesia local establecida.

«Pero», se objeta, «¿y si no hay una iglesia establecida a la cual podamos enviar un equipo misionero?» Después de todo, el deseo de los creyentes dispuestos a hacer misiones es naturalmente el de iniciar iglesias. Pero los viajes misioneros de corto plazo no son la herramienta correcta para esta meta. El iniciar iglesias es un ministerio que conlleva adiestramiento, una estrategia de largo plazo y apoyo duradero. Requiere comprensión cultural, aprendizaje del idioma y el adiestramiento de creyentes locales para que lleguen a convertirse en ancianos. No es lugar del equipo de misiones de corto plazo el usurpar este ministerio, sino el apoyarlo.

Desafortunadamente, algunos de estos viajes son menos eficaces de lo que pudieran ser porque los grupos son enviados a una región «inalcanzada». Allí el equipo evangeliza, las almas «se salvan» y entonces el equipo regresa a su lugar de origen abandonando a los nuevos creyentes a una vida espiritual nueva sin una iglesia que los atienda. Quizá el grupo pueda reportar con gran entusiasmo a su iglesia que «iniciaron una iglesia» en su excursión de dos semanas. Pero en el mejor de los casos lo que hay es un grupo disperso y sin afiliación de completamente nuevos creyentes sin líderes capacitados y sin ningún pastor.

Por esto es que la evangelización mediante viajes misioneros de corto plazo es más eficaz en conjunción con una iglesia ya establecida, nativa, local, dedicada al adiestramiento y alimentación de los nuevos convertidos. Los viajes misioneros de corto plazo tienen un papel importante a jugar en el establecimiento de iglesias: deberían enfocar la atención en apoyar y edificar iglesias en lugar de iniciarlas.

En tercer lugar, un viaje misionero de corto plazo no es una oportunidad para que creyentes inmaduros ganen madurez. Algunas iglesias emplean estos viajes misioneros como una herramienta de ayuda a creyentes en batallas o a los que tienen sus vidas espirituales estancadas para que obtengan una experiencia que los anime en su andar con el Señor. En estos casos, estos viajes son considerados como un día de playa cristiano para la tonificación espiritual, como si la solución para estos que sienten que su andar con el Señor se ha estancado fuera inyectarles adrenalina espiritual. Pero es desastroso en muchos niveles pensar que los viajes misioneros de corto plazo sean la herramienta apropiada para revitalizar la decreciente pasión de una persona por Cristo.

Un equipo formado principalmente por creyentes inmaduros es propenso a tener problemas. A menudo a los viajes misioneros de corto plazo les es muy difícil enfrentar los problemas, ya que requieren grandes niveles de paciencia, sabiduría, humildad, sacrificio y hasta de resistencia física. Pueden tener el resultado deseado que los integrantes del equipo aprenden y crezcan mucho, pero esto ocurrirá a expensas de la efectividad del viaje. Que el grupo sea útil depende en gran medida de la madurez espiritual de sus integrantes. Se va en viaje misionero no para *volverse* espiritualmente maduro, sino porque *se es* espiritualmente maduro. Asegúrese que cualquier equipo de misiones de corto plazo que ustedes preparen y envíen esté formado por miembros de la iglesia fuertes y espiritualmente maduros.

Finalmente, los viajes misioneros de corto plazo no son un deficiente uso de fondos si son hechos correctamente. Algunas iglesias se niegan a participar en viajes misioneros de corto plazo porque piensan que son un uso ineficiente del dinero. Esta objeción común resulta del concepto equivocado de que si no hubo viaje misionero de corto plazo en un año dado, el dinero de ese viaje sería destinado a algún proyecto más digno. Pero los fondos para viajes misioneros de corto plazo por lo general son levantados por la familia y los amigos de los integrantes del equipo, no por la iglesia. La realidad es que el dinero no es desviado de un proyecto para otro; está siendo levantado y designado para el viaje misionero de corto plazo.

La experiencia ha demostrado que el dinero reunido para viajes misioneros de corto plazo es casi siempre dado por los que tienen una relación personal con los viajeros. Por lo general los donantes dan para alguien que conocen a causa de su relación con esa persona. Si ese viajero no va a un viaje misionero de corto plazo, no necesariamente el donante aumentara su contribución al fondo para construcción de la iglesia. Además, muchas donaciones para los viajes misioneros de corto plazo provienen de fuera de la iglesia. Un miembro de la iglesia probablemente no les pediría a sus compañeros de trabajo o a su familia lejana que contribuyeran a un fondo pro templo, pero sí les pediría que contribuyeran a su viaje personal al extranjero para misiones.

Otra razón por la que algunos desaprueban el costo implicado en viajes misioneros de corto plazo es porque parece un desperdicio de dinero hacer un proyecto que las personas locales podrían hacer más económicamente. La lógica es esta: Un equipo de veinte personas yendo de Colorado a Guatemala para cavar un pozo tiene que reunir alrededor de 30.000 dólares. Pero si le enviaran ese dinero a Guatemala, el pozo se podría cavar por menos dinero por personas que necesitan el trabajo mejor que si los estadounidenses lo hacen. Francamente, algunos viajes misioneros de corto plazo son un desperdicio de dinero; son formas a las que se puso un precio muy alto de lograr que el cheque de un donante podría permitirle a trabajadores locales hacer mejor.

La culpa para esto es de la iglesia que envía. Cuando un misionero necesita que un techo sea reparado, o puede pedir 2.000 dólares que le costará la compra de los materiales y el salario de personas locales desempleadas y trabajadores experimentados, o puede pedir a la iglesia que lo auspicia que le envíe a diez adolescentes sin experiencia a un costo de 2.000 dólares por boleto a tratar de reparar el techo. Desafortunadamente, la experiencia ha demostrado que es más fácil mantener a su animada iglesia entusiasmada con un ineficiente e ineficaz viaje misionero de corto plazo que conseguir un poco encantador cheque.

Para ser un buen administrador de sus recursos, el equipo misionero de corto plazo necesita ver sus objetivos como algo más que mano de obra demasiado cara. Un equipo misionero de corto plazo cuidadosamente seleccionado puede hacer lo que los artesanos locales no pueden: ministrar a la familia misionera, alentar a los creyentes locales, ser un ejemplo de servicio sacrificado y desinteresado para los nuevos creyentes, y llevar a cabo otros papeles de apoyo espiritual. En cierto sentido, el pozo que construyen es incidental con respecto a las relaciones que labran, las vidas que afectan y el ánimo espiritual que dan. Esto no tiene precio.

Los viajes misioneros de corto plazo en la Biblia

Enviar misiones de corto plazo no es una idea nueva. El concepto no fue de un guía turístico jubilado. De hecho, el libro de los Hechos muestra este concepto. Aunque las Escrituras no disponen que se realicen viajes misioneros de corto plazo, en realidad vemos el ejemplo de cortas visitas usadas en la propagación inicial del evangelio en Europa y Asia Menor. En su día, el apóstol Pablo fue el líder arquetípico de misiones de corto plazo. A todo lo largo de Hechos, leemos de Pablo pasando tres días de reposo aquí y tres meses allá, visitando iglesias para fortalecerlas en su fe, alentarlas y verlas cara a cara (Hechos 17.2; 19.8). Vemos cómo se levantaban ofrendas para ayudarle en sus viajes (Romanos 15.24; 1 Corintios 16.6; 2 Corintios 1.16). La mayor parte de los «viajes misioneros de Pablo» a que nos referimos podrían llamarse con más exactitud los «viajes misioneros de corto plazo de Pablo».

Algunos de los viajes de Pablo no fueron para iniciar iglesias ni primordialmente evangelísticos en su naturaleza. En lugar de esto, él tenía como meta alentar a los que estaban en las iglesias iniciadas. Un ejemplo se encuentra en Hechos 15.36: «Después de algunos días, Pablo dijo a Bernabé: Volvamos a visitar a los hermanos en todas las ciudades en que hemos anunciado la palabra del Señor, para ver cómo están».

Cuando Pablo mismo fue arrestado por largas temporadas, lejos de su hogar y necesitado de compañerismo, leemos que él pidió que pequeños grupos de creyentes se le unieran con el objeto de traerle suministros y ministrarle. Por ejemplo, le pidió a Marcos que cuando fuera a verle le llevara los pergaminos y un abrigo (2 Timoteo 4.13). Esto es lo que mejor hacen los viajes misioneros de corto plazo: Alentar, ministrar y llevar recursos a los que trabajan por el evangelio en el extranjero.

Aunque siempre se debe ser precavido al sacar instrucciones de la narrativa, es claro que la iglesia del Nuevo Testamento consideraba que los viajes misioneros de corto plazo eran esfuerzos que valían la pena. Cuando las iglesias mandaron a las personas correctas por las razones correctas, las iglesias les apoyaron económicamente, aun si su viaje era de corto plazo.

El mandato de Dios a los creyentes a propagar el evangelio hasta los fines de la tierra es claro. Las relaciones a largo plazo entre iglesias, incluyendo las visitas de iglesias establecidas a iglesias iniciadas, son un método eficaz de asociación global para el evangelio. Los viajes misioneros de corto plazo son una manera de apoyar y fortalecer esas relaciones.

Las metas de las misiones de corto plazo

Hecho de la manera correcta, las misiones de corto plazo son una herramienta valiosa para el alcance internacional. En vez de ser una carga a la iglesia que recibe, los viajes misioneros de corto plazo pueden proveer ánimo para la cansada pareja misionera, compañía para los solitarios hijos del misionero, ejemplos de devoción para la comunidad y ayuda útil en proyectos de construcción, escuelas bíblicas de vacaciones y evangelización de alcance en la comunidad.

Los viajes misioneros de corto plazo expiden el bálsamo relajante del compañerismo y ánimo a los misioneros, y les llevan una porción de la tierra natal. El papel de los viajes de corto plazo es reforzar la capacidad de los misioneros para el ministerio y su primera línea de asalto a la fortaleza del enemigo. *Nuestra* misión es ayudarles en *su* misión.

Por el otro lado, un viaje misionero de corto plazo pobremente planificado puede echar cargas innecesarias sobre los misioneros. Supóngase que tuviera que recibir a doce adolescentes bulliciosos e inmaduros que se quejan constantemente de la comida local y exigen que les lleven a las atracciones turísticas locales. Esas tres semanas no parecerían «de corto plazo» para usted.

Hay elecciones que los grupos pueden hacer al mismo inicio del proceso de planificar un viaje misionero de corto plazo que pueden significar mucho en la eficacia de esta aventura. La planificación cuidadosa y tomar decisiones acertadas pueden llegar muy lejos para hacer el viaje valedero para todos los involucrados.

Seleccionar el blanco correcto

Al igual que con todo en la vida cristiana, el objetivo final de los viajes misioneros de corto plazo es fomentar el evangelio e incrementar la gloria dada a Dios. En el campo misionero, los viajes misioneros de corto plazo pueden tener un impacto en cinco grupos básicos. He arreglado estos en un posible orden de importancia: El misionero, los creyentes locales, la iglesia que envía, los incrédulos locales y finalmente el que va en el viaje misionero de corto plazo. Es posible y preferible que el viaje tenga un impacto en todos estos blancos. Siempre se superponen uno al otro, pero el blanco primario necesita ser el misionero. Enfocar la atención en el blanco equivocado causa que su viaje pierda lo distintivo de su efectividad óptima para el reino, y puede dejar desilusionados a los donantes, los misioneros y los viajeros. Examinaremos esta lista en orden inverso.

El que va en el viaje misionero de corto plazo. Tal vez ha visto anuncios de los viajes misioneros de corto plazo en los boletines de la iglesia prometiendo una experiencia que cambiará la vida como la primera atracción para el viaje. Me recuerda los pósteres alegres de U.S. Navy que solía ver invitando a los posibles reclutas a «Alistarse en la Marina es ver el mundo», como si el objetivo primario en tener a alguien en la Marina de guerra fuera proveerle la manera de visitar lugares de interés a hombres jóvenes aburridos. Desafortunadamente, esta estrategia de mercadear un viaje pierde el objetivo de los viajes misioneros de corto plazo. Sí, habrá beneficio personal para el viajero (y es obvio que el viaje entero es imposible sin los integrantes del equipo), pero si el enriquecimiento del viajero de la misión de corto plazo es la meta, el viaje será organizado alrededor de lo mejor para el equipo, en lugar de lo que trae mayor beneficio para el misionero y el campo misionero.

Los incrédulos. Otro grupo meta que puede recibir beneficio, pero no debería ser el foco primario de esfuerzos del equipo, es los incrédulos locales. La conversión de los perdidos para que Dios sea glorificado es el objetivo final de las misiones, pero no es el foco primario del equipo misionero de corto plazo. Los incrédulos son mejor alcanzados por el testimonio a largo plazo de un misionero fiel, no por la evangelización relámpago de viajeros de visita. Cuando los líderes de viajes misioneros de corto plazo tienen esto en mente, pueden planificar un viaje que apoyará la estrategia a largo plazo del misionero para esa región.

Si la meta es evangelizar a los incrédulos, se puede organizar un viaje aparte de cualquier iglesia local nativa. Por ejemplo, una iglesia pudiera enviar a diez viajeros a un área «necesitada» aleatoria a predicar el evangelio sin saber si existen iglesias locales allí. Es posible que se desarrolle uno de tres panoramas posibles: Primero, el equipo se desilusione por la falta de convertidos y el gasto y el esfuerzo se perciban como un desperdicio. Segundo, impacientes por resultados, el grupo interprete el menor signo de interés como una segura historia de conversión para informar a la iglesia de donde proviene el equipo. Con certeza el grupo pudiera afirmar: «Tuvimos cincuenta convertidos» porque cincuenta personas repitieron la Oración del pecador después de un sermón al aire libre. Tercero, muchas personas se convierten pero son dejadas como huérfanos espirituales sin el liderazgo de la iglesia local para guiarles. La evangelización sin una conexión con una iglesia local es sumamente problemática. Los viajes misioneros de corto plazo en verdad intensifican su misión evangelizadora mediante el trabajo junto a una iglesia local.

La iglesia que envía. La iglesia que envía al equipo misionero de corto plazo sin duda recibirá bendiciones que acompañan el dar de manera sacrificial. También comprenderán mejor el alcance global, un sentido más amplio de la obra mundial redentora de Dios y un grupo de viajeros entusiastas que al regresar inyectará fervor a la obra misionera de la iglesia. Pero tal como los grupos anteriormente citados, la iglesia que envía no debería ser el blanco primario.

Si la iglesia que envía es tratada como el foco primario, el equipo puede terminar siendo una carga para el misionero. La iglesia enviará a los equipos a los más exóticos lugares o ministerios donde es más tangible el fruto del ministerio. La iglesia que envía se entusiasmará más cuando recibe informes de conversiones, ve diapositivas de lugares y personas en países extranjeros, y oye que se construyeron edificios (por muy chapucero que se hiciera el trabajo). Pero el ministerio con la más grande necesidad podría ser uno sin mucho encanto. La gente podría ser del mismo color de las de la iglesia que envía. El fruto podría ser algo tan simple como misioneros animados y un mayor testimonio en la comunidad; resultados que no pueden ser fácilmente captados en una presentación de diapositivas. De modo que estas oportunidades importantes en Europa pueden quedar obscurecidas por el polvo exótico de un emocionante granero que se haya levantado en África.

Los creyentes locales. Los planificadores con frecuencia no ven a los creyentes nativos (e.g., convertidos bajo el ministerio del misionero) como un grupo meta viable para los viajes misioneros de corto plazo. Aunque esta sea una de las actividades más útiles en que un equipo puede involucrarse. A menudo estos creyentes locales son la minoría que necesita relacionarse con otras personas que creen lo mismo que ellas. No podemos subestimar el valor de un equipo de desconocidos piadosos que invierte sus vacaciones y su dinero para dedicarle tiempo al compañerismo y el discipulado de estos santos aislados. Es inmensamente alentador conocer a personas que piensan como nosotros y experimentar la comunión instantánea de amor que disfrutamos los cristianos.

Las relaciones con visitantes extranjeros forjadas en el servicio y el compañerismo que comienza en los viajes misioneros de corto plazo pueden durar toda la vida y pueden ser una gran fuente de ánimo. Además, la congregación puede entender que lo que les ha enseñado el misionero no es tan insignificante como podría parecer en su país. Al desarrollar compañerismo espiritual con creyentes del mismo modo de pensar alrededor del mundo, las verdades trascendentes del evangelio se hacen realidad en la vida de una persona.

El misionero. ¿Cómo un viaje misionero sorpresivo y de corto plazo puede tener un impacto duradero para el reino de Dios? Quizá la mejor respuesta se encuentre en el misionero que está en el campo. El misionero es el blanco del equipo misionero de corto plazo. Él es quien tiene el adiestramiento, la experiencia y el conocimiento entre culturas para trazar una estrategia a largo plazo para alcanzar a los perdidos en su campo de trabajo. La norma de un programa eficaz de viaje misionero de corto plazo es simple: Darle al misionero lo que él necesita. La tarea de ellos es apoyar la tarea de él.

Comiencen con las necesidades y deseos expresados por el misionero, no con lo que ustedes pueden ofrecer. Si no coinciden, díganle que ustedes no pueden satisfacer esa necesidad particular ahora. No traten de arreglar las cosas que no pueden.

A continuación hay algunas preguntas para el misionero que asegurarán que su equipo satisfaga una necesidad real:

1. «¿Quiere usted un equipo misionero de corto plazo este año?» No se salte esta pregunta. Muchas iglesias asumen que su equipo es don de Dios para el misionero. Muchos misioneros, sin embargo, piensan acerca de los equipos como una prueba para su santificación. Recuerde que el misionero es quien conoce mejor su campo de trabajo. Algunas situaciones son engorrosas y requieren sensibilidad hacia la cultura para lo cual un equipo misionero de corto plazo quizá no esté bien preparado.
2. «¿Cuándo sería el equipo más eficaz?» A menudo un misionero tiene una estrategia a largo plazo que requiere de un equipo en un tiempo determinado del año adecuado para el calendario escolar del país. Su descanso por Navidad pudiera no venir bien con el calendario musulmán, y su período vacacional pudiera coincidir con un invierno ruso impresionante (realmente un obstáculo para la evangelización en las calles, como fue mi experiencia).
3. «¿Cuántos integrantes quiere usted en el equipo?» Si abre su viaje a todo el que tenga un pasaporte, su misionero tal vez tenga que apropiarse de un autobús público para llevarlos a todos a casa desde el aeropuerto. Piense en cuántas personas él físicamente puede manejar. ¿Tendrá que encontrar otro conductor? ¿Tendrá que alquilar una furgoneta? ¿Dónde se quedará todo el mundo? ¿Es seguro o legal tener un grupo quedándose en el templo? Estos números serán muy distintos de un campo misionero a otro, por lo que consulte al misionero antes de que diga cuántas solicitudes serán aceptadas.
4. «¿Cuáles son sus metas y a quién necesita para que le ayude a alcanzarlas?» Un misionero en Irlanda no saltaría de alegría ante su propuesta de un grupo de señoras mayores capacitadas para enseñar inglés como segundo idioma. Él quizá quisiera desarrollar un alcance por medio de deportes este año y esperaba un grupo de jóvenes llenos de energía. Pero un equipo de

maestras mayores de inglés como segundo idioma pudiera ser una enorme bendición si su iglesia tiene a un misionero que quiere hacer un campamento en inglés por ejemplo en Croacia. Conocer exactamente cuáles son las necesidades del misionero y cuándo él las necesita son asuntos fundamentales para desarrollar un viaje exitoso.

5. «¿Cuánto piensa que el viaje le costará al misionero?» Después de obtener tanta información como sea posible, asegúrese de hablar de las finanzas. Muchos misioneros no dirán de manera voluntaria el hecho de que los equipos les cuestan dinero, a menos que sean presionados a hacerlo. Algunos lo consideran poco espiritual, hasta que tienen que alimentar a un ejército de adolescentes hambrientos. Obtener un estimado preciso de lo que el viaje costará, teniendo en cuenta la condición económica del país donde viajarán le ayudará a asegurarse que el equipo misionero de corto plazo sea una bendición en lugar de una carga.

Una vez que el equipo misionero de corto plazo esté en el campo, usted haga todo lo posible para que el viaje no le cueste al misionero un solo peso, quetzal o rupia. Tome cada recibo de cada tanque de gasolina pagado por él y aprópiese de cada factura de restaurante antes de que le llegue al misionero. Llegue con regalos abundantes para su familia y averigüe qué necesitan, incluyendo libros, ingredientes para hornear, revistas y camisetas de fútbol para los niños. Esfuércese en hacer que la experiencia no solo sea provechosa en lo espiritual, sino también una bendición en lo material.

Seleccione la tarea correcta

Un equipo eficaz tendrá expectativas realistas y metas organizadas. Su equipo no puede hacerlo todo. Así es que decida lo que puede hacer y esfuércese en hacerlo con excelencia. Algunos ejemplos de tipos de tareas usualmente hechas por equipos misioneros de corto plazo incluyen evangelizar, suministrar mano de obra, dirigir campamentos y proveer servicios especializados.

Evangelismo. Los viajes que enfocan su atención en la evangelización son más útiles en el contexto de una iglesia local. Siga la dirección del misionero en lo que se refiere a cuándo, dónde y cómo acercarse a las personas con el evangelio. En algunos países, tener extranjeros presentes resulta novedoso y puede ser bastante eficaz. En otros países, pudiera ser una carga para el misionero y la iglesia local.

Mano de obra. Los proyectos de construcción pueden hacerse solo si el equipo tiene a los obreros calificados. Estos viajes pueden ser útiles si los proyectos de edificación son parte de la estrategia del misionero para testificar a la comunidad, así como también para proveer habilidades que quizá no están disponibles localmente. Si la mano de obra del equipo pudiera proveerse de trabajadores locales por menos dinero, el viaje misionero de corto plazo quizá no está haciendo lo que se proyectó. A veces proveer mano de obra es solo el telón de fondo para el verdadero ministerio que el misionero tiene en mente para el equipo. Asegúrese que el equipo esté preparado para hacer las otras tareas que el misionero tiene en mente mientras esgrimen martillos, como compartir testimonios, establecer conversación con incrédulos en el lugar en construcción y discipular a los creyentes locales mientras se hospedan en sus casas.

Campamentos. A veces la presencia de extranjeros atrae a las personas y colabora al aliento y aun a la credibilidad de un proyecto que la iglesia local tiene en mente. Por ejemplo, cuando estadounidenses dirigen una escuela bíblica de vacaciones en Japón, a más padres en la comunidad les gusta enviar a sus niños con la esperanza que puedan practicar el inglés. Enviar a estadounidenses a impartir una clínica de fútbol en Francia es un alcance que quizá sea recibido con escepticismo, pero tener con ellos un campamento de baloncesto podría ser ampliamente popular. El misionero en el campo es la mejor persona para determinar qué ministerio sería el más eficaz.

El ministerio especializado. El misionero local puede necesitar de recursos con habilidades especiales para lograr un cometido. Los ejemplos de estos viajes incluyen los que proveen necesidades médicas, enseñan en seminarios, dirigen música de alcance a los perdidos y enseñan clases de inglés usando a maestros adiestrados de inglés como segundo idioma.

Seleccione el equipo correcto

Los organizadores de excursiones aceptan a cualquier viajero que esté dispuesto a pagar su viaje, pero la selección de equipos misioneros de corto plazo necesita hacerse con más selectividad si quieren tener éxito.

Requisitos espirituales. Si selecciona a un equipo lleno de cristianos inmaduros, sepa que el líder necesitará prestar una vasta supervisión durante el viaje misionero de corto plazo. Esto no quiere decir que todo el mundo en el viaje deba tener un título universitario en Biblia o ser un anciano capacitado. Los viajes misioneros de corto plazo pueden ser una buena experiencia de fortalecimiento para un creyente joven, con tal de que el líder se dé cuenta de esa necesidad y en el viaje se puedan usar a los creyentes jóvenes de forma eficaz. He estado en muchos viajes donde una persona impía ha hecho decaer a todo el equipo porque el líder no pudo mantener las quejas de esa persona bajo control.

Habilidades. Asegúrese que el equipo tenga a las personas con las habilidades adecuadas para lograr las tareas deseadas. Si el pozo que construyen se cae, nadie recordará el conocimiento colectivo de la Biblia del equipo, simplemente no olvidarán el costo de reparar el trabajo de baja calidad.

La experiencia de viaje. Siempre debería haber alguien en el equipo que haya tenido experiencia de viajes. Una voz tranquilizadora con experiencia puede ayudar cuando las personas se pierdan en el metro (y lo harán), pierdan sus pasaportes o pierdan la paciencia. Alguien que ha regateado una tarifa del coche tirado por un hombre en Kolkata tiene menos probabilidad de echarse a llorar cuando el taxista del equipo comienza las negociaciones.

Una vez que han sido seleccionados el blanco correcto, la tarea y el equipo, haga arreglos para tantas sesiones de adiestramiento como sean razonables. Estas deberían incluir tiempos de oración del equipo para relacionarlo con la familia misionera, preparación para las tareas y hacer tiempo para la relación dentro del equipo.

Un regalo prudente

Los misioneros a tiempo completo han hecho tremendos sacrificios por la causa del evangelio. Han dejado a sus familias, culturas y lo que les rodeaba. Ellos sirven en el pozo y necesitan el apoyo de los que los enviaron allí.

Sus equipos misioneros de corto plazo pueden beneficiar a sus misioneros si se esfuerzan en planificar y calcular cada cosa con cuidado. El equipo puede hacer que los misioneros se sientan amados, apreciados, añorados y apoyados. Pero cuando los equipos misioneros de corto plazo son enviados sin la estrategia correcta, el dinero se malgasta, los esfuerzos se frustran y la carga sobre los misioneros aumenta en lugar de aligerarse. Los viajes misioneros de corto plazo se deberían tratar como formas valiosas de prolongar y profundizar el ministerio del misionero.

Mientras más estirada usted sostenga la cuerda, lo más largo y más profundo que los misioneros podrán llevar la luz de Dios dentro del pozo.

Notas

Capítulo 1

1. Para más sobre esto, véase John MacArthur *Difícil de creer: El alto costo e infinito valor de seguir a Jesús* (Nashville: Grupo Nelson, 2004).

2. Ian Murray describe especialmente bien el error del hipercalvinismo y cómo Charles Spurgeon responde a él en *Spurgeon v. Hyper-Calvinism: The Battle for Gospel Preaching* (Edinburgh: Banner of Truth, 1995).

3. Gail Hoffman, *The Land and People of Israel* (Philadelphia: Lippincott, 1963), p. 25.

4. Jonathan Edwards, *A Treatise Concerning Religious Affections* (Philadelphia: G. Goodman, 1821), p. 266.

5. Ibid., p. 293.

6. Ibid., pp. 326–27.

Capítulo 2

1. George Peters, *A Biblical Theology of Missions* (Chicago: Moody, 1984), p. 173.

2. Para más sobre esta promesa y cómo se relaciona con Jesús, véase James Hamilton, "The Skull Crushing Seed of the Woman: The Inner-Biblical Interpretation of Genesis 3:15", *SBJT* 10, no. 2 (verano 2006): p. 31.

3. Para un ejemplo, véase W. Bryant Hicks, "Old Testament Foundations for Missions", en *Missiology*, ed. John Mark Terry, Ebbie Smith y Justice Anderson (Nashville: Broadman & Holman, 1998), p. 61.

4. Walter C. Kaiser, Jr., *Mission in the Old Testament: Israel as Light to the Nations* (Grand Rapids: Baker, 2004), p. 17. Kaiser se refiere al Diluvio y a la separación en Babel como dos «grandes crisis en el plan prometido de Dios» (p. 16).

5. Scout A. Moreau, Gary R. Corwin y Gary B. McGee, *Introducing World Missions* (Grand Rapids: Baker, 2004), p. 30.

6. Walter C. Kaiser, Jr., explica el impacto de esta promesa en las misiones. Véase Kaiser, "Israel's Missionary Call", in *Perspectives*, 4a ed., ed. Ralph D. Winter y Steven C. Hawthorne (Pasadena: William Carey Library, 2009), p. 12.

7. De esta manera, el pacto abrahámico tiene tanto implicaciones universales como exclusivas. Es exclusiva en que el Dios de Abraham puede restablecer la paz entre Dios y el hombre. Es universal porque él será una bendición a las «naciones». Nadie puede alcanzar la salvación si no es por el Dios de Abraham, y nadie está fuera de esta exclusividad.

8. Para más sobre este plan, véase Gailyn Van Rheenen, *Missions* (Grand Rapids: Zondervan, 1996), p. 29.

9. Justice Anderson señala que la frase «luz del mundo» tiene implicaciones éticas, y sugiere que son obras buenas, específicamente obras de compasión, que son la luz (Justice Anderson, "An Overview of Missiology", en *Missiology*, pp. 21–22).

10. Christopher J. H. Wright, *The Mission of God* (Downers Grove, IL: InterVarsity, 2006), pp. 368–69.

11. Gustav Stählin escribe que la meta de su obediencia en general, y su bondad hacia los extraños y en particular hacia los extranjeros, era «traer a los extranjeros al pueblo de Dios» (Gustav Stählin, "Eένος", *TDNT* 5: p. 11).

12. Kaiser, *Mission in the Old Testament*, p. 22.

13. Wright, *The Mission of God*, p. 371.

14. Richard D. Patterson, "The Widow, Orphan, and the Poor in the Old Testament and Extra Biblical Literature", *BSac* 130, no. 519 (julio-septiembre 1973): p. 224.

15. Wright, *The Mission of God*, p. 377.

16. Algunos suelen argüir que Jonás fue una excepción a esta regla. David J. Bosch explica por qué este no es el caso: «Jonás no tenía nada que hacer con misiones en el sentido normal del término. El profeta es enviado a Nínive no para proclamar salvación a los incrédulos sino para anunciar condenación». Y agrega: «Ni él mismo estaba

interesado en misiones; su único interés era la destrucción» (véase Bosch, *Transforming Mission: Paradigm Shifts in Theology of Mission* [Maryknoll, NY: Orbis, 1996], p. 17).

17. Kaiser sostiene otra cosa en *Mission in the Old Testament*, pero termina casi convencido porque estos pasajes que él cita como teniendo el imperativo de ir al mundo no solo se limitan a Isaías, sino que también son mesiánicos y, por lo tanto, señalan el futuro.

18. Michael Grisanti tiene una explicación muy cautelosa sobre este término. Véase Michael A. Grisanti, "Israel's Mission to the Nations in Isaiah 40–55: An Update", *MSJ* 9, no. 1 (primavera 1998): pp. 39–61.

19. Peters, *A Biblical Theology of Missions*, p. 21.

20. Wright, *The Mission of God*, pp. 378–79.

21. Estoy agradecido a John MacArthur por hacer notar este ejemplo y por señalar lo absurdo (y la imposibilidad) del pedido de Jesús para que la familia guardara silencio acerca de la resurrección.

22. Claramente, hay problemas textuales con el pasaje de Markan. Sin embargo, aun si el pasaje mismo no es canónico persiste el hecho que el agregado de la Gran Comisión implica una evidencia de su importancia para la iglesia primitiva.

23. Anderson, "Missiology", p. 22.

24. Peters llama a esto «un cambio en metodología aunque no en principio ni en propósito» (Peters, *A Biblical Theology of Missions*, p. 21).

Capítulo 3

1. James Hastings, John Alexander Selbie y John Chisholm Lamb, eds., *Dictionary of the Apostolic Church* (Nueva York: Charles Scribner's Sons, 1918), 2: p. 665.

2. Sun Tzu, *The Art of War*, trans. Lionel Giles (Charleston, SC: Forgotten Books, 2007), p. 3 [*El arte de la guerra* (Madrid: Edaf, 2009)].

3. William Hogeland, *The Whiskey Rebellion: George Washington, Alexander Hamilton, and the Frontier Rebels Who Challenged America's Newfound Sovereignty* (Nueva York: Simon & Schuster, 2006), p. 238.

Capítulo 4

1. Robert L. Reymond, *Faith's Reasons for Believing* (Ross-shire, Scotland: Mentor, 2008), p. 18.

2. William Lane Craig, "Faith, Reason, and the Necessity of Apologetics", en *To Everyone an Answer*, ed. Francis Beckwith, William Lane Craig y J. P. Moreland (Downers Grove, IL: InterVarsity, 2004), p. 19.

3. Cornelius Van Til, *Christian Apologetics* (Phillipsburg, NJ: P&R, 2003), p. 17.

4. R. C. Sproul, John Gerstner y Arthur Lindsley, *Classical Apologetics* (Grand Rapids: Academic, 1984), p. 13.

5. W. Edgar, "Christian Apologetics for a New Century", en *New Dictionary of Christian Apologetics*, ed. W. C. Campbell-Jack y Gavin J. McGrath (Downers Grove, IL: InterVarsity, 2006), p. 3.

6. Ronald B. Mayers, *Both/And: A Balanced Apologetic* (Chicago: Moody, 1984), pp. 8–9.

7. Sean McDowell, *Apologetics for a New Generation* (Eugene, OR: Harvest House, 2009), p. 17.

8. Para más sobre esta variedad de acercamientos, véase *Five Views on Apologetics*, ed. Steve B. Cowan (Grand Rapids: Zondervan, 2000).

9. La afirmación se hace más de 2,000 veces solo en el Antiguo Testamento que Dios ha dicho lo que se encuentra en la Escrituras (Éx 24.4; Dt 4.2; 2 S 23.2; Sal 119.89; Jer 26.2). Este tema se traslada al Nuevo Testamento donde la frase «palabra de Dios» se encuentra más de 40 veces (p.ej., Lc 11.28; He 4.12; véase también 2 Ti 3.16–17). Repetidamente a través de sus páginas la Biblia afirma ser la pura Palabra de Dios, inspirada por su Espíritu (1 P 1.21) y suficiente para satisfacer toda necesidad espiritual (2 Ti 3.16–17; 1 P 1.3).

10. K. Scott Oliphant, *The Battle Belongs to the Lord* (Phillipsburg, NJ: P&R, 2007), p. 1.

11. K. Scott Oliphant y Lane G. Tipton, *Revelation and Reason* (Phillipsburg, NJ: P&R, 2007), p. 1.

12. Voddie Baucham Jr., "Truth and the Supremacy of Christ in a Postmodern World", en *The Supremacy of Christ in a Postmodern*

World, ed. John Piper y Justin Taylor (Wheaton, IL: Crossway, 2007), p. 68 [*La supremacia de Cristo en un mundo postmoderno* (Miami: Peniel, 2010)].

13. Véase Stanley J. Grenz, *A Primer on Postmodernism* (Grand Rapids: Eerdmans, 1996). Grenz anota que el postmodernismo se caracteriza por «el abandono de la creencia en una verdad universal» (p. 163) y en «la pérdida de cualquier criterio final a través del cual evaluar las varias interpretaciones de la realidad que compite en el campo intelectual contemporáneo» (p. 163), Además cuestiona la «asunción de que el conocimiento es definitivo» (p. 165). Los cristianos, por su parte, afirman que Dios y su Palabra son el criterio final de la verdad absoluta.

14. David F. Wells, "Culture and Truth", en *The Supremacy of Christ in a Postmodern World*, p. 38.

15. Reymond, *Faith's Reason for Believing*, p. 18.

16. Craig, "Faith, Reason, and the Necessity of Apologetics", p. 19.

17. Francis Schaeffer, *The God Who Is There* (Chicago: InterVarsity, 1968), p. 140.

18. John Frame, *Apologetics to the Glory of God* (Phillipsburg, NJ: P&R, 1994), p. 54.

19. John Piper, *Let the Nations Be Glad* (Grand Rapids: Baker, 1993), p. 14 [*¡Aléngrense las naciones!* (Barcelona: Clie, 2008)].

20. Ibid.

21. Antony Flew, *There Is a God* (Nueva York: HarperCollins, 2007), p. 158.

22. Antony Flew y Gary R. Habermas, "My Pilgrimage from Atheism to Theism: An Exclusive Interview with Former British Atheist Professor Antony Flew", *Philosophia Christi* 6, no. 2 (invierno 2004). En línea: http://www.biola.edu/antonyflew/flew-interview.pdf.

23. Si olvidamos el mensaje cristocéntrico del evangelio, corremos el riesgo de hacer causa común con otros ateos, incluyendo a cristianos no evangélicos en un esfuerzo por convencer a ateos para que se hagan teístas.

24. John Frame, *Apologetics to the Glory of God* (Phillipsburg, NJ: P&R, 1994), pp. 6–7.

25. John Frame, "Presuppositional Apologetics", en *Five Views of Apologetics*, ed. Steven B. Cowan (Grand Rapids: Zondervan, 2000), p. 209.

26. Para una explicación de cómo un compromiso presuposicional a la autoridad bíblica puede funcionar con una apelación secundaria a evidencias extra bíblicas, véase Nathan Busenitz, *Reason We Believe* (Wheaton, IL: Crossway, 2008).

27. Junto con estas líneas, R. C. Sproul, John Gerstner y Arthur Lindsley dicen: «La objeción más frecuente a polemizar es que es un ejercicio inútil, dado el hecho que en el reino de Dios nadie argumenta. La obra de regeneración es el trabajo del Espíritu Santo y los apologistas no la pueden llevar a cabo por muy convincentes que sean» (*Classical Apologetics* [Grand Rapids: Academie, 1984], p. 21).

28. Schaeffer, *The God Who Is There*, pp. 140–41.

29. La humildad no quiere decir falta de confianza. Estamos en completo desacuerdo con quienes igualan a la humildad con la falta de certidumbre acerca del evangelio. He aquí un ejemplo de lo que objetamos: «Los cristianos creemos que Dios nos ha dado el privilegio de oír y abrazar las buenas nuevas, de ser adoptados en su familia y de unirnos a la Iglesia... Sobre todo, creemos que nos hemos encontrado con Jesucristo... [Aunque,] por todo lo que sabemos, podemos estar equivocados sobre algo o todo esto. Y sinceramente aceptaremos tal posibilidad. Así, sea lo que sea lo que hagamos o digamos, debemos hacerlo en humildad» (John G. Stackhouse, *Humble Apologetics* [Nueva York: Oxford UP, 2002], p. 232).

30. James E. Taylor, *Introducing Apologetics* (Grand Rapids: Baker Academia, 2006), p. 25.

31. H. Wayne House señala el efecto de depravación en la apologética con estas palabras: «Toda apologética evangelicalista está de acuerdo que la depravación humana es total y que el pecado ha permeado completamente a cada ser humano. Esto separa a hombres y mujeres de la asociación necesaria con Dios que se requiere para vida

eterna y también hace que la gente piense erróneamente. [Pero] ¿habría que reconocer que las personas no regeneradas no pueden hacer nada en el plano humano? ¡Indudablemente que no!» (véase House, "Un argumento bíblico para una apologética balanceada: Cómo practicó el apóstol Pablo la apologética en los Hechos", en *Reasons for Faith*, ed. Norman Geisler y Chad V. Meister [Wheaton, IL: Crossway, 2007], p. 60).

32. Esto no es decir que los esfuerzos apologéticos para demostrar lo razonable de creer en Dios son intentos infructuosos. Por el contrario, pueden ser muy útiles y afirman la fe de los creyentes. Sin embargo, basados en estas asunciones bíblicas, no es necesario tener discusiones filosóficas detalladas sobre la existencia de Dios para ser un evangelista fiel.

Capítulo 5

1. Bill Bright, "The Four Spiritual Laws" (Orlando, FL: Campus Crusade for Christ, 2009). D. James Kennedy, *Evangelism Explosion*, 4a ed. (Carol Stream, IL: Tyndale House, 1996).

2. Este drama ha sido registrado por el historiador romano Tácito en Annals. Véase también Victor Dury, *History of the Rome and the Roman People*, vol. 5, ed. J. P. Mahaffy (Boston: C. F. Jewett, 1883).

3. Nótese el tiempo presente en el griego de 1 Pedro 2.4 expresando una acción pasada con resultados en progreso. Véase Karen H. Jobes, *1 Pedro*, BEC (Grand Rapids: Baker Academia, 2005), pp. 152–57.

4. Leonhard Goppelt, *A Commentary on 1 Peter*, ed. Ferdinand Bahn, trad. John E. Aslup (Grand Rapids: Eerdmans, 1993), pp. 144, 146.

5. Pedro usa la más potente partícula negativa en el griego para afirmar esta promesa, "οὐ μή" (ou mē).

6. Jim Elliot's journal, 28 octubre 1949. Véase Elisabeth Elliot, ed. *The Journals of Jim Elliot* (Old Tappan, NJ: Fleming H. Revell Compnay, 1978), p. 174.

7. *De captivitate Babylonica ecclesiae praeludium* [Preludio concerniente a la cautividad babilónica de la iglesia], Weimar Ausgabe

6, 564.6. Para más sobre la comprensión de Lucero de este concepto, véase Norman Ángel, "Luther and the Priesthood of All Believers", *Concordia Theological Quarterly* 61 (Octubre 1997).

8. Everett Ferguson, *Backgrounds of Early Christianity*, 3a ed. (Grand Rapids: Eerdmans, 2003), p. 80.

Capítulo 6

1. Richard L. Pratt Jr., *1 and 2 Corinthians*, Holman New Testament Commentary (Nashville: Broadman & Holman, 2000), p. 151.

2. Craig L. Blomberg, *1 Corinthians*, NIVAC (Grand Rapids: Zondervan, 1994), p. 184.

3. La Reina-Valera 1960 traduce el v. 19 como «me he hecho siervo de todos». Otra versión traduce con mayor fidelidad el concepto, cuando dice: «me he hecho esclavo de todos». Aquí, la palabra griega quiere decir literalmente «esclavizar» o «poner bajo sujeción»; así, la idea es mucho más contundente que lo que implica «siervo».

4. Otra distinción sutil pero importante: si alguien hubiere pensado que las restricciones alimentarias o la observancia del Sabbath seguían siendo una atadura para los cristianos Pablo se habría opuesto, denunciando tal enseñanza (cp. Col 2.16–20). En Romanos 15 (así como en Hechos 15), el caso no era que algunos pensaban que estas leyes eran coercitivas sino que pensaban que era sabio mantener la ley en su lugar.

5. Es tanto triste como digno de destacar que el reciente impulso hacia una forma más secular de la evangelización venga de personas que por lo general adhirieron a la soteriología reformada. Pero la idea que para ganar a alguien para el evangelio hay que vivir como ella vive es absolutamente contraria a la enseñanza reformada según la cual Dios es soberano en cuanto a la salvación. Si una persona cree que Dios es el único que puede atraer a las personas a Él, sencillamente no tiene sentido que también se crea que un evangelista necesita vivir como vive el mundo de lo contrario, el evangelio no va a ir adelante.

6. Pausanias, *Description of Greece*, 5.24 [*Descripción de Grecia* (Madrid: Alianza, 2000)].

7. William L. Bevan, "Games", *Dictionary of the Bible*, ed. William Smith (Nueva York: Hurd & Houghton, 1868), 1: pp. 864–66.

Capítulo 7

1. Sin duda que Dios aun responde hoy día a las oraciones por sanidad. La diferencia es que los acontecimientos en Hechos 5 confirmaban la autoridad de Pedro mientras que ahora, cuando los ancianos oran por sanidad es el Señor quien sana basado en la oración y no un apóstol que sana basado en un don (Santiago 5.14). Para más sobre esta distinción así como una explicación más completa sobre la cesación de los dones-señales, véase John MacArthur, *1 Corinthians*, MNTC (Chicago: Moody, 1984), pp. 358–62 [*Primera Corintios* (Grand Rapids: Portavoz, 2003)]; y John MacArthur, *Hebrews*, MNTC (Chicago: Moody, 1983), pp. 48–50. Para entender por qué se dieron estos dones a los apóstoles, véase 2 Corintios 12.12, y una explicación a fondo en John MacArthur, *2 Corinthians*, MNTC (Chicago: Moody, 2003), pp. 414–16.

Capítulo 8

1. De las sesenta y una veces que se menciona la predicación en el Nuevo Testamento, todas menos nueve se refieren a la proclamación del evangelio. De las nueve, tres se refieren a la predicación de Juan el Bautista (Mt 3.1; Mr 1.4, 7); tres se refieren a testimonios personales por individuos que interactuaron con Jesús (Mr 5.20; 7.36; Lc 8.39; dos se refieren al comentario sarcástico de Pablo sobre el falso evangelio (Ro 2.21; Gá 5.11); y una se refiere a la proclamación angelical del Cordero abriendo el libro con siete sellos (Ap 5.2). Los dos sinónimos de kēryssō, κήρυγμα (kērygma, mensaje) y κήρυξ (kēryx, predicador) aparece ocho y tres veces, respectivamente. El sustantivo kērygma siempre se refiere al mensaje del evangelio excepto en Mateo 12.41 y Lucas 11.32 donde se refiere a la predicación de Jonás. El sustantivo kēryx dos veces se refiere a Pablo como el predicador del evangelio y una vez a Noé como el predicador de rectitud. Véase John R. Kohlenberger III, Edward W. Goodrick, y James A. Swanson, *The*

Greek-English Concordance to the New Testament (Grand Rapids: Zondervan, 1997), pp. 427–28.

2. En Efesios 4.11, Pablo dice que Jesús dio dones a los apóstoles, profetas, evangelistas, pastores y maestros. En el Nuevo Testamento, Felipe es el único individuo al que se le llama «evangelista» (Hechos 21.8); sin embargo, en Mateo 28.18–20 cada creyente recibe la orden de proclamar el evangelio y 2 Timoteo 4.5 hace este mandamiento especialmente específico para pastores. El don de evangelista manifiesta en sí mismo éxitos numéricos en la predicación evangelística ya sea privada y pública. Refiérase a Robert Thomas, *Understanding Spiritual Gifts* (Grand Rapids: Zondervan, 1999), pp. 192–94; 206–7 [*Entendamos los dones espirituales* (Grand Rapids: Portavoz, 2002)].

3. D. A. Carson, *The Cross and Christian Ministry*: *An Exposition of Passages from 1 Corinthians* (Grand Rapids: Baker, 1993), p. 38. A la predicación de Pablo la llama «evangelio-céntrica» y a Pablo mismo «cruz-céntrico».

4. J. C. Ryle, *Holiness* (Moscow, ID: Charles Nolan, 2002), p. 376.

5. John Jennings, "Of Preaching Christ", en *The Christian Pastor's Manual*, ed. y rev. por John Brown (n. p. 1826; reímp., Ligonier, PA: Soli Deo Gloria, 1991), p. 34.

6. Orígenes fue un proponente del método alegórico y vio tres sentidos en la Escritura: literal (significado terrenal), moral (referente a la vida religiosa), y espiritual (relacionado con la vida celestial) (*De Principiis* 4.2.49; 4.3.1); véase también, Roy B. Zuck, *Basic Bible Interpretation* (Colorado Springs: Cook, 1991), p. 36.

7. Lewis Drummond, *Spurgeon: Prince of Preachers* (Grand Rapids: Kregel: 1992), pp. 222–23. Para más sobre la filosofía de Spurgeon detrás de esa línea, véase R. Albert Mohler Jr. "A Bee-Line to the Cross: The Preaching of Charles H. Spurgeon", *Preaching* 8, no. 3 (nov/dic 1992): pp. 25–30.

8. Dale Ralph Davis provee uno de los mejores ejemplos sobre la conexión de cada pasaje al evangelio en una manera que honre el intento original del autor y evite alegorías o un simbolismo innecesario y sentidos ocultos. Véase especialmente Davis, *1 Samuel*

(Ross-Shire, England: Christian Focus, 2008), aunque también tiene libros similares sobre Josué a través de 2 Reyes.

9. Thomas Brooks, *The Works of Thomas Brooks*, 4 vols. (Carlisle, PA: Banner of Truth, 2001), 4: p. 35.

10. A. E. Garvie, *The Christian Preacher* (Edinburgh: T & T Clark, 1920), p. 311.

11. Véase también Gálatas 4.12. Heinrich Greeven, «δέομαι», TDNT 2: pp. 40–42.

12. Charles Spurgeon, "The Wailing of Risca: A Sermon Delivered on Sabbath Morning, December 9th 1860", en *The Metropolitan Tabernacle Pulpit* (Pasadena, TX: Pilgrim Publications, 1986), 7: p. 11.

13. Clark Pinnock, "The Destruction of the Finally Impenitent", *CTR* 4, no. 2 (1990): pp. 246–47.

14. William C. Nichols, introducción a *The Torments of Hell: Jonathan Edwards in Eternal Damnation*, ed. William C. Nichols (Ames, IA: International Outreach, 2006), pp. ii, iv.

15. John Frame, *The Doctrine of God* (Phillipsburg, NJ: P&R, 2002), pp. 122–23.

16. Horatius Bonar, *Words to Winners of Souls* (Boston: The American Tract Society, 1814), p. 33.

Capítulo 9

1. John MacArthur, *Ephesians*, MNTC (Chicago: Moody, 1986), p. 143 [*Efesios* (Grand Rapids: Portavoz, 2002)].

2. Homer Kent, Jr., *Ephesians: The Glory of the Church* (Chicago: Moody, 1971) [*Efesios: La gloria de la Iglesia* (Grand Rapids: Portavoz, 1981)].

3. *b. B. Bat. 8b.* Véase también: *m. Pe'ah 8:7; b. B. Metz.* 38a.

4. Es digno de notar que los apóstoles elevaron sus propias oraciones y estudio de la Palabra por sobre su involucramiento personal involucrados en el ministerio de misericordia de la iglesia. Estas prioridades van en contra de muchos de los sentimientos populares contra la predicación del mundo evangélico moderno.

Capítulo 10

1. http://www.jesus2020.com/.
2. http://www.creativebiblestudy.com/knowchrist.html.

Capítulo 11

1. Elementos de este capítulo se han adaptado de John F. MacArthur, *The Gospel According to the Apostles* (Nashville: Thomas Nelson, 2000), pp. 193–212.

2. Billy Graham, *Six Steps to Peace with God* (Wheaton, IL: Crossway, 2008). Al Smith, *Five Things God Wants You to Know* (Voice of Faith, 1980). Bill Bright, *Have You Heard of the Four Spiritual Laws Pocket Pack?* (Peachtree City, GA: New Life Publications, 1993) [*¿Ha oído usted las Cuatro Leyes Espirituales?* (Peachtree City, GA: New Life Publications, 1996)]. "Three Truths You Can't Live Without", http://3things.acts-29.net/. Matthias Media, "Two Ways to Live", http://www.matthiasmedia.com.au/2wtl/. GetYourFreeBible.com, "One Way to Heaven", http://www.getyourfreebible.com/onewayenglish.htm.

Esto no es una crítica a estas presentaciones específicas sino que es una mera observación a algo que nos parece ansioso por producir y usar «planes de salvación» organizados numerativamente del mensaje del evangelio.

3. Un recurso particularmente beneficioso es Will Metzger, *Tell the Truth* (2a. ed.: Downers Grove, IL: InterVarsity, 1984). Junto con una información muy práctica, Metzger también denuncia la tendencia reduccionista en la evangelización que he descrito e incluye una sección muy intuitiva en la que pone frente a frente la evangelización centrada en Dios con la centrada en el hombre. Otro libro de gran ayuda es Mark Dever, *The Gospel and Personal Evangelism* (Wheaton, IL: Crossway, 2007). En él, Dever ofrece un acercamiento muy práctico a la evangelización personal.

4. Para un libro excelente que rastree en la Biblia las formas en que las conversaciones evangelísticas se inician, véase Richard Owen Roberts, *Repentance: The First Word of the Gospel* (Wheaton, IL: Crossway, 2002).

5. Cuando uso el término ley no necesariamente quiero referirme a la Ley Levítica o a los Diez Mandamientos sino más bien a cualquiera enseñanza bíblica que confronte el pecado. Para una explicación más detallada, véase John F. MacArthur, *Romans 1–9*. MNTC (Chicago: Moody, 1991), pp. 107–10, 138–43 [*Romanos 1–8* (Grand Rapids: Portavoz, 2002)].

6. El concepto de un cristiano como esclavo solo tiene sentido cuando se entiende a Jesús como Señor. Véase mi libro *Esclavo* (Nashville: Grupo Nelson, 2010), especialmente el capítulo 2, para más sobre la relación entre entender a un cristiano como esclavo y a Jesús como Señor.

7. A. W. Tozer, *The Root of the Righteous* (Harrisburg, PA: Christian Publications, 1955), p. 34. Véase también pp. 63–65.

8. Si el bautismo fuera necesario para la salvación, sin duda que Pablo no habría escrito «Dios gracias a Dios que a ninguno de vosotros he bautizado, sino a Crispo y a Gayo... pues no me envió Cristo a bautizar, sino a predicar el evangelio» (1 Co 1.14, 17).

9. Charles Haddon Spurgeon, *The Soul Winner* (reimpr. Grand Rapids: Eerdmans, 1963), p. 38.

10. T. Alan Chrisope, *Jesus is Lord* (Hertfordshire: Evangelical, 1982), p. 57.

11. Ibid., p. 61.

12. Ibid., p. 63.

Capítulo 12

1. David E. Garland, *2 Corinthians*, NAC (Nashville: Broadman & Colman, 2001), p. 295.

2. C. H. Spurgeon, "A Sermon and a Reminiscence", en *The Sword and the Trowel* (London: Passmore & Alabaster, March, 1863), p. 127.

3. C. H. Spurgeon, «Un antidote para muchas enfermedades», (sermón #284, 9 nov. 1859).

4. Un libro excelente sobre este tema es Randy Newman, *Questioning Evangelism* (Grand Rapids: Kregel, 2004). Newman tiene unos comentarios y consejos muy valiosos sobre cómo iniciar y mantener conversaciones evangelísticas.

5. J. I. Packer, *Evangelism and the Sovereignty of God* (Downers Grove, IL: InterVarsity, 1961), p. 75.

Capítulo 13

1. Al Mohler, "Sin by Survey? Americans Say What They Think", http://www.ellisonresearch.com/releases/20080311.htm.

2. Richard Owen Roberts, *Repentance: The First World of the Gospel* (Wheaton, IL: Crossway, 2002), p. 23.

3. Walter J. Chantry, *Today's Gospel: Authentic or Synthetic?* (1970, reimp. Carlisle, PA: Banner of Truth Trust, 2001), p. 52.

4. Stephen Charnock, *Discourse upon the Existence and Attributes of God* (London: Richard Clay, 1840), p. 49.

5. James Montgomery Boice, *The Gospel of John* (Grand Rapids: Baker, 2005), 4: p. 1211.

6. J. Goetzman, "Conversion", *NINDNTT* 1: p. 358.

7. John MacArthur, "The Holy Spirit Convicts the World, Part 2", http://www.gty.org/Resources/Sermons/1559_The-Holy-Spirit-Convicts-the-World-Part-2 (Sermón #1559); cp. John MacArthur, *John 12–21*, MNTC (Chicago: Moody, 2008), p. 197 [*Juan* (Grand Rapids: Portavoz, 2011)].

8. Martyn Lloyd-Jones, *Authentic Christianity* (Wheaton, IL: Crossway, 2000), p. 58 [*Cristianismo auténtico*, 4 vols. (Carlisle, PA: Banner of Truth, 2007–2009)].

9. R. L. Harris, *Theological Wordbook of the Old Testament*, ed. R. L. Harris, G. L. Archer, y B. K. Waltke (Chicago: Moody, 1999), p. 571.

10. Ibid., p. 909.

11. George Abbot-Smith, *A Manual Greek Lexicon of the New Testament* (Edinburgh: T & T Clark, 1981), p. 287.

12. W. E. Vine, *Diccionario expositivo de palabras del Antiguo y Nuevo Testamento exhaustivo de Vine* (Nashville: Grupo Nelson, 1998), 87–88.

13. Johannes Behm, "μετανοέω, μετάνοια", TDNT 4: p. 978.

14. J. Goetzmann, "Conversion", NIDNTT 1: p. 358.

15. Thomas Watson, *The Doctrine of Repentance* (1668; reimp., Carlisle, PA: Banner of Truth Trust, 2002), p. 23.

Capítulo 14

1. J. C. Ryle, *The Duty of Parents* (1888; reimp. Sand Springs, OK: Grace and Truth, 2002), p. 5.

2. Tedd Tripp, *Shepherding a Child's Heart* (Wapwallopen, PA: Shepherd, 1995), pp. 99–114 [*Cómo pastorear el corazón de su hijo* (Wapwallopen, PA: Shepherd, 2001)].

3. Ryle, *The Duty of Parents*, p. 4.

4. C. J. Mahaney, *Humility* (Sisters, OR: Multnomah, 2005) [*Humildad: Grandeza verdadera* (Grand Rapids: Vida, 2006)].

5. Charles H. Spurgeon, *Come Ye Children: A Book for Parents and Teachers on the Christian Training of Children* (Charleston, SC: BiblioBazaar, 2008).

6. MacArthur, *The Gospel According to the Apostles*, p. 209.

7. Ibid., p. 210.

8. Dennis Gundersen, *Your Child's Profession of Faith* (Amityville, NY: Calvary Press, 2004), p. 31.

9. Ryle, *The Duty of Parents*, p. 8.

Capitulo 15

1. En Grace Church, cada voluntario en el ministerio a los jóvenes es un diácono calificado y debe someterse a una entrevista escrita y personal antes de formar parte del equipo de voluntarios. Además, cada miembro del equipo está regularmente participando en una responsabilidad mandatoria y en una relación de discipulado como un ejemplo para nuestros estudiantes.

Capítulo 16

1. Stephanie O. Hubach, *Same Lake Different Boat: Coming Alongside People Touched by Disability* (Phillipsburg, NJ: P&R, 2006), p. 25.

2. Joni Eareckson Tada y Steve Jensen, *Barrier Free Friendship* (Grand Rapids: Zondervan, 1997), p. 25.

3. Wolfgang Schrage, "τυφλός", *TDNT* 8: pp. 271–3.

4. Ralph Martin, *James*, WBC 48 (Nashville: Thomas Nelson, 1988), p. 52.

5. D. Edmont Hiebert, *James* (Winona Lake, IN: BMH, 1992), pp. 126–27.

6. Joni Eareckson Tada, "Social Concern and Evangelism", en *Proclaim Christ Until He Comes*, ed. J. E. Douglas (Minneapolis: World Wide, 1990), p. 290.

Capítulo 17

1. Edgard T. Welch, *Addictions: A Banquet in the Grave: Finding Hope in the Power of the Gospel* (Phillipsburg, NJ: P&R, 2001), p. 35.

Capítulo 18

1. Esta cita se ha atribuido a John Ryland (James Leo Garrett, *Baptist Theology: A Four Century Study* [Macon, GA: Mercer UP, 2009], p. 169; Alfred Clair Underwood, *A History of the English Baptists* [London: Carey Kingsgate, 1947], p. 142). Es digno de mencionarse que después de la muerte de su padre, el hijo de Ryland insistió en que su padre cometió el error de relacionarse con la amonestación a Carey (Thomas McKibbens, *The Forgotten Heritage* [Macon, GA: Mercer UP], p. 58). Sin embargo, Thomas Wright, el propio biógrafo de Ryland adhirió a la cita de Ryland. S. Pierce Carey, la máxima autoridad en William Carey, concluye con Wright que «el exabrupto [fue] extremadamente parecido a un exagerado hipercalvinista [Ryland]. Carey mismo, en otras ocasiones contó a su sobrino Eustace y Marshamn que él había recibido una desconcertante reprimenda» (S. Pearce Carey, *William Carey* [London: The Wakeman Trust, 1993], 470), De hecho, S. Carey describe el efecto que esta reprimenda tuvo en la formación de la filosofía misionera de William Carey (ibid.).

2. Otros grupos que estuvieron involucrados en misiones tales como los moravos y los puritanos tuvieron importante respaldo financiero a través del Parlamento o de prominentes denominaciones. Pero la sociedad misionera que Carey propuso fue fundada y sostenida totalmente por iglesias de pequeñas y oscuras aldeas, que pasaban

completamente desapercibidas o eran abiertamente criticadas por la gran mayoría de las iglesias británicas.

3. Si desea más material de lectura sobre el notable peregrinaje de William Carey al campo misionero, véase S. Pearce Carey, *William Carey* (London: The Wakeman Trust, 2008); Timothy George, *Faithful Witness* (Birmingham, AL: New Hope, 1991); o Terry G. Carter, *The Journal and Selected Letters of William Carey* (Macon, GA: Smyth & Helweys, 2000).

4. Esta dinámica no es única de Estados Unidos. Iglesias en centros urbanos a través de África, Europa y Asia también se encuentran rodeadas por grandes poblaciones de inmigrantes que son étnica y lingüísticamente distintos de los formadores históricos de la ciudad.

5. Bryan M. Litfin, *Getting to Know the Church Fathers* (Grand Rapids: Brazos, 2007), pp. 32–35.

6. F. F. Bruce, *The Epistle to the Galatians*, NIGTC (Grand Rapids: Eerdmans, 1982), p. 19.

7. Alex D. Montoya, *Hispanic Ministry in North America* (Grand Rapids: Zondervan, 1987), p. 68.

8. C. H. Spurgeon, *The Completed Gathered Gold*, ed. John Blanchard (Webster, NY: Evangelical, 2006), p. 457.

9. En Grace Community Church el único ministerio étnico que tiene su propio servicio los domingos en la mañana es el ministerio hispano. Se ha desarrollado debido al aumento fenomenal de la población de habla hispana en la ciudad.

10. Para la perspectiva de Grace Community Church sobre cómo responder a la situación de los inmigrantes ilegales en la iglesia, véase John MacArthur, ed., *Right Thinking in a World Gone Wrong* (Eugene, OR: Harvest House, 2009), pp. 169–75.

Capítulo 19

1. Walter Rauschenbusch, *Christianity and the Social Crisis* (London: The MacMillan Company, 1907).

2. Gertrude Himmelfarb, *Poverty and Compassion* (Nueva York: Vintage Books, 1991), pp. 2–24. Ella escribe que estos cambios

sociales, combinados con una oposición a la esclavitud y al trabajo hecho por niños, produjo una «aguda compasión» entre los cristianos de Estados Unidos (p. 4).

3. Véase Michael Horton, "Transforming Culture with a Messiah Complex", *9Marks* nov/dic (2007), http://www.9marks.org/ejournal/transforming-culture-messiah-complex. Horton escribe: «Los protestantes de Estados Unidos no querían definir la iglesias primero y sobre todo como una comunidad de pecadores perdonados, receptores de gracia, sino como un ejército triunfante de activistas morales».

4. El notable libro de John Stott, *The Christian Mission in the Modern World*, actúa como un fundamento para muchos de los más ilustres ejemplos de esto (John R. W. Stott, *The Christian Mission in the Modern World* [Downers Grove, IL: InterVarsity Press, 1975]). La idea que satisfacer las «sentidas necesidades» en el área de justicia social era un componente necesario de la evangelización fue más tarde impulsada por Harvey Conn (Harvie M. Conn, *Evangelism: Doing Justice and Preaching Grave* [Phillipsburg, NJ: P&R Publishing, 1982], pp. 41–56).

5. Tennent provee un breve resumen de cómo esto se proyectó en Estados Unidos desde los años de 1960 en adelante. Véase Timothy C. Tennent, *Invitation to World Missions* (Grand Rapids: Kregel, 2010), p. 391.

6. John Fuder, *A Heart for the City: Effective Ministries to the Urban Community* (Chicago: Moody Publishers, 1999), p. 64.

7. Norris Magnuson traza algunos de los resultados mejor conocidos de esto, tal como el Ejército de Salvación y la YMCA. Norrris Magnuson, *Salvation in the Slums* (Grand Rapids: Baker Books, 1990). Se enfoca en uno de los pocos intentos deliberados por atacar el orden social en lugar de meramente satisfacer necesidades físicas (pp. 165–78).

8. Casualmente, D. L. Moody se alza como una excepción a esto. Él trató de vivir su vida de modo de demostrar a los cristianos más conservadores que es posible ser activo en el ministerio de la misericordia a la vez que seguir preocupado por la salvación de las

almas. Véase William R. Moody, *The Life of D. L. Moody by His Son* (Nueva York: Fleming H. Revell, 1900), pp. 85–90.

9. Un elemento que a menudo se pasa por alto en la doctrina de John Calvino es su «teología de la pobreza». Calvino era un convencido que una de las más importantes funciones de la iglesia era preocuparse por el cuidado de los pobres. Debido a esta posición se vio enfrentado a mucha oposición siendo acusado de pereza gratificante. Calvino alentó al pueblo a vivir esencialmente en pobreza de modo de poder dar todo lo que les fuera posible. Él vio esto como un elemento básico en el discipulado cristiano hecho realidad en la decisión de Jesús de venir a la tierra como pobre. Un resumen impresionante de esto es: Bonnie Patison, *Poverty in the Theology of John Calvin*, PTMS 69 (Eugene, OR: Pickwick Publications, 2006). Asimismo, el lado wesleyano del protestantismo estuvo igualmente preocupado con el ministerio de la misericordia. Véase Manfred Marquardt, *John Wesley's Social Ethics: Praxis and Principle*, trad. John E. Steely y W. Stephen Gunter (1981; reimpr. Nashville: Abingdon, 1992), esp.123.

10. Para descripciones de este efecto, véase William H. Smith, "Kyrie Eleison", MR 15, no. 6 (nov/dic 2006): p. 21, e Ian Bradley, *The Call to Seriousness* (Oxford: Lion Books, 2006), p. 30.

Capítulo 20

1. Ruth A. Tucker, *From Jerusalem to Irian Jaya: A Biographical History of Christian Missions* (Grand Rapids: Zondervan, 1983), p. 262.

2. «Muchos han entrado a este trabajo como laicos, muy poco preparados para el tipo de ministerio al cual habrían de ser enviados para llevar a cabo» (Ibid., p. 262).

3. Benjamín G. Eckman, "A Movement Torn Apart", en *For the Sake of His Name: Challenging a New Generation for World Missions*, ed. David M. Doran (Allen Park, MI: Student Global Impact, 2002), p. 40.

4. Ibid., p. 29.

5. Ibid., p. 26.

6. «Las misiones no son una empresa opcional; es el fluir de la vida de la iglesia. La iglesia existe por las misiones así como el fuego existe por el combustible. El compañerismo misionero debe construirse dentro de la iglesia desde el puro principio porque sin él ninguna iglesia alcanzará su plena madurez» (George W. Peters, *A Biblical Theology of Missions* [Chicago: Moody, 1972], p. 238).

7. Alex D. Montoya, "Approaching Pastoral Ministry Scripturally", en *Pastoral Ministry: How to Shepherd Biblically*, ed. John MacArthur (Nashville: Thomas Nelson, 2005), p. 62.

8. Para un vistazo a la función de los ancianos según la Biblia, véase Cualidades distintivas bíblicas del trabajo de los ancianos en Grace Community Church (http://www.gracechurch.org/distinctives/eldership/).

9. Para un examen de los principios bíblicos clave y una explicación detallada de las cualidades bíblicas de un anciano, véase John MacArthur, *The Master's Plan for the Church* (Chicago: Moody, 2008), pp. 203–25, 243–64 [*El plan del Señor para la Iglesia* (Grand Rapids: Portavoz, 2005)].

10. Peters, *A Biblical Theology of Missions*, p. 221.

11. Peters, p. 222.

12. Recientemente me encontré con un misionero en Italia que tenía más de cuarenta iglesias que lo sostenían.

13. Para detalles sobre el proceso de ordenación en Grace Community Church, véase Richard Mayhue, «*Ordenación para el ministerio pastoral*» en *El ministerio pastoral: Cómo pastorear bíblicamente*, ed. John MacArthur (Nashville: Grupo Nelson, 2009), 173–87.

Capítulo 21

1. Basil Millar, *William Carey, Cobbler to Missionary* (Grand Rapids: Zondervan, 1952), p. 42.

Contribuyentes

Clint Archer	Pastor de la iglesia Bautista Hillcrest en Durban, Africa del Sur; ex director de Misiones de Corto Plazo de Grace Community Church
Brian Biedebach	Pastor de la iglesia Compañerismo Bíblico Internacional de Lilongwe, Malawi; Profesor en el African Bible College, Lilongwe
Nathan Busenitz	Profesor de Teología en The Master's Seminary
Austin Duncan	Pastor de Ministerio a Estudiantes de Secundaria de Grace Community Church
Kevin Edwards	Pastor de Alcance Internacional de Grace Community Church
Kurt Gebhards	Pastor de la Harvest Bible Chapel en Hickory, North Carolina; ex pastor de Niños de Grace Community Church
Rick Holland	Pastor ejecutivo de Grace Community Church; director de Estudios doctorales en Ministerio de The Master's Seminary
Jesse Jonson	Pastor de Alcance Local de Grace Community Church; profesor de Evangelización en The Master's Seminary
John MacArthur	Pastor-Profesor de Grace Community Church; presidente de The Master's College and Seminary

Michael Mahoney	Pastor de Ministerios en Español de Grace Community Church
Rick McLean	Pastor de Necesidades Especiales de Grace Community Church
Tom Patton	Pastor de Asimilación y Membresía de Grace Community Church
Jonathan Rourke	Pastor administrativo de Grace Community Church; director de la Resolved Conference y de la Shepherd's Conference
Bill Shannon	Pastor de Consejería Bíblica de Grace Community Church; profesor de Consejería Bíblica en The Master's College
Jim Stitzinger III	Pastor de la iglesia Grace Bible, Naples, Florida; ex pastor de Alcance Local de Grace Community Church
Mark Tatlock	Administrador de The Master's College

Acerca del autor

John MacArthur, autor de muchos éxitos de librería que han cambiado millones de vidas, es pastor y maestro de Grace Community Church; presidente de The Master's College and Seminary; y presidente de Grace to You, el ministerio que produce el programa de radio de difusión internacional *Gracia a Vosotros*. Si desea más detalles acerca de John MacArthur y de todos sus materiales de enseñanza bíblica comuníquese a Gracia a Vosotros al 1-866-5-GRACIA o www.gracia.org.